语言力丛书

表达力

吴礼权　著

暨南大学出版社
JINAN UNIVERSITY PRESS

中国·广州

图书在版编目（CIP）数据

表达力/吴礼权著. —广州：暨南大学出版社，2017.9
（语言力丛书）
ISBN 978 - 7 - 5668 - 1284 - 1

I.①表… Ⅱ.①吴… Ⅲ.①语言表达—通俗读物 Ⅳ.①H0 - 49

中国版本图书馆 CIP 数据核字（2014）第 276618 号

表达力
BIAODALI
著　者：吴礼权

....

出 版 人：徐义雄
策划编辑：杜小陆　潘江曼
责任编辑：杜小陆　张　钊
责任校对：王雅琪
责任印制：汤慧君　周一丹

出版发行：暨南大学出版社（510630）
电　　话：总编室（8620）85221601
　　　　　营销部（8620）85225284　85228291　85228292（邮购）
传　　真：（8620）85221583（办公室）　85223774（营销部）
网　　址：http：//www.jnupress.com
排　　版：广州良弓广告有限公司
印　　刷：佛山市浩文彩色印刷有限公司
开　　本：787mm×960mm　1/16
印　　张：16.375
字　　数：236 千
版　　次：2017 年 9 月第 1 版
印　　次：2017 年 9 月第 1 次
定　　价：32.80 元

（暨大版图书如有印装质量问题，请与出版社总编室联系调换）

总　序

众所周知，语言是人类最重要的交际工具。一个人，只要他/她是生活于现实社会之中，就必须掌握他/她生活于其中的某一种民族社会语言（如汉语、英语、德语、法语、俄语等）。即使是因为先天原因而无正常语言能力，他/她也必须学会一种人工语言（如聋哑人交际时所通用的"手语"）；否则，他/她将无法在其生活的特定社会中生存下去。

为什么这么说呢？道理非常简单，任何一个人都不可能是独立存在于人类社会之外的。也就是说，任何一个人都是社会的人，而非不食人间烟火的神。既然是要"食人间烟火"，那么就得与他人打交道，与他人合作。那么怎样跟他人打交道，如何与他人合作呢？这其中就少不了一个媒介（或曰工具）——语言。其实，语言不仅是人与人之间进行沟通交流的媒介，更是一种在人际沟通中发挥重要作用的实用工具。这个工具虽然不像我们原始人所使用的猎获禽兽的木棍、弓箭，也不像两千年前我们祖先用以翻地耕耘的犁、锹等劳动工具，不是获取生活资料、维持温饱的"硬工具"，但却是切切实实推动人类社会高速发展的"软工具"。如果从人类历史发展的整个进程来考察，我们可以说，语言这一人类的"软工具"远较维持人类社会基本生存条件的"硬工具"重要得多。

诚然，没有棍棒、弓箭、犁、锹等"硬工具"，人类无法获取必要的生活资料而生存繁衍下去；但是，如果没有语言这一"软工具"，那么人类社会就无法进步，永远处于原始社会状态，直到今天我们恐怕还会过着茹毛饮血的原始人生活，不仅灿烂的人类精神文明成果无法创造，就是看得见摸得着的物质文明也是无法创造出来的。试想，没有语言作为人类的交际工具，人与人之间如何实现信息的有效传递、思想情感的有效沟通？若信息传递与思想情感不能实现有效沟通，人与人之间就不可能实现有效的团结协作。不能实现有效的团结协作，就不可能促进社会生产的发展、物质文明的创造。人类社会就将永远处于停滞不前、原地打转的状态。我们还可以设想一下，如果人类没有语言作为交际工具，那么前一代人在生产与生活中所创造的有益经验如何能够传承给后人？前人的有益经验不能有效地传承给后人，那么后人如何能够借助前人提供的经验而站到一个新的起跑点上，使人类社会前进的步伐更快？事实上，正是因为人类有了语言这一独特的工具，我们前人的智慧与经验才得以有效地传承下去，后人才得以站在前人的肩膀上看得更高更远，从而在新的起跑点上更快地向前跑。今日我们科技进步之所以呈现日新月异、一日千里的局面，靠的不正是现代科技知识得以有效传承吗？而现代科技知识的有效传承，所依靠的又是什么呢？靠的不正是语言这一独特而有效的工具吗？至于今日我们能够享受的人类几千年灿烂的精神文明成果，更是得益于语言（包括记录语言的符号系统文字）这一工具。试想，若是没有语言（包括文字），数千年前我们祖先的思想成果、文学艺术作品如何能够传承到今日？正因为有语言（包括文字）作为工具，我们先人所创造的优秀的思想成果、文学艺术作品才会为今日的人们所享受。也正因为有这些优秀的精神文明成果积淀作为基础，我们今天的思想成果、文学艺术创造才如此丰富。

语言作为工具的重要作用，其实早在千百年前东西方贤哲就有所认识，并予以强调，并非今天的人们才充分认识到的。如西汉《淮南子·本经训》有曰："昔者苍（仓）颉作书，而天雨粟，鬼夜哭。"这话说的是汉字被创造的事，虽然带有神话色彩，但真切地说出了一个道理：文字的创造发明乃是惊天动地的大事件，从此人间就没有什么秘密了。因为文字突破了语言交流的时空限制，可以将语言所表达的一切内容传于异时异地。我们知道，文字是语言的记录符号系统。因此，我们中国的先人如此强调汉字创造的重要性，实际上就是强调语言作为人类交际工具的重要作用。成书于公元前 122 年的《淮南子》所记的上述话语已经证明，中国先人对语言的工具作用的认识是非常充分的。过了约两百年，成书于公元 90年左右的西方经典《圣经》，里面也谈到语言的工具作用。《圣经》"创世记"第 11 章中记载了这样一个故事：

> 那时，天下人的口音、言语，都是一样。他们往东边迁移的时候，在示拿地遇见一片平原，就住在那里。他们彼此商量说，来吧，我们要作砖，把砖烧透了。他们就拿砖当石头，又拿石漆当灰泥。他们说，来吧，我们要建造一座城和一座塔，塔顶通天，为要传扬我们的名，免得我们分散在全地上。耶和华降临，要看看世人所建造的城和塔。耶和华说，看哪，他们成为一样的人民，都是一样的言语，如今既作起这事来，以后他们所要作的事，就没有不成就的了。我们下去，在那里变乱他们的口音，使他们的言语彼此不通。于是，耶和华使他们从那里分散在全地上。他们就停工，不造那城了。因为耶和华在那里变乱天下人的言语，使众人分散在全地上，所以那城名叫巴别（就是变乱的意思）。①

上帝耶和华之所以要降世变乱造城、造塔的人们的语言，就是因为所有参与造城、造塔的人们都拥有同一种交际工具：相同的语言。有了这个工具，他们便能在造城与造塔的劳动过程中团结协作，从而将城与塔造起来。耶和华变乱了他们的语言，使他们没有了统一的交际工具，最终就拆散了他们，使他们不能团结协作，造不成城和塔而被迫分散到全球各地。《圣经》中的这个故事虽然是神话，但真切地反映了西方人对于语言作为人类交际工具的重要作用的充分认识。

---

① 引文参见：http：//www. jdtjy. com/html/shengjingyuandi/jiantishengjing/hgb/gen/gen11. htm.

3

上述东西方先贤对于语言的工具作用的认识虽然都不符合现代科学的语言观，但是，他们都不约而同地看到了语言作为工具在人类交际中的重要性。神话也好，科学也罢，语言作为一种工具，在人类的交际中所发挥的传达信息、交流思想、沟通情感的作用，确实是其他工具（如肢体语言、声音等非自然语言）所不能比拟的。一个正常的人只要具有正常的语言能力，就可以运用语言这一工具来与他人进行交际沟通。但是，我们应该认识到，并非具有正常语言能力的人都能在人际交往中圆满地完成其传达信息、交流思想、沟通情感的任务。也就是说，语言这一工具并非是所有人运用起来都能得心应手，都能"口应心"、"笔写心"。事实上，人们运用语言工具的能力是有区别的，并非完全相同。在日常语言生活中，我们常常会发现这样一种现象，有的人说起话来滔滔不绝，似乎是不假思索，但说出的每一句话都显得逻辑严密，条理清楚；相反，有的人说起话来吞吞吐吐，支支吾吾，斟酌了半天，说出的话还是前言不搭后语，相互矛盾，错漏百出。说是如此，写也一样。有的人提笔一挥而就，文不加点，一气呵成，文章读来文从字顺，趣味横生，令人回味再三；有的人提笔凝神半日，却写不出一行字来，即使硬写出几行字来，也是乏味得很，令人难以卒读。

如此说来，是不是说人的语言能力的优劣高下是先天决定的呢？答案是否定的。尽管我们承认人的语言能力可能确实存在着一些先天上的差异，但其并不像人的智商那样在先天上有很大不同。因为语言是一种通过后天学习而拥有的能力，不管智商高低，只要有适合的语言习得条件与语言习得时间，任何人都能至少娴熟地掌握某一种语言，并以之为工具与人进行交际。比方说，三四岁的中国孩子，说起汉语来恐怕比四五十岁的外国人都要流利，但这并不是因为他的智商高过外国人，而是因为他有从一出生就耳濡目染汉语的语言习得条件，以及时时刻刻都有跟其父母、兄弟姐妹学习汉语的充足时间。

既然人的语言能力不存在先天上大的差异，那么现实生活中为什么有些人能说会道，妙语生花，而另一些人则笨口拙舌，说起话来词不达意，写起文章来言不由衷呢？其实，这不是先天语言能力上的问题，而是后天学习上的问题。我们都知道，语言是一种公共资源，基本词汇、语法规则，是每个人在语言习得过程中不需要花很多精力与时间便能掌握的，所以不存在资源占有的不公平、不平等问题。但是，还有一种特殊资源，它并非像语言的基本词汇、语法规则那样在语言习得阶段就能在不知不觉中自然而然地"习得"的，而是需要有意识地进行学习，甚至是专业修读才能获得的。这种需要有意识地学习或者专业修读的语言特殊资源，就是人类长期以来在语言生活中创造并积累的特定语言表达技巧，或称之为修辞策略或表达法。

我们都知道，人类的任何交际活动都是"有所为而为"的。也就是说，言语交际有很强的目的性，是为了完成某一预定的交际任务而进行的。比方说，老师面对学生的教学是一种言语交际活动，其预定的交际目标是要求学生明白每一堂课所讲的内容，掌握每一堂课所要讲授的知识点。又比方说，政治家或学者面对大众的演讲，也是一种言语交际活动，其预定的交际目标是要听众认同他宣扬的某种政治理念或学术观点。再比方说，外交谈判或商业谈判，同样是一种言语交际活动，只不过这是一种双向互动的言语交际活动，比老师授课、政治家或学者演讲更具挑战性。因为谈判双方各有自己的利益诉求，有预期的谈判成果追求。可见，不论是什么形式的言语交际，目的性都很强，是"有所为而为"的。也许有人会认为，现实生活中的言语交际也有"无所为而为"的情形，比方说日常生活中我们与路见的熟人打个招呼或问个好，就看不出有什么特定的目的，没有预定的交际任务。其实，这是一种误解。仔细想一想，这样的言语交际仍然隐含着一定的交际任务，这就是通过打招呼或问候来密切人际关系，为今后可能的人际互动或交际沟通做"长线投资"准备。如果今天我们在路上相见而相互都不理不睬，那么日后为了某种事务而需要与对方进行交际沟通时，就会陷入被动，甚至成为彼此交际沟通时心理上的极大障碍。可见，言语交际目标有显性的，也有隐性的；言语交际任务有即时的，也有长远的。总之，任何的言语交际活动都是"有所为而为"的，目的性非常强。

既然言语交际是一种"有所为而为"的语言活动，那么交际者在运用语言这一工具表情达意时必然会追求表达效果的最大化，通过创意造言的努力，使自己的语言表达具有某种特殊的效力。这种语言表达的特殊效力，就是我们本套丛书所要集中论述的"语言力"。

"语言力"，从理论上说是分为不同层次、不同类型的。上文我们说过，言语交际活动都是"有所为而为"的，目的性很强。但是，并非所有"有所为而为"的目的都相同。事实上，在言语交际活动中，交际者（communicator）为了保证其交际达到预期的目的，首先必须研究他所面对的受交际者（communicatee），准确把握言语交际时特定的情境，然后有针对性地创意造言，运用尤其是创造性地运用特定的表达法（修辞策略），使语言表达产生特殊的效力，从而使传情达意的效果最大化。

正因为交际者每一次的言语交际活动都会面对不同的受交际者，而且预定的交际目标任务有所不同，因此在表达法的运用方面也会有所不同，其所产生的语言力也会有所不同。从不同的层次与视点看，语言力大致可以分为"说明力"、"表达力"、"突破力"、"说服力"、"感染力"、"辩驳力"、"沟通力"和"理解力"八类。

所谓"说明力"，是指交际者说写时不使用任何表达法（即修辞手法），只以理性的语言、白描的手法传情达意，将所要传递的信息、所要交流的思想、所要宣达的情感清楚、明白地表达出来，传情没有半点的歧疑，达意没有丝毫的含糊。这种"说清楚"、"讲明白"的境界并非人人都能做得到，交际者必须有相当的语言修养，要费相当的心力才能企及。如果能企及这种境界，我们就可以说交际者的语言表达具有了一种特殊的效力。这种特殊的效力，我们可以称之为"说明力"。

一般说来，以"说明力"为言语交际预期目标的，在事务语体（如产品介绍、法律条文、公文等）、科学语体（如论文、说明文等）以及部分文艺语体（主要是记叙文）中最为常见。例如：

板蓝根颗粒（冲剂）
（95 版中国药典）

ZZ－0225－沪卫药准字

（1995）第 041003 号

本品为板蓝根制成的冲剂。

【功能与主治】清热解毒，凉血利咽，消肿。用于扁
桃腺炎、腮腺炎，咽喉肿痛，防治传染性肝炎，小儿麻
疹等。

【用法与用量】口服，一次 5g，一日 4 次。

【贮藏】密封。

（生产日期）2001.01.02

　　这则中药饮品说明书，虽然在写作上具有明显的"程式化"特
征，"先在品名下注明药典版次，再注明药品批号，然后是药品成
分、功能与主治、用法与用量、贮藏方式、生产日期"[1]，跟其他一
些药品的说明书的通行书写格式没有什么两样。从表达上看，此说
明书完全没有什么技巧，但是将要说明的内容说得极其清楚，需要
提请使用者注意的事项写得非常明白。可谓达到了"说清楚"、"讲
明白"的境界。因此，作为一份药品说明书，我们认为上述说明书
具有"说明力"。

　　又如：

　　　　村外的小山上，有涌泉寺，和其他的云南的寺院一
　　样，庭中有很大的梅树和桂树。桂树还有一株开着晚花，
　　满院都是很香的。庙后有泉，泉水流到寺外，成为小溪；
　　溪上盛开着秋葵和说不上名儿的香花，随便折几枝，就够
　　插瓶的了。我看到一两个小女学生在溪畔端详哪枝最适于

---

① 吴礼权：《现代汉语修辞学》（修订版），复旦大学出版社 2012 年版，第 432 页。

插瓶——涌泉寺里是南菁中学。

——老舍《滇行短记》

上引这段文字，属于文艺语体中的记叙文。它是按照空间顺序，由外而内，写抗日战争时期云南的南菁中学坐落的环境。其中，除了偶有几句不经意地运用了"顶针"手法外，基本是采用白描的方法记叙的。文字上也质朴自然，没有刻意地去雕琢，更无华丽的藻饰。但是，读之让人对南菁中学周边的环境印象非常深刻。因此，我们可以说，这段文字达到了"说清楚"、"讲明白"的境界，具有很强的"说明力"。

所谓"表达力"，是指交际者说写时有意识地使用一些特定的表达法（即修辞手法），不仅使其所见所闻、所思所想的内容都清楚明白地呈现出来，而且别具"状难写之景，如在目前"、"含不尽之意，见于言外"的效果，给接受者的印象非常深刻。如果能够企及这种境界，我们就可以说交际者的语言表达具有一种特殊的效力。这种特殊效力，我们可以称之为"表达力"。

一般说来，以"表达力"为言语交际预期目标的，在文艺语体中最为常见，诗、词、小说、散文中尤其平常。例如：

江上荒城猿鸟悲，隔江便是屈原祠。
一千五百年间事，只有滩声似旧时。

——南宋·陆游《楚城》

这首诗今天我们读来还会为之感慨唏嘘，究其原因是诗的末尾两句运用了特定的表达法——"折绕"，在"不著一字"中抒发了诗人深切的历史喟叹。诗人言"只有滩声似旧时"，"意在言外的内涵是说除了江水还在滔滔不绝地流淌外，世上的一切都改变了，还有谁记得屈原其人及其对国家的忠心苦心呢？明在说屈原，实际是在抒发自己爱国之情及不能为南宋统治者理解的悲哀之情"[①]。正因为这首诗在表情达意上臻至"含不尽之意，见于言外"的境界，抒发怀才不遇的激愤之情，怨而不怒，因而读来就更加令人感动，极具"表达力"。

所谓"突破力"，是指交际者在说写中突破遣词造句的常规语法范式或是约定俗成的语义规约所创造出来的一种异乎寻常的语言效力。这种语言效力，源自交际者创意造言的智慧，源于交际者情意表达的艺术化呈现，它传递给接受者的不仅有情意，还有一种美感或情感愉悦。

一般说来，"突破力"的取得，主要有两条途径：一是创意造言的新异性，如某种新表达法的创造；二是通过特定语境的帮助对旧有的语义规约进行出人意料的突破。例如：

> 一个中文系的学生在学到古典主义、浪漫主义、现实主义、自然主义、女权主义这些名词术语后，便请老师解释。
>
> 这位一向以幽默闻名于校的老师说："一名男士跟一群女子开玩笑地说：'假如有一个男子误闯你们女子更衣室，你们怎么办？'"
>
> A女子说："我去跳楼。""这是古典主义。"
>
> B女子说："我就嫁给他。""这是浪漫主义。"
>
> C女子说："我的收费是很高的。""这是现实主义。"
>
> D女子说："请帮我拿一下衣服。""这是自然主义。"
>
> E女子说："我把他扔到窗外去。""这是女权主义。"
>
> ——高胜林《幽默技巧大观》

上引这段文字，一读之下便让人为之会心一笑，让人享受到一种轻松幽默的审美愉悦。之所以有如此独到的语言表达"突破力"，

---

① 吴礼权：《中国名言引语词典》，香港商务印书馆2013年版，第639页。

原因就在于交际者（即这则故事文本的建构者）创造性地运用了一个叫"例示"的表达法，对"古典主义"、"浪漫主义"、"现实主义"、"自然主义"、"女权主义"等西方学术术语进行了颠覆式的语义内涵解释，既出人意料之外，又在情理之中，别具一种"无理而妙"的效果，让人细细回味之后情不自禁地感佩其创意造言的高度智慧。

所谓"说服力"，是指交际者说写时有意识地使用一些特定的表达法（即修辞手法），以经验说话、让权威代言、用事实作证、以逻辑与公理开道，从而在心理上彻底征服受交际者，使自己所推阐的某种理念、主张具有无可争辩的合理性和正当性，进而说服受交际者接受其建议、意见。在说理论事的言语交际活动中，如果能够企及这种境界，我们就可以说交际者的语言表达具有一种特殊的效力。这种特殊效力，我们可以称之为"说服力"。

一般说来，"说服力"的取得，主要依赖于交际者所提出的论据是否具有可信性和充分性。但是，有时也不尽然。在日常语言生活中，我们常常见到有人说服他人时并未举出具体的事实论据，却也能让对方哑口无言、心服口服。论者或以先人的经验来说事，或引权威者的话来论断，或以逻辑推理来论证，都能取得令人信服的"说服力"。如果确有创意造言智慧者，甚至连这些都不需要，借助特定的语境，运用特有的表达法，临时建构一个修辞文本，就能说出令接受者佩服得五体投地的道理。例如：

> 有一次，我参加在台北一个学校的毕业典礼，在我说话之前，有好多长长的讲演。轮到我说话时，已经十一点半了。我站起来说："绅士的讲演，应当是像女人的裙子，越短越好。"大家听了一发愣，随后哄堂大笑。报纸上登了出来，成了我说的第一流的笑话，其实是一时兴之所至脱口而出的。
>
> ——林语堂《八十自叙》

上引故事中，林语堂所说的"第一流的笑话"，其实并非笑话，而是一个有关如何演讲的道理。只是因为说话者创造性地运用了"比喻"表达法，别出心裁地将"绅士的讲演"与"女人的裙子"异乎寻常地匹配到了一起，让所有听众与在台上的嘉宾都始料不及，不禁为之大跌眼镜。但是，当所有听众从一愣神中醒悟过来时，却不得不无限感佩说话者林语堂说理的艺术。因为这句话实际上要表达的是这样一个意思："绅士的演讲应该简明扼要，要给听众留下回味的余地，才能令听众有意犹未尽的美感。如果绅士的演讲啰唆冗长，说了半天还不知所云，徒然浪费听众时间，那定然会让听众生厌的。"① 但是，说话人林语堂并没有这样直通通地自道心衷，而是以生动幽默的比喻，将所要说明的道理与所包含的讽嘲其他嘉宾的意思包藏于其中，让人思而味之，不得不打心底里折服于其所讲的道理，而且为其表达的幽默生动会心一笑，在领悟演讲道理的同时获取一份轻松愉悦的审美感受。

所谓"感染力"，是指交际者说写时有意识地使用一些特定的表达法（即修辞手法），通过语言文字激发起他人相同思想感情的力量。就汉语来说，凡是以汉语或汉字为媒介，交际者（说者或写者）睿智的创意造言，能让受交际者（听者或读者）惊喜、惊讶、惊愕、惊叹，从而引发其强烈的认同感并欣然从之，或对交际者所抒发的喜怒哀乐等情感产生强烈的共鸣并予以深切同情，那么我们就可以据此确认交际者的言语表达是具有"感染力"的。

一般说来，以语言文字为媒介创作的言语作品（包括口头与书面的），要想激发起接受者的思想感情的共鸣，产生一种让人深切感动的力量（即"感染力"），只有两条途径：一是作品的思想内容有深切感人的力量，二是作品的表达技巧有撼动人心的魅力。也就是说，"感染力"或是来源于作品所表达的情感、思想、理念能让人产生共鸣，令人情不自禁地产生深切的感动与认同；或是来源于作品创意造言的技巧令人耳目一新，让人为之折服感佩。如果能够

---

① 吴礼权：《语言策略秀》（修订版），暨南大学出版社 2013 年版，第 15 页。

二者兼顾，则其"感染力"更大。例如：

> 力拔山兮气盖世，时不利兮骓不逝。
>
> 骓不逝兮可奈何？虞兮虞兮奈若何？
>
> ——秦·项羽《垓下歌》

　　上引这首诗，是西楚霸王项羽兵败乌江时唱出的无助心声。两千多年来，只要人们读到这首诗，都会情不自禁地为之深切感动，并为项羽掬一把同情的泪。我们都知道，项羽在与刘邦的争战中最终失败，乃是他刚愎自用、不善用人的结果，是咎由自取，丝毫没有理由怨天尤人。但是，他兵败垓下，于乌江边自刎前对着他心爱的虞姬唱出的这一曲心声却依旧打动了不少人，使大家对他的失败寄予了深切的同情，甚至给项羽作传的太史公马迁本人，写到项羽生平事迹时也要感情用事，不能客观地以史家的冷静来看待项羽的失败。至于上引《垓下歌》，因为既写出了项羽穷途末路的悲情事实，又用了"夸张"的表达手法，来自作品内容（事实）与表达技巧两方面的因素兼具，因此读来就格外具有一种催人泪下的强大"感染力"。

　　所谓"辩驳力"，是指交际者说写时有意识地使用一些特定的表达法（即修辞手法），在与受交际者进行言语博弈时以创意造言的智慧战胜或折服受交际者的语言效力。我们都知道，在言语交际活动中，交际者与受交际者并非只有合作而无竞争，也并非只有配合而无博弈。事实上，言语交际中交际者与受交际者的合作与竞争、博弈都是"司空见惯浑闲事"。在现实生活中，不仅升斗小民会为了鸡毛蒜皮之事而起口角，高高在上的政治家、道貌岸然的学者也会常常因为政见或观点的不同而大打口水仗。这些现象，其实都是言语博弈的表现。既然是言语博弈，那就有一个谁胜谁负的问题。如果博弈双方的主动者是交际者，那么被动者就是受交际者。交际者提出一个观点，或是说出一番指责受交际者的话，那么受交际者必然奋起而辩驳。

　　那么，受交际者怎么进行辩驳的呢？怎样的辩驳才算是具有"辩驳力"呢？对于前者，我们不能一概而论。因为怎样辩驳，是需要受交际者根据当时与交际者进行言语博弈的具体情况，根据交际者提出的观点或提出的指责予以分析后发挥创意造言的智慧，才能寻找到一个对症下药、有的放矢的有效辩驳策略，没有固定不变的辩驳模式。对于后者，即"辩驳力"的确认，我们认为是有确切标准的。这个标准就是看受交际者的辩驳有没有艺术性，能否以柔克刚，发挥"四两拨千斤"的效果。如果能达到这种境界，我们就认为他的言语博弈具有"辩驳力"；否则，像"泼妇骂街"式的辩驳，即使火力再猛，也算不得是有"辩驳力"的。例如：

　　　孔文举年十岁，随父到洛。时李元礼有盛名，为司隶校尉，诣门者皆俊才清称及中表亲戚乃通。文举至门，谓吏曰："我是李府君亲。"既通，前坐。元礼问曰："君与仆有何亲？"对曰："昔先君仲尼与君先人伯阳有师资之尊，是仆与君奕世为通好也。"元礼及宾客莫不奇之。太中大夫陈韪后至，人以其语语之。韪曰："小时了了，大未必佳。"文举曰："想君小时，必当了了。"韪大踧踖。
　　　——南朝·宋·刘义庆《世说新语·言语第二》

　　在上引这个故事中，少年孔融与太中大夫陈韪的言语博弈，就具有极强的"辩驳力"。正因为如此，才会作为文人佳话在《世说新语》中记载下来，千百年来一直为人们所津津乐道。太中大夫陈韪看到李元礼等当时士大夫上层人物都对早慧的孔融赞赏不已，就冷静地提出了自己的不同意见："小时了了，大未必佳"，即认为小孩子小时候太聪明，长大后未必有什么出息。客观地说，这话是说得非常中肯的，后来孔融被曹操所杀的悲惨结局也证明了陈韪是有先见之明的。但是，当时陈韪在与早慧的孔融进行言语博弈时，却是输家，而少年孔融则是赢家。对于陈韪明显不具友好意图的评价，孔融没有针锋相对地进行驳斥，而是顺着陈韪"小时了了，大未必佳"这句话的逻辑，以反转因果的方法，用同样的推理方式自然而然地推出了"想君小时，必当了了"的结论，意思是说，看陈韪现在这样没有出息，就知道他小时候是很聪明的。很明显，这是绕着弯子在骂陈韪老大而无成就。但是，由于孔融对陈韪批评语的回击与辩驳是以"折绕"的表达手法进行的，因此表意相当含蓄婉转。这样，在旁观者看来，孔融对陈韪批评语的辩驳（反批评）既有力地维护了他自己的人格尊严，又显得彬彬有礼，符合封建时代长幼人伦的道德规范。正因为如此，我们可以说孔融与陈韪的言语博弈具有极强的"辩驳力"。

所谓"沟通力"，是指交际者说写时有意识地使用一些特定的表达法（即修辞手法），顺畅地实现了与受交际者进行思想交流与情感沟通的预定目标任务。如果能臻至这一目标，我们就可据此认为当时交际者的言语交际是具有特殊效力的。这种特殊的语言效力，我们可以将之称为"沟通力"。

在言语交际中，"沟通力"应该是交际者追求的一个非常重要的指标。因为除了政治家、学者或社会各界名人所作的报告、演讲是单向的观点宣达之外，我们日常的言语交际都是双向互动的，交际者所要实现的预定言语交际目标是需要受交际者配合的。特别是交际者与受交际者之间交换看法、交流思想、沟通感情，更是一种双向互动的活动，一定是以"沟通力"为追求的主要目标的。值得指出的是，在言语交际中，要想保证思想感情交流或沟通的顺畅，亦即具有"沟通力"，交际者除了要有世情练达的社交能力外，还要有洞悉人心与创意造言的智慧，否则恐怕难以将话说到受交际者的心坎里，让受交际者在言语交际过程中欣悦地配合，从而顺畅地实现事务上或思想情感上的沟通。相对来说，事务性的沟通，"沟通力"的取得难度要小点，而思想与情感的交流与沟通，"沟通力"的取得就要难得多了。不过，如果真有创意造言的智慧，真有洞悉人心的敏锐性，思想或情感的沟通也可以是顺畅的，"沟通力"预定目标的实现也是有可能的。例如：

　　我与她曾八年同窗，此期间接触很少，相遇时也只打个招呼，点点头。我们都很年轻，踌躇满志而又矜持骄傲。

　　后来，我们都踏上了工作岗位。时光悠然逝去，我成了大小伙子。偶然的机会我得知她仍然是个老姑娘。于是我冒昧给她去一封信：

　　小莉：你好！听说……对吗？若真的话，我想……

你的同学　萌雅

　　过了 15 天，我终于收到她的回信：

　　萌哥：您好！也听说……对吗？若是的话，我也想……

你的小妹　莉

　　这就是我的初恋。

——萌雅《初恋》，《月老报》1986 年第 16 期

　　上引这个故事，交际者（萌雅）与受交际者（小莉）是中学男女同学。交际者听说受交际者毕业工作后多年尚未成家，仍是待字闺中，于是就萌发了向受交际者求爱的念头。因为二人是同学关系，太熟悉了，因此真的到了要表白感情的时候，交际者反而感到为难了。最终，交际者选择了一个较为合适的沟通方式，那就是写信。虽说写信表达感情不像面对面那样难以启齿，但交际者仍然觉得难以下笔。之所以难以下笔，是因为交际者洞悉了受交际者的心理，她是一个老姑娘，心理比较脆弱，对男女感情问题也比较敏感。正是基于对受交际者心理状态的了解，所以交际者选择了一种"留白"表达法，非常婉转地陈述了二人都是单身的现状，含而不露地表达了自己希望与受交际者发展感情关系的愿望。由于交际者对受交际者的心理状态把握得非常准确，创意造言富有智慧，给足了受交际者面子，结果顺畅地与受交际者实现了心灵的沟通。十五天后，受交际者仿照交际者的书信文本模式回了交际者一封信，一切都尽在其中了，由此一桩甜蜜的爱情就此拉开了序幕。可见，交际者（萌雅）与受交际者（小莉）的书信传情是极具"沟通力"

的。由此，也说明了上面我们所强调的两点："沟通力"的取得，既需要交际者有高度的创意造言的智慧，又需要交际者有洞悉人情世故的心智，二者缺一不可。

以上我们对"说明力"、"表达力"、"突破力"、"说服力"、"感染力"、"辩驳力"、"沟通力"等七种"语言力"都作了清楚的概念内涵界定，还有一个"理解力"在此也需要清楚地予以界定。

应该指出的是，"理解力"与上述七种"语言力"在本质上是不同的。因为上述七种"语言力"都是基于表达者（即交际者）的视点，是指交际者通过语言的创造性运用而产生的一种语言效力。而"理解力"则是站在接受者（即受交际者）的立场，是考察受交际者对交际者创意造言的努力而产生的某种语言效力的领悟与把握能力。正因为如此，我们可以对"理解力"作如下这样一个概念内涵界定。

所谓"理解力"，是指受交际者对于交际者为了实现达意传情的预定目标而运用某种表达法的意图能够准确解读并迅速予以回应的能力。从本质上说，"理解力"就是一种"语言能力"，就像一个人在一定的语言社会中成长，经过耳濡目染的"习得"过程，掌握某种语言一定的词汇与语法规则就能开口说话的"语言能力"一样。前文我们说过，语言是人类最重要的交际工具。以语言为工具而进行的言语交际，乃是一种双向互动的语言活动，包括交际者的表达与受交际者的接受两个方面。表达需要运用词汇与语法规则进行遣词造句，接受则需要对经由词汇与语法规则运用而产生的言语作品进行解读。遣词造句是通过语言"习得"而获得的一种"语言能力"，对他人遣词造句所产生的言语作品进行准确解读的"语言能力"，同样也是通过语言"习得"而获得的一种"语言能力"。不过，应该强调指出的是，遣词造句的"语言能力"与对他人遣词造句所产生的言语作品进行解读的"语言能力"（即上面我们所说的"理解力"）在"习得"方面是有差别的。遣词造句方面的"语言能力"的"习得"是较为简单的，属于低级的"语言能力"。之所以说它是较为简单的，是低级的，这是因为我们通过机械的学习就能获得。在现实生活中，我们经常看到，一个三四岁的孩子就能自如流利地遣词造句，基本意思的表达毫无问题。这就有力地说明了一个问题：学说话的"语言能力"是容易获得的；相反，在现实生活中，许多智商、知识水平非常高的成人在听别人说话时都有产生误解的时候。这又有力地说明了一个问题：听说话的"语言能力"（即"理解力"）是不容易学会的，至少可以说是不容易学好的。虽然"理解力"的获得不像遣词造句的"语言能力"那样简单，但并不是学不会、学不到的。事实上，只要我们平时加强学习，留心别人创意造言的技巧，熟练掌握一些言语交际中经常运用的表达手法，注意考察言语交际时特定的情境（包括言语交际的时间、地点、环境，参与方的知识背景、职业特点、心理状态等），就能准确把握交际者真正想要传达的情意，做个"善解人意"者，由此很好地与交际者进行互动，在言语交际中无往而不利。下面我们看一个现实的例证：

> 人到了迟暮，如石火风灯，命在须臾，但是仍不喜欢别人预言他的大限。丘吉尔八十岁过生日，一位冒失的新闻记者有意讨好的说："丘吉尔先生，我今天非常高兴，希望我能再来参加你的九十岁的生日宴。"丘吉尔竖了一下眉毛说："小伙子，我看你身体满健康的，没有理由不能来参加我九十岁的宴会。"胡适之先生素来善于言词，有时也不免说溜了嘴，他六十八岁时候来台湾，在一次欢宴中遇到长他十几岁的齐如山先生，没话找话的说："齐先生，我看你活到九十岁决无问题。"齐先生愣了一下说："我倒有个故事，有一位矍铄老叟，人家恭维他可以活到一百岁，忿然作色曰：'我又不吃你的饭，你为什么限制我的寿数？'"胡先生急忙道歉："我说错了话。"
>
> ——梁实秋《年龄》

上引故事中，胡适恭维齐如山，说他活到九十岁绝无问题，这肯定是出于一番好意，是胡适有意亲近齐如山的表现。但是，齐如山对于生命有较高的期望值，觉得胡适是限制他的寿数，所以心生不满。不过，齐如山是个明白人，他知道胡适的话没有恶意，也知道胡适在学术界与社会上的名声与地位盖过自己很多，他无法直接发泄对胡适的不满，所以他选择运用了"讽喻"这一表达手法（根据说写时的情境临时编造一个故事寄托所要讽刺的意涵），讲了一个百岁老人做寿的故事。结果，故事还没讲完，胡适就急忙道歉了。那么，胡适为什么要道歉呢？因为他听懂了讲故事人（交际者）齐如山所讲故事的深刻含义，佩服他创意造言的智慧，既不露痕迹地表达了不满之情，又给自己留足了面子。所以，他能心悦诚服而又爽快地向齐如山道歉。这里，我们既可以看到交际者齐如山创意造言的智慧与表情达意的"语言力"，又能清楚地见到受交际者胡适敏捷的语言"理解力"。若要追究胡适为何具有如此敏捷的语言"理解力"的原因，主要有两个方面：一是胡适是大学问家，熟悉中国人自先秦以来就一直喜欢运用的"讽喻"表达手法，所以齐如山讲故事，他一听就懂；二是胡适是才思敏捷的人，善于分析言语交际的情境，所以他能结合齐如山的故事情境准确破译出其所讲故事的弦外之音。可见，语言"理解力"的获得既需要先天所赋予的领悟力，又需要后天的学习与修炼。

本丛书名曰"语言力"，包括《说明力》、《表达力》、《突破力》、《说服力》、《感染力》、《沟通力》、《辩驳力》和《理解力》八种。这套"语言力"丛书的写作，其意在于尽可能地发掘中国古哲今贤创意造言智慧的富矿，从中总结归纳出相关的规律，提供给广大读者参考，以期有效提升广大读者的"语言力"，使其在今后的言语交际活动中无往而不利。为了增强可读性，在本丛书的每一部中，笔者都努力在选材上做到经典性与生动性相结合，写作上努力在"化深奥为浅显"、"化平淡为生动"方面下功夫，希冀读者在获取知识、明白学理的同时获取一种阅读的审美享受。

吴礼权

2015 年 9 月 28 日于复旦大学

目　录

第一章 绪 论

一、表达力

所谓"表达力",是指说话或写作所能达到的效果。也就是说,你所说的话,你所写的文章,能否有打动人心的力量,能否具备让人一听或一读之后就终生难忘的魅力。

比方说,在日常生活中,我们到了午饭时间而未进餐,有人会说:"都十二点了,肚子好饿。"就表意来说,他/她想传达的意思都传达出来了。但是,就表达力来说,这话给人的印象并不深,也很难打动别人,难以让听者深切体会到说者那种饥肠辘辘的情状。如果这个意思改用一个诗人的话来表达:"天将午,饥肠响如鼓",那么就能一下子抓住人心,让听者感同身受,予以深刻的同情。又如,我们都有逛街购物的经历。走在商业区的大街小巷,触目皆是商铺。所以,商家招徕顾客,做好生意,并不容易。有一次,笔者走在上海的四川北路上,听到一家小店的主人不断向过往行人吆喝:"走过路过,不能错过。"结果,还真有很多人听了这话而进店,她的生意还真的比别家好。毫无疑问,这是店主招徕生意的口号富有表达力的缘故。还有一次,笔者在复旦大学附近的路边,看见一个男人在摆摊,卖的是微不足道的牙签。他也有一句口号:"要想生活好,牙签少不了。"结果,许多路人听了都情不自禁地停下脚步看看,生意还真做成了不少。很明显,这是因为他的营销语言富有表达力。

说话是这样,写作也是如此。比方说,我们看钱钟书先生的小说《围城》,都会觉得妙趣横生。究其原因,乃是他的语言富有表

1

达力。

> 鸿渐把辛楣的橡皮热水袋冲满了，给她暖胃，问她要不要喝水。她喝了一口又吐出来，两人急了，想李梅亭带的药里也许有仁丹，隔门问他讨一包。李梅亭因为车到中午才开，正在床上懒着呢。他的药是带到学校去卖好价钱的，留着原封不动，准备十倍原价去卖给穷乡僻壤的学校医院。一包仁丹打开了不过吃几粒，可是封皮一拆，余下的便卖不了钱，又不好意思向孙小姐算账。虽然仁丹值钱无几，他以为孙小姐一路上对自己的态度也不够一包仁丹的交情；而不给她药呢，又显出自己小气。他在吉安的时候，三餐不全，担心自己害营养不足的病，偷打开了一瓶日本牌子的鱼肝油丸，每天一餐以后，吃三粒聊作滋补。鱼肝油丸当然比仁丹贵，但已打开的药瓶，好比嫁过的女人，减了市价。

这段文字，是写上海教授李梅亭的小气。说到他不肯给生病的同事孙柔嘉仁丹，而硬要给她不对症的鱼肝油丸时，作者评论道："鱼肝油丸当然比仁丹贵，但已打开的药瓶，好比嫁过的女人，减了市价。"这句评论，对女性来说未免有些刻薄，有贬损女性的嫌疑，但其生动的表达力却是显而易见的，确实有一种让人一读就终生难忘的感觉。

在小说中，诸如李梅亭之流假清高的知识分子尚且要被作者淋漓尽致地挖苦一番，上海滩上的各色市侩则更是作者极尽讽刺的对象了。

> 张先生跟外国人来往惯了，说话有个特征——也许在洋行、青年会、扶轮社等圈子里，这并没有什么奇特——喜欢中国话里夹杂无谓的英文字。他并无中文难达的新意，需要借英文来讲；所以他说话里嵌的英文字，还比不

得嘴里嵌的金牙，因为金牙不仅妆点，尚可使用，只好比
牙缝里嵌的肉屑，表示饭菜吃得好，此外全无用处。

小说中所写的这位张先生，是旧时上海滩上的一个洋行买办。他说话喜欢中文之中夹杂英文单词，这是当时在洋行中做事的中国人的普遍现象。在今天我们的现实生活中，仍然可以看到这种情况，特别是那些有点国外留学经历的人，常常会不自觉地流露出这种毛病。作者自己就是留学欧美的，打内心里看不起这种浅薄的行为，遂在行文之中将这种行为比作是富人牙缝中的肉屑，除了炫富，别无用处。其讽刺之深刻，可谓入木三分，读之让人永世难忘。

可见，无论是说话还是写作，同样是传情达意，但其间是有表达力的高下之别的。因此，我们不能不重视表达力的问题。

二、表达法

所谓"表达法"，就是一种为了达到某种特定的表达效果而对语言资源进行合理有效的调配的语言运用模式。它既是一种语言运用的策略，也是一种行之有效的修辞方式。

在长期的语言运用中，我们的先贤前哲积累了许多创意造言的成功经验，为后人提供了有益的借鉴。就汉语而言，唐诗、宋词、元曲以及明清小说的巨大成就之取得，无一不与先贤前哲创意造言的努力相关。如何使作品的语言富有表达力，从而给读者留下深刻的印象，让读者在了解其主旨思想的同时获取一种审美享受，这就要求我们进行"表达法"的创造。比方说，我们见到一个美女，很想与人分享"见美人兮心动"的身心感受，可以通过"借此喻彼"的思维方式，经由语言文字创造一个文本，让接受者由此及彼地进行想象与联想，从而在脑海中呈现出表达者所亲见的美女形象，由此获取一种审美享受。若读过《诗经·卫风·硕人》，大家一定会对卫庄公的夫人庄姜之美有非常深刻的印象："手如柔荑，肤如凝

脂，领如蝤蛴。"虽然我们今天无法得见两千多年前的庄姜，但是通过这个文本，经由"柔荑"、"凝脂"、"蝤蛴"三个喻体，我们就可以由此及彼地在脑海中浮现出庄姜手臂之纤柔、皮肤之光滑、脖项之美白的形象，别有一种如见其人的亲切感。这个文本之所以有此特异效果，是源于"比喻"表达法的力量。又比方说，在现实生活中，我们常常要跟人讲道理。但道理总是抽象的，说了别人也不容易明白或不乐意接受。这时，如果我们能够通过语言文字创造一个文本，就能化抽象为具象，将深奥的道理说得浅显易懂，让人容易接受并乐于接受。如：

　　卑圻说："对一个在苦难中的人说一句有帮助性的话，常常像火车路轨上的转折点——倾覆与顺利，仅差之毫厘。"

——王禄松《那雪夜中的炭火》

　　这句话是讲人生哲理的。其意是说，在苦难中失去生活信心的人尤其需要有人鼓励。如果作者真的这样讲，虽然文字简洁明了，但却不易让人明白，也很难让人信服并接受，而通过"火车路轨上的转折点"来比喻，其间的道理立即显得浅显易懂、亲切有味。这种效果，也是经由"比喻"表达法而臻至的。

　　表达法，是人们在语言文字的运用中逐渐摸索创造出来的，是一代又一代的哲士贤达以及劳动大众创意造言的结晶。汉语有着悠久的历史，中国文学也经历了非常漫长的历史过程，其间所创造的表达法也非常多。比方说，在日常生活中经常运用的"比喻"表达法，在文学作品特别是儿童文学作品中经常运用的"比拟"表达法，先秦散文中经常用到的"讽喻"表达法，诗歌创作中的"对偶"表达法、"叶韵"表达法、"配字"表达法等。其他表达法如"夸张"、"排比"、"反复"、"设问"、"回环"、"错综"、"倒装"、"双关"、"用事"、"藏词"、"讳饰"、"析字"、"顶真"、"映衬"、"叠字"、"引用"等，类别非常丰富，不一而足。后文我们还要一一讲到，此不赘述。

上文我们说过，表达法非一时一人所能创造，是历代无数人创意造言的结晶。因此，表达法就有一个历史发展的问题。比方说，汉语中"比喻"表达法应该说是运用最为广泛的一种语言表达法，其历史也非常悠久，先秦文献中比比皆是。同其他民族的语言一样，可以说汉语的历史有多久，"比喻"表达法的历史就有多久，因为"比喻"表达法不仅仅是一种语言表达方式，更是人类的一种认知方式。虽然如此，"比喻"表达法并非是静止不变的，而是与时俱进的。特别是在结构形式上，更是随着时代的发展而变化。先秦时的"比喻"表达法，其结构形式绝对不会像今天汉语里的"比喻"表达法那样丰富多彩。宋人陈骙著有中国修辞学史上第一部修辞学专著《文则》，其中将古代汉语里的"比喻"表达法按形式分为"直喻"、"隐喻"、"类喻"、"诘喻"、"对喻"、"博喻"、"简喻"、"详喻"、"引喻"、"虚喻"十类。但是，根据现代学者的研究发现，现代汉语中的"比喻"表达法在形式、类别上已发展到几十种，如"提喻"、"较喻"、"反喻"、"交喻"、"回喻"、"连喻"、"进喻"、"缩喻"、"兼喻"、"合喻"等，都是现代人创意造言的结晶。其他如"推避"、"精细"、"异语"、"旁逸"、"歧疑"、"移时"等表达法，都是现代汉语中出现的新表达法，是现代人创意造言的结晶。

表达法，除了具有上述的时代性外，还有民族性。前文我们说过，"比喻"表达法，在任何语言中都是一种重要的语言表达法。也就是说，有些语言表达法是人类共有的，是不谋而合的一种语言运用模式。但是，由于人类并非是由一个民族构成的，不同民族有不同的思维方式，有不同的文化传统，有不同的语言文字，因此，在经由语言文字表情达意时所创造出的表达法也不尽一致。例如，汉语与英语、汉语与俄语、汉语与波斯语等，在表达法上都有不一致的地方。这一方面是因为汉民族与西方人在思维方式与文化传统上有别，另一方面是因为语言文字不同，比方说，汉语中有"析字"表达法，而其他语言中就没有。之所以如此，是因为汉语的记录符号——汉字是表意文字，其偏旁部首能够离析，点画长短可以增减。比如说一个老人八十八岁，我们称之为"米寿"，九十九岁则说"白寿"（日语中也有这种表达法，这是因为日语中部分使用汉字的缘故）。而在印欧语系的诸语言中，这种表达法就不可能存在，因为这些民族语言的记录符号——文字不是表意文字，而是拼音文字。

三、无一定之律，而有一定之妙：表达力与表达法的关系

前文我们说过，特定的"表达力"是通过特定的"表达法"才能获得的。也就是说，"表达力"与"表达法"之间存在着一定的对应关系，虽"无一定之律，而有一定之妙"。

一般来说，具有"婉约蕴藉"表达力的表达法，主要有"双关"、"折绕"、"讳饰"、"藏词"、"留白"、"倒反"、"用典"、"推避"、"讽喻"等。具有"传神生动"表达力的表达法，主要有"比喻"、"比拟"、"摹状"、"示现"、"列锦"、"飞白"等。具有"视听美感"表达力的表达法，主要有"对偶"、"排比"、"回环"、"错综"等。具有"强化印象"表达力的表达法，主要有"夸张"、"反复"、"设问"、"精细"、"倒装"、"层递"、"同异"、"异语"等。具有"幽默诙谐"表达力的表达法，主要有"仿讽"、"别解"、"旁逸"、"歧疑"、"移时"等。

不过，上述的对应关系只是相对的，是就一般情形而言的。事实上，语言运用是非常复杂的。有时，上述对应关系也会有一些例外。如：

> 住惯北平的房子，老希望能找到一个大院子。所以离开北平之后，无论到天津、济南、汉口、上海，以至青岛，能找到房子带个大院子，真是少有。特别是在青岛，你能找到独门独院，只花很少的租价，就简直可说没有。

除非你真有腰包，可以大大的租上座全楼。

——老舍《搬家》

这段文字是作家老舍叙写离开北平到外地谋生时，很难以低价租到带大院子的住房的苦恼之情。其中，"除非你真有腰包，可以大大的租上座全楼"一句，是运用"借代"表达法建构的一个修辞文本。作者本意是想说"真有钱"，但因受中国传统文化"重义轻利"思想的影响，羞于言"钱"，遂以"腰包"代"钱"。这属于"借代"表达法中"以事物与事物的所在相代"（"钱"在"腰包"中，故可以"腰包"代"钱"）。从表意效果来看，说"真有腰包"，明显要比直说"真有钱"显得婉约蕴藉，别有一种"含不尽之意，见于言外"的优雅意味。这样的表达，既可保全表达者（作者）羞于言利的脸面，又有让人寻思咀嚼的余味。但是，这样深具"婉约蕴藉"表达力的文本，却并不是运用上述诸多表达法的结果。这就说明一个问题，上面我们所说的对应关系只是相对的，而非绝对的。因为是相对的，所以就有例外发生。

其实，例外还不止如此。如：

> 胡适揭开文学革命的序幕，提倡白话文学，宣扬民主与科学，推出德先生（democracy）与赛先生（science），鼓动新思潮，开风气之先，居功奇伟。曾经遭受到若干保守人士的攻讦，开始还讲道理，后来演变成人身攻击，胡适虽然修养不错，终究按捺不住，脱口而出：
>
> "狮子和老虎向来都是独来独往的，只有狐狸跟狗才联群结党！"
>
> ——沈谦《我的朋友胡适之》

这段文字是叙述胡适在"五四"时期与旧派人物论战时的轶事。其中，"狮子和老虎向来都是独来独往的，只有狐狸跟狗才联群结党"，是胡适骂人的话。不过，应该看到的是，这话虽是骂人之语，但却显得相当婉约蕴藉，别有一种"余味曲包"的韵味，可谓达到了"骂人不带脏字"的境界，不禁令人拍案叫绝。然而，这种含蓄隽永的表达力，却不是通过上述诸多表达法达到的，而是运用了"比喻"表达法的结果。根据常识，我们都知道，"比喻"表达法一般都有非常明显的形象传神的表达力。但是，胡适的这个比喻其用意并不在形象传神，而是拐弯抹角地骂人。对于一般人来说，大可恣意尽情，有话直说，甚至于骂人，淋漓尽致地表达自己心中的不满或不平之意。可是，对于胡适来说，这是万万不行的。因为他是学者，是万众敬仰的学术明星，是社会名流，必须要注意自己的身份。因此，即使是骂人，也要有所顾忌，表现出君子风范与学者风度。正因为如此，他在不得不对守旧派人士的人身攻击进行回击时，精心挑选了"比喻"表达法中的"借喻"一法，将比喻的本体"我"、"你们"和喻词"像"一并省略，以陈述事实的形式，巧妙地创造了一个比喻修辞文本，既不着痕迹地指责了对方的阴险卑鄙（说他们是联群结党的狐狸与狗，喜欢在暗中做些见不得人的勾当），又顺势夸了自己人品的高尚（说自己是独来独往的狮子与老虎，行事光明磊落）。但是，不论是骂人，还是自夸，都不落人以把柄，可谓是"不著一字，尽得风流"。胡适的这一修辞实践，不仅让我们感佩，也让我们再次明白了一个道理：表达力与表达法之间的对应关系不是绝对的，而是相对的。

由以上诸例的分析来看，表达力与表达法之间的对应关系确实不是绝对的，而是有一定的相对性。因此，在实际语言实践中，我们不能为了追求某种特定的表达力而执着于本书所说的那几种表达法。那样，就有"胶柱鼓瑟"之嫌了。只要我们掌握"无一定之律，而有一定之妙"的原则，就一定能在文本创造中如鱼得水，游刃有余。

四、提升表达力的基本途径

只要是一个正常人，他/她都能用语言或文字（文字是记录语言的符号）传达出自己的思想，与人进行沟通交流，表达情感、情绪。但是，有正常语言能力的人，并不都是有语言表达力的人。有的人笨口拙舌，常常言不达意，结果在社会生活中处处碰壁，一生困顿。而有的人则伶牙俐齿，见人说人话，见鬼说鬼话，八面玲珑，行走于社会中到处春风得意，飞黄腾达。可见，有语言能力并不意味着有语言表达力。

影响语言表达力的，有先天的因素，也有后天的因素。有些人与生俱来便具备一种别人难以企及的语言天赋，往往不假思索，就能出口成章，妙语连珠。比方说，中共领导人周恩来，就是一位语言表达天才，他的语言表达力简直让人无法想象。1972 年，美国第 37 任总统理查德·米尔豪斯·尼克松（Richard Milhous Nixon）在美苏冷战处于胶着状态下，为了争取中国的支持，增加对抗苏联的力量，飞越太平洋访问中国大陆。当时中国大陆的经济几乎濒临全面崩溃的边缘，人民生活极其困难，同时又是中共第二号政治人物林彪叛逃苏联之事后不久。尼克松虽带着讨好中国的善意而来，但看到一穷二白的中国大陆，情不自禁地又想到了意识形态的差异，问道："中国好，那么林彪为什么往苏联跑？"在座者一听，都觉得非常尴尬。但是，周恩来却从容不迫、不假思索地回答道："大自然好，苍蝇还要往厕所飞。"不仅一语化解尴尬，而且为中国的外交得分。又有一次，一个美国记者问周恩来："社会主义好，为什么中国人走路总是低着头，而我们美国人走路却总是昂首挺胸？"周恩来又是不假思索地回答道："中国是在走上坡路，所以中国人走路都低着头；美国正在走下坡路，所以美国人走路是昂首挺胸。"一席话，说得美国记者无言以对。虽然"比喻"表达法人人都会运用，但要随机应变，在特定情境下找出特定的喻体与本体相匹配，创造出一个好的比喻文本，则并非人人都能做到，而是需要表达者有相当的语言天赋与创意造言的智慧。

尽管语言表达力确有先天的因素，是学不到的。但是，对于绝大多数人来说，提升语言表达力还是要靠后天不断的学习。具体说来，有两个基本途径：一是留心学习前人创意造言的经验，二是系统地学习一点修辞学知识。

前文我们说过，汉语有着悠久的历史，中国文学有着辉煌的成就，汉语中有非常丰富而有效的表达法，都是我们前贤先哲创意造言的结晶。一代又一代人，通过学习前人语言表达法的成功经验，不仅提升了自己的语言表达力，而且丰富完善了许多语言表达法，使汉语表达法更趋丰富多彩，使汉语更具活力。比方说，在汉语表达法中，有一个表达法叫"仿拟"，包括"仿词"、"仿语"、"仿句"、"仿调"四类，特别是"仿句"，历来都是文人才士最爱运用的方法。古人赋予这种表达法的效果一个名称，叫做"点铁成金"，或曰"化腐朽为神奇"。说到这一点，我们就会情不自禁地想起唐代大诗人王勃。他在其名作《滕王阁序》中创造了两个名句："落霞与孤鹜齐飞，秋水共长天一色。"千古以来无数文人学士为之叹赏不已。其实，这两个名句是王勃化用南朝文学家庾信《马射赋》中"落花与芝盖齐飞，杨柳共春旗一色"二句而来，是"仿拟"表达法的运用。又如，王勃《送杜少府之任蜀州》中有"海内存知己，天涯若比邻"二句，也是千古名句。后代赠别朋友，都喜欢引用此二句。殊不知，这二句乃是三国时魏国曹植创意造言的结晶，见于他《赠白马王彪》一诗中。原句是："丈夫志四海，万里犹比邻。"这二句是赠别兄弟曹彪的励志之言。王勃仿拟其句意与结构形式，翻新改造，遂成新名句。而曹植的原句反而湮灭不彰，无人知晓了。这就是王勃"点铁成金"的功力，也是他"仿拟"表达法运用得炉火纯青的表现。又如，宋人林逋《山园小梅》中有二句曰"疏影横斜水清浅，暗香浮动月黄昏"，亦是历代文人学士称叹不已的名句。宋人司马光《温公诗话》中称林逋"有诗名，人称其梅花诗云'疏影横斜水清浅，暗香浮动月黄昏'，曲尽梅之体态"。其实，林逋的这两句并非完全是自己的创造，而是仿自南唐文学家江为的诗句"竹影横斜水清浅，桂香浮动月黄昏"而成（见《紫桃轩杂缀》），也是"仿拟"表达法的运用。虽然林逋只是改动了两个字，将原句"竹影"换成了"疏影"，"暗香"替代"桂香"，但意境全开，比起原句更具韵味，因此在宋代就被人称誉。由上述诸例，我们便可看出，学习前人创意造言的经验，确实能够推陈出新、别开生面，青出于蓝而胜于蓝，创造出更富新意的修辞文本。

除了可以在日常生活中、在文学阅读中留心学习前人或他人创意造言的经验，还可以系统地学习修辞学知识，这也是迅速提升语言表达力的基本途径。因为修辞学知识是修辞学家通过对历代人们的修辞实践进行长期研究总结出来的规律性的东西，比较具有系统性，学习起来更有立竿见影的效果。特别是对于那些一时难以提高语言修养的人，学习修辞学知识，倒也不失为一种迅速提升语言表达力的快捷方式。这其中的道理，毋庸赘言，人人都懂。

第二章　状难写之景，如在目前

人们用语言来传情达意，往往并不满足于"准确"、"明白"这几个层次，还要朝着"形象"、"生动"的境界而努力。文学作品为什么成为人们热爱的精神食粮，就是因为它有"形象"、"生动"的特征，因此，它能给人以阅读的愉悦与审美情趣。

应该说，追求表达的"形象"、"生动"，乃是人类共同的心理倾向。只不过，相较于其他民族而言，由于中国文化传统的影响，汉民族对表达"形象"、"生动"的境界更为看重。这是因为"形象与联想，是中国人特别是汉民族思维的主要方式。与西方人相比，中国人更喜欢形象思维而厌倦抽象思维"①。关于这一点，林语堂先生在讨论中国人的民族心理时曾经指出："中国人的心灵在许多方面都类似女性心态。事实上，只有'女性化'这个词可以用来总结中国人心灵的各个方面。女性智慧与女性逻辑的那些特点就是中国人心灵的特点，一点不错的。……中国人的头脑羞于抽象的辞藻，喜欢妇女的语言。中国人的思维方式是综合的、具体的。他们对谚语很感兴趣，它像妇女的交谈。"② 根据我们的理解，所谓"中国人的思维方式充满了女性化的特点"，也就是说"中国人敏于具体的形象思维，擅长由具体到抽象的联想综合"③。关于这一点，我们可以从多个方面来观察。比方说，"中国先秦时代散文中喜欢运用'守株待兔'、'狐假虎威'、'鹬蚌相争'等寓言来说理，中国古典诗歌喜欢诸如'红烛秋光冷画屏，轻罗小扇扑流萤'、'池塘生春草，园柳变鸣禽'、'有时三点两点雨，到处十枝五枝花'等形象

---

① 吴礼权：《现代汉语修辞学》（修订版），复旦大学出版社 2012 年版，第 121 页。
② 林语堂著，郝志东等译：《中国人》，浙江人民出版社 1988 年版，第 62 页。
③ 吴礼权：《现代汉语修辞学》（修订版），复旦大学出版社 2012 年版，第 121 页。

的、带有意境的写法，中国人说话喜欢运用诸如'懒婆娘的裹脚布——又长又臭'、'茶壶里煮饺子——肚里有，嘴上倒不出'等歇后语与诸如'人心齐，泰山移'、'单丝不成线，独木不成林'等谚语，中国的汉语词库中多有诸如'雪白'、'冰凉'、'绿油油'、'红彤彤'等形容词，这些皆充分体现了中国人好形象思维与联想综合的特点。不仅如此，中国人的好形象思维与联想综合的特点甚至还表现在某些抽象名词与文学批评术语上。如'体积'、'长度'、'宽度'等皆是表示抽象概念的词汇，一般不能将之形象化，可是中国人的思维方式能使之形象化，这便是以'大小'指称'体积'，以'长短'指称'长度'，以'宽窄'指称'宽度'，其思维的形象化技巧真是令人叹服。又如在中国的文学批评中，形容不同的写作方法时不同于西方人那样喜用抽象的专门术语来概括，而是用比较形象化的词语来指称，如：'隔岸观火'（一种超俗的格调）、'蜻蜓点水'（轻描淡写）、'画龙点睛'（提出文章的要点）、'欲擒故纵'（起伏跌宕）、'神龙见首不见尾'（运笔自如，顺其自然，斗然而来，戛然而止）、'悬岸千仞'（结尾时陡然勒住）、'一针见血'（一句话道出真情）、'单刀直入'（直截了当的开头）、'声东击西'（突然袭击）、'旁敲侧击'（善意的戏弄与嘲笑）、'湖上雾霭'（调子柔和）、'层云迭峰'（细节等纷繁复杂，扑朔迷离）、'马屁股上放鞭炮'（结尾前最后一击）"①等说法，都可以有力地说明汉民族喜欢形象化思维与联想综合的心理特点。

　　正因为有此民族心理特点，所以中国文学历来都有推崇"状难写之景，如在目前"的传统。也正因为如此，在汉语表达中，中国人自古以来就喜欢运用"比喻"法、"比拟"法、"示现"法、"移就"法、"通感"法等。中国人之所以喜欢运用这些表达法，乃是因为这些表达法有"状难写之景，如在目前"的表达力。

---

　　①　林语堂著，郝志东等译：《中国人》，浙江人民出版社1988年版，第66~67页。

一、物虽胡越，合则肝胆：比喻的表达力

提升表达力的方法有很多。其中，有一个方法是人人都能想得到，而且也是人们都会用的，这便是"比喻"表达法。

所谓"比喻"表达法，或称"譬喻"，是"一种通过联想将两个在本质上根本不同的事物由某一相似性特点而直接联系搭挂于一起"的语言表达方法。以这种表达方法建构的文本，叫做"比喻修辞文本"。"这种修辞文本的建构，在表达上有增强所叙写对象内容的生动性和形象性的效果；在接受上，有利于调动接受者的接受兴趣，使其可以准确地解读出文本的意蕴，而且可以经由接受者的再造性想象，扩添文本所叙写对象内容的内涵意象，从而获得大于文本形象内容的解读快慰与审美享受。"①

比喻表达法，如果从结构形式上观察，可以将之分为三种基本类型：一是"明喻"，二是"暗喻"（或称"隐喻"），三是"借喻"②。

所谓"明喻"，是指"一种形式全备的譬喻模式，它的典型格式是'A像B'。其中，A是本体，B是喻体，'像'是喻词，恰似联系本体与喻体的桥梁。喻词除了'像'比较常见外，还有'好像'、'好比'、'如同'、'仿佛'、'若'、'如'、'好似'、'似'等，有时这些喻词还与'一样'、'似的'、'一般'等配合使用。明喻修辞文本，由于形式上明显，一般最易见出。使用上也较多，一般的说写者多喜欢用明喻的形式来设喻"③。如：

> 最令人难忘的还有所谓天籁。秋风起时，树叶飒飒的
> 声音，一阵阵袭来，如潮涌、如急雨、如万马奔腾、如衔

---

① 吴礼权：《现代汉语修辞学》（修订版），复旦大学出版社2012年版，第74页。
② 陈望道：《修辞学发凡》，上海教育出版社1997年版，第72页。
③ 吴礼权：《现代汉语修辞学》（修订版），复旦大学出版社2012年版，第74~75页。

枚疾走。风定之后，细听还有枯干的树叶一声声的打在
阶上。

——梁实秋《音乐》

这段文字是梁实秋先生描摹秋风吹拂树叶所发出的声响。其
中，"秋风起时，树叶飒飒的声音，一阵阵袭来，如潮涌、如急雨、
如万马奔腾、如衔枚疾走"几句，用的即是"明喻"表达法。"树
叶飒飒的声音"是本体，"潮涌"、"急雨"、"万马奔腾"、"衔枚疾
走"等都是喻体，喻词都用了"如"字。以四个喻体的意象来写秋
风起时"树叶飒飒的声音"，读之不禁让人经由文字的诱导而展开
想象的翅膀，从而真切地体味出何谓"天籁"之音。

所谓"暗喻"（或称"隐喻"），是指"一种以'是'、'变成'
等喻词绾合本体与喻体抑或省略了喻词的譬喻修辞文本模式。它的
典型格式是'A 是 B'"①。在古代汉语中，则"表现为'A，B'，
是以判断句的形式出现的。如《孟子·滕文公上》：'君子之德，风
也；小人之德，草也'"②。暗喻文本在现代汉语中也很常见，如：

我是天空里的一片云，
偶尔投影在你的波心。
你不必讶惊，更无须欢喜，
在转瞬间消灭了踪影。

——徐志摩《偶然》

这首诗的首句"我是天空里的一片云"，即是一个"暗喻"。本
体是"我"，喻体是"天空里的一片云"，"是"是喻词，而不是判
断词。因为"我"与"云"是本质上根本不同的事物，只是因为
"我"漂泊不定的心与天空中随风浮动的云有相似性，作者遂将两

---

① 吴礼权：《现代汉语修辞学》（修订版），复旦大学出版社 2012 年版，第 76 页。
② 吴礼权：《现代汉语修辞学》（修订版），复旦大学出版社 2012 年版，第 76～
77 页。

者牵连搭挂在一起。如果我们稍微留意一下文学作品或是日常口语中的"暗喻"表达法的运用，就会发现，暗喻表达法用"是"作为喻词的比较普遍。如：

> 水是眼波横，山是眉峰聚。欲问行人去那边，眉眼盈盈处。
> ——宋·王观《卜算子·送鲍浩然之浙东》
> 一个是水中月，一个是镜中花。
> ——清·曹雪芹《红楼梦》
> 江南的雪，可是滋润美艳之至了；那是还在隐约着的青春的消息，是极健壮的处子的皮肤。
> ——鲁迅《野草》
> 一个爱说话的女人是朵盛开的花，没有什么味道；一个不爱说话的女人，是朵半开的花，没有人知道它藏着一个什么样的花心，最吸引人。
> ——于梨华《变》

以上诸暗喻，喻词用的都是"是"字。但是，暗喻也有用其他喻词的，如：

> 如今人方为刀俎，我为鱼肉。
> ——汉·司马迁《史记·项羽本纪》
> 玫瑰开不完，荷叶长成了伞；秧针这样尖，湖水这样绿，天这样青，鸟声象露珠样圆。
> ——闻一多《荒村》
> 这个世界已成了毕加索的画，天翻地覆，一塌糊涂。
> ——陈之藩《科学与诗》

以上诸例的暗喻，所用喻词有的是"为"，有的是"长成"，有的是"成了"。

所谓"借喻"，是指一种"本体与喻词一并省略了的譬喻修辞文本模式。这种譬喻是一种隐奥的形式，在接受时需接受者用心体会和解读。这类譬喻在知识阶层、文学界的人士中比较爱用"①。如：

> 煮豆燃豆萁，豆在釜中泣。
>
> 本是同根生，相煎何太急。
>
> ——三国魏·曹植《七步诗》

这首诗全篇即是一个借喻。它要表达的意思是"你我本是手足亲兄弟，应该相互友爱关怀，而不应自相残杀"。但是，这层意思诗人不能这样明说。因为他所面对的不是以前的兄长曹丕，而是如今贵为天子的魏文帝。虽然明知曹丕要他七步成诗是有意为难他，是为除掉他而找借口，但他也只能直面应对。于是，诗人便以同根所生的豆与豆萁相煎为喻，说明了兄弟不应相残的道理。这样，既委婉地陈述了道理，又巧妙地完成了魏文帝要求他七步成诗的任务。诗的全篇没有出现一个喻词，甚至连本体也一并省略了，可是表达力却大大地提升了。

诗中用借喻司空见惯，词中用借喻也不少见。如：

> 花自飘零水自流，一种相思，两处闲愁。此情无计可消除，才下眉头，却上心头。
>
> ——宋·李清照《一剪梅》

词的首句"花自飘零水自流"，即是一个借喻修辞文本。"'花自飘零'比喻作者的青春像花那样空自凋残；'水自流'是说她丈夫远行了，浓愁像悠悠江水空自流。全句是说李清照既为自己的红颜易老而感慨，也为丈夫不能和自己共度青春而让它白白地消逝而

---

① 吴礼权：《现代汉语修辞学》（修订版），复旦大学出版社 2012 年版，第74页。

伤怀。'花自飘零水自流'是个比喻的喻体，而本体（即我们所作的解释）和比喻词都没有出现，只是以喻体替代本体。"① 这样写，比正常的比喻更富有表达力，读来更觉含蓄蕴藉，余味曲包。

"比喻"表达法，虽然其基本结构形式只有三种，但其变化形式则非常多。学者们从不同的角度，将之分为不同的类别，并给予不同的名称，如"引喻、提喻、较喻、反喻、交喻、回喻、博喻、连喻、类喻、进喻、互喻、缩喻、约喻、兼喻、合喻等，不一而足。实际上，这些都是譬喻的变体形态，是论者从不同角度进行分类的结果"②。

"比喻"表达法之所以产生很多变体形态，乃是表达者（说写者）意欲突破陈规、锐意创新的结果。比喻作为人类的一种认知方式，同时也作为最为重要的语言表达法，是人人都会用的。因为将此物比彼物而作由此及彼的想象联想，这是人人都会的，甚至是无师自通的。但是，如何将喻体与本体有效匹配，合理地牵连搭挂，创造出一个令人过目难忘的比喻文本，"状难写之景，如在目前"，则就不容易了。著名诗人艾青就曾说过："有的人写了一辈子也创造不出一个新鲜的比喻。"③

虽然创造一个好的比喻并不易，但是，古今中外的人们从来就没有停止过努力，特别是文学家们。那么，文学家们为何特别热衷于创造比喻文本呢？著名作家秦牧曾在《譬喻之花》一文中说过这样一段话：

> 精彩的譬喻，像是童话中的魔术棒，碰到哪儿，哪儿就产生奇特的变化，它也像是一种什么化学药剂，把它投进浊水里面，顷刻之间，一切杂质都沉淀了，水也澄清了。
> 如果在文学作品中完全停止采用譬喻，文学必将大大

---

① 谭永祥：《汉语修辞美学》，北京语言学院出版社1992年版，第285～286页。
② 吴礼权：《现代汉语修辞学》（修订版），复旦大学出版社2012年版，第78页。
③ 《文学报》1982年10月14日第2版，转引自谭永祥：《汉语修辞美学》，北京语言学院出版社1992年版，第287页。

失去光彩。假使把一只雄孔雀的尾羽拔去一半，还像个什么样子呢？虽然它仍旧可以被人叫做孔雀。譬喻是语言艺术中的艺术，它一出现，往往使人精神为之一振。它具有一种奇特的力量，可以使事物突然清晰起来，复杂的道理突然简洁明了起来，而且形象生动，耐人寻味。

正因为"比喻"表达法有如此神奇的表达力，而我们在文学创作与日常语言生活中又确实少不了"比喻"表达法的运用，所以我们就有必要掌握"比喻"表达法运用的规律，学习比喻文本建构的基本法则。如此，才能使我们的文章更精彩，使我们的言说更生动。

不过，应该指出的是，规律是可以通过学习而掌握的，但如何做到在应合题旨情境的前提下，使我们的创意造言能达到"状难写之景，如在目前"的境界，则需要我们在借鉴融会前人成功的修辞实践经验的基础上，充分发挥自己的创造性，从而建构出独到新颖的比喻文本，将自己的思想精确地予以表出，将自己的感情圆满地予以呈现。

下面我们就前人成功的修辞实践案例进行分析，来看看他们是如何获致"状难写之景，如在目前"的表达力的。

1. 苏格拉底：好的骑手就应该驾驭烈马，骑惯了烈马，别的马也就不在话下了

古希腊著名的哲学家苏格拉底的老婆非常厉害，是个出名的泼妇。有一次，她把苏格拉底痛骂了一顿后还当头泼了一盆冷水。有修养的苏格拉底却平静地说："我早就知道，打雷过后，必要下雨。"就这样，一场吵架甚至打架被一笑了之。

别人问苏格拉底为什么要娶这么厉害的女人做老婆。苏格拉底说："好的骑手就应该驾驭烈马，骑惯了烈马，别的马也就不在话下了。"

——文俊《巧答妙对365》

读了这则故事，也许很多人都觉得苏格拉底太窝囊了，一个堂堂的大哲学家怎么这么怕老婆呢？

其实，我们也不必忙着笑话苏格拉底，中国人何尝没有惧内的？近的如胡适等名流的事不说，就说在中国古代吧。那时候还是"男尊女卑"的时代，是男权一统天下的时代，惧内者不也比比皆是吗？只要看看中国古代笑话集中嘲笑惧内者的故事的数量比例，我们就知道中国男人到底有多怕老婆了。远的不说，就说明代，这类反映惧内的笑话就非常多。明代无名氏《笑苑千金》中有一则故事说：

> 昔有人畏妻，其友人教以画妻之像，挂于密室，每日早起，以水噀之，指之曰："不怕你，不怕你。"其妻闻之，怒欲打其夫，夫云："我祝祷未了，尚不曾说下句，汝何怒？"妻曰："下句如何说？"答曰："不怕你，不怕你，更怕谁？"

这位丈夫怕老婆怕到如此地步，实在令人可怜。但这还不算最惨的，毕竟那位悍妇还没强迫她的丈夫做什么低贱而又见不得人的羞事。而同样是明代的男人，则有比上引故事中的那位丈夫境遇更惨的。明代浮白斋主人所撰《笑林》中，就曾记载过这样的故事：

> 甲乙俱惧内，乙往诉甲曰："房下近来作事更狠，至晚马桶亦要我掇。"甲攘臂言曰："这个忒难，若是我……"言未毕，甲妻背后大喝曰："若是你，便怎么？"甲不觉下跪曰："若是我，就掇了。"

中国古代都说"男为乾，女为坤"，即男人是天，女人是地。生女叫"弄瓦"，生男叫"弄璋"。可见，男女不平等早已是先天就规定好了的。既然如此，男人先天就有优越于女性的心理。但是，社会的规约却在上述故事中的甲乙两个家庭不起作用。乙男在家被悍妻逼迫倒马桶，严重伤害了他的大男人的自尊，他心中感到苦闷，遂去朋友甲男家诉苦。甲男听了怒不可遏，"攘臂"要替朋友出气，挣回男子汉的面子。不意在妻子突现时，却露出了更懦弱的一面，不仅主动服输，而且还要下跪。真是"一蟹不如一蟹"！

也许有人会认为，怕老婆的一般都是些没出息的男人，有本事的男人是不会怕老婆的。其实，也不尽然。在中国，特别是在古代，能做官，而且能做到太守这一层，也算很有本事了吧。但即便如此，也很难说他不惧内。不是吗？请看明人冯梦龙《笑府》中的一则故事：

> 有一吏惧内，一日被妻抓破面皮。明日上堂，太守见而问之，吏权词以对曰："晚上乘凉，被葡萄架倒下，故此刮破了。"太守不信曰："这一定是你妻子抓破的，快差皂隶拿来！"不意奶奶在后堂潜听，大怒，抢出堂外。太守慌忙谓吏曰："你且暂退，我内衙葡萄架也要倒了。"

中国有句古话，叫做"好汉不吃眼前亏"。所以，中国的男人对于悍妻，一般都不会采取正面冲撞的方式，而是采用"以柔克刚"之计，嘴巴上吃点亏，也就大事化小，小事化了，夫妻遂又恩爱如初、相敬如宾了。但是，偶尔也有一些不识相的男人，宁可吃亏，也不服软。比方说，明人冯梦龙《笑府》中就记有这么一例：

> 一人被妻打，无奈钻在床下。妻呼曰："快快出来！"
> 答曰："男子汉大丈夫，说不出来，定不出来。"

一个大男人被妻子打，已经够窝囊了，打得逃到床下躲避，则更是丢人丢到家了。可是，到了这个地步，他还死要面子，搬出什么"大丈夫"的论调，真是令人啼笑皆非。

不过，且慢。说句阿Q式的话，不要只笑中国男人窝囊，西方男人也好不到哪里去。上引故事中的苏格拉底，不也是这般人物吗？他被老婆臭骂一顿，还被泼水，也毫无办法，只能嘴硬，自我安慰、自我解嘲。

但是，话又得说回来。客观地说，虽然同样是怕老婆，同样是嘴硬，但西方哲学家苏格拉底要比中国古代的那位男人强。何以言之？因为他自我解嘲的"雷雨论"与"御马论"远比我们古人的"大丈夫论"高明得多。因为"大丈夫论"让我们男人觉得可怜心酸，而"御马论"则让人觉得智慧幽默，让我们男人感到自豪。

那么，苏格拉底的"雷雨论"与"御马论"何以有如此的表达力呢？

无他。乃是苏格拉底善用"比喻"表达法的结果。

作为一个大哲学家，又是当时有名的公众人物，苏格拉底却被妻子当众辱骂，情何以堪？被骂也就罢了，还被泼水，颜面何在？这种情况，放在一般男人身上，除了寻个地缝钻进去外，也只有找根绳子自行了结算了，哪有勇气再活在世上？然而，苏格拉底不这样想，也不这样看。他是讲哲学的，哲学就是智慧学。因此，他有足够的智慧化解这样的尴尬。"我早就知道，打雷过后，必要下雨"，轻描淡写的一句话，既化解了当时的尴尬，又显出了自己的智者形象与面对突发事件时从容优雅的态度。

那么，这句话何以有如此的表达力呢？这就是"比喻"表达法的力量了。上引故事中，苏格拉底对妻子当众咆哮与当头泼水的行为，既没有以牙还牙，也没有针锋相对，而是以一种与己无关的态度，从容平静地陈述了一种自然现象："我早就知道，打雷过后，必要下雨。"这话看起来像是一种"王顾左右而言他"的自言自语，实则不然。它是紧扣刚刚发生的事件而创造出来的比喻文本。"打雷"是暗喻其妻当众咆哮声音之大，"下雨"是喻指其妻对他泼水的行为。如此比类引譬，可谓既形象生动，又自然贴切。同时，由于苏格拉底的这个比喻采用的是"借喻"形式，没有让比喻的本体与喻词出现，而只是以喻体直接表达，因此，在表意上就增添了一种婉转含蓄的韵致，在接受上则有一种耐人寻味的效果。

至于答客问时所用的"御马论"，苏格拉底运用的同样是"比喻"表达法。他不直言"高明的丈夫喜欢驯服悍妇"这层意思，而是以"比喻"表达法，采用"借喻"的形式，巧妙地创造了一个比喻文本："好的骑手就应该驾驭烈马，骑惯了烈马，别的马也就不在话下了。"以"好骑手喜骑烈马"暗喻"高明的丈夫喜御悍妻"，遂"四两拨千斤"地回应了客人抛出的尴尬提问。从表达效果上看，这番比喻既不露痕迹地夸耀了自己（说自己是个善于御妻的高明丈夫），又巧妙地贬斥了其妻（将之比作烈马）；从接受效果上看，将驯妻与御马二事异乎寻常地联系到一起，虽让人有一种"出乎意料之外"的突兀感，但仔细玩味，又有一种"在人意料之内"的合理性，因此听来格外新颖生动，使人不得不感佩苏格拉底高度的表达智慧。

2. 胡适：狮子和老虎向来是独来独往的，只有狐狸跟狗才联群结党

> 胡适揭开文学革命的序幕，提倡白话文学，宣扬民主与科学，推出德先生（democracy）与赛先生（science），鼓动新思潮，开风气之先，居功奇伟。曾经遭受到若干保守人士的攻讦，开始还讲道理，后来演变成人身攻击，胡适虽然修养不错，终究按捺不住，脱口而出：
>
> "狮子和老虎向来是独来独往的，只有狐狸跟狗才联群结党！"
>
> ——沈谦《我的朋友胡适之》

中国的封建专制制度之所以能绵历数千年，既与统治者为维护统治而强力维系有关，也与被统治者的驯服乃至主动配合有关。如果有民主意识，有坚决反抗专制的群众基础，那么中国的封建专制制度不可能绵历数千年，中国就可能在明代或更早的时代采用西方国家的那种民主制度了。

中国曾是世界上科技最先进的国家，对人类社会发展影响甚巨的造纸术、指南针、火药、活字印刷，就是中国人的发明。但是，这种科技发展的领先势头之所以没有被保持下去，也是与中国封建统治者与被统治者的意识落后有关。中国古代很早就有将科技发明视为"奇技淫巧"的观念。如《尚书·泰誓下》有批评商纣王"作奇技淫巧，以悦妇人"的话。唐人孔颖达疏此句意曰："奇技谓奇异技能，淫巧谓过度工巧。二者大同，但技据人身，巧指器物为异耳。"正因为中国历代封建统治者对学习特别技能、发明精巧器物的行为持否定的态度，中国人民发明创造的积极性受到抑制甚至打击，所以中国在明清以后科技水平逐渐落后于西方也就不足为怪了。时至清代，甚至到了中国受到西方列强船坚炮利的威胁日甚的道光时期，这种抑制科技发展的落后意识不仅仍然根深蒂固，而且有变本加厉的趋势。清代的管同在《禁用洋货议》中还振振有词地说："昔者，圣王之世，服饰有定制，而作奇技淫巧者有诛。"如此抑制科技发明的言论，竟出现在朝廷官员给皇帝的奏章中，中国的科技发明还能有什么进展？大清帝国怎能不衰落？中国在近代又怎能避免落后挨打的局面？

晚清时代，为了救亡图存，中国许多有识之士纷纷远渡重洋学习西方的科学与文化，研究西方的社会制度与社会发展的关系。"五四"时期，中国新文化运动的倡导者胡适，正是这些知识分子的代表人物之一。美国留学归来，他投身于新文化运动，之所以那样不遗余力地鼓吹"德先生"与"赛先生"，目的就是希望让中国人树立起"民主"与"科学"的意识，从而使中国逐渐成为科技发达、政治民主的先进国家，与西方列强平起平坐，从此不再受人欺凌。但是，在当时并不是所有人都明白胡适的用意，也并非所有中国知识分子都同意胡适的思想与理念，因此不遗余力地宣扬"民主"与"科学"的胡适，遭到了许多守旧派的攻击。上引故事说的正是此事。

书生论战本应温文尔雅，要讲道理，要体现君子风范。但是，守旧派人士在理屈词穷之时，则放弃了这些原则，从理论思想的辩难转为对胡适进行人身攻击。上引故事中胡适骂人，正是缘于这一情节。众所周知，读书人骂人总是不好的，有违圣人教诲，社会大众都不会认可。但是，对于胡适的骂人，大家不仅认可，而且颇是赞赏。这是何故呢？

无他。因为胡适骂人乃是迫不得已、情有可原，而且所骂之语，富有表达力，既极尽讽嘲之能事，又显得含蓄蕴藉，不失君子风范。

"狮子和老虎向来是独来独往的，只有狐狸跟狗才联群结党"这句话，表面看来是陈述一个事实，实际则是一个运用"比喻"表达法建构的修辞文本。由于采用了"借喻"的形式，表意就显得相当的含蓄婉转。这个比喻文本，如果还原成一个常规的比喻，即采用"明喻"的形式来表达，就是这样："我就像狮子和老虎，行事向来光明正大，独来独往，从不拉帮结派玩什么小手段；你们就像狐狸和狗，总是联群结党，在背后攻击别人。"当然，这样的表达，比起直接理性的表达："我是一个光明磊落的正人君子，跟人论战都是讲道理的，不对别人进行人身攻击；而有些小人则不是这样的，他们总是拉帮结派，在背后使用见不得人的卑鄙手段对他人进行人身攻击和恶意诬陷"，虽然要生动形象得多，但是由于采用了"明喻"的形式，将自己与"狮子和老虎"、对手与"狐狸与狗"明确地联系搭挂起来，既给人一种自高自大的感觉，又有骂人太过刻薄而不留口德的嫌疑。很明显，直接而理性的表达与采用"明喻"形式的表达，其效果都不好。而采用"借喻"的形式表达，由于比喻的本体"我"和"你们"没有出现，喻词"像"也被省略，只有喻体"狮子和老虎"、"狐狸跟狗"出现，这样就给人一种纯粹客观叙事的感觉。实际上，说话人所要表达的意思却一点也没有改变，讽嘲的意味也一点都没有减少。但是，从接受上看，文本却给人留下了更多想象与玩味的空间，表意显得非常含蓄蕴藉，达到了中国传统诗学推崇的"不著一字，尽得风流"的境界。正因为如此，大家都很赞赏胡适的这句骂人语，认为它虽极尽嘲弄讥讽之能事，却不失温文尔雅的文人风范。

3. 林语堂：绅士的讲演，应当是像女人的裙子，越短越好

　　有一次，我参加在台北一个学校的毕业典礼，在我说话之前，有好多长长的讲演。轮到我说话时，已经十一点半了。我站起来说："绅士的讲演，应当是像女人的裙子，越短越好。"大家听了一发愣，随后哄堂大笑。报纸上登了出来，成了我说的第一流的笑话，其实是一时兴之所至脱口而出的。

——林语堂《八十自叙》

　　林语堂其人，大家都不陌生。不仅我们中国人不陌生，世界文坛也对他不感到陌生。我们都知道他是一个文学大师，其实他还是一个著名的语言学家，同时，他也是一个科学家，第一台中文打字机就是他发明的。

　　除此之外，他还是中国现代史上著名的幽默大师。上引文字记述的他在台北一个毕业典礼上的即兴发言，就是他著名的幽默段子之一，也是社会大众都耳熟能详的名言，更是他妙语隽言中传播最为广泛的句子。

　　那么，林语堂的这句话何以能有如此的表达力与知名度呢？

　　其实，大家一眼都能看得出来，就是他"比喻"表达法运用得好。

　　前面我们曾经说过，"比喻"表达法是人人都会运用的语言表达手段，但是要运用得好，产生超乎寻常的表达效果，则并不容易。我们之所以特别赞赏林语堂所创造的比喻文本："绅士的讲演，应当是像女人的裙子，越短越好"，原因在于他的这个比喻文本建构得新颖别致，表达力超乎常规。而他的这个文本之所以显得新颖别致，关键在于林语堂先生在选择喻体来与本体（"绅士的讲演"）匹配时，出人意表地选择了"女人的裙子"。这种联系搭挂无论如何都让人无法想象。也正因为如此，听众开始是一愣，因为想不到，也不理解。但是，一愣过后，他们回味出其中的合理性，则

26

"哄堂大笑"，报纸报道后，就成了第一流的笑话。

那么，"绅士的讲演"与"女人的裙子"之间的匹配到底合理在哪呢？也就是说，两者之间的相似性何在呢？仔细分析，我们便能发现其间的相似性："短好，短有意犹未尽之妙，短易引人回味思索。"正因为林语堂在创造上述这个比喻文本时，已经事先将这层相似性暗藏在字里行间了，因此，听众才能在本体（"绅士的讲演"）与喻体（"女人的裙子"）之间寻找相似性时有惊喜的发现，从而明白林语堂创造这个比喻文本所要阐明的道理："绅士的讲演应该简明扼要，要给听众留下回味的余地，才能令听众有意犹未尽的美感。如果绅士的讲演啰唆冗长，说了半天还不知所云，徒然浪费听众时间，那定然会让听众生厌的。"[1] 如果林语堂先生真的这样理性、直接地表达，虽然意思表达得非常清楚，道理也讲得很透彻，但是却堕入了类似"布道宣教"的泥潭，成了令人一听就感到头大的说教。其结果，不仅不能成为传诵广泛的名言隽语，恐怕在说话的当场就会遭到很多人的厌弃。因为这样的表达，在口气上有一种居高临下的教训口吻，让人听了不舒服；在表意的技巧上不够含蓄，容易让前面发言的嘉宾产生不好的联想，以为是在批评他们说话啰唆。如果林语堂先生换一种表达，这样说："绅士的讲演，越短越好。"尽管表达更简洁，语言更经济，但却像女人穿的超短裙短到了没有的地步，也顿失韵味了。[2] 同时，这样的表达，还会让前面发言的嘉宾感到话中有话，是在指斥他们的发言不够简练。很明显，这样的表达也是不恰当的，缺乏积极的表达力。

由此可见，运用"比喻"表达法，创造出一个好的比喻文本，并不是一件容易的事。

社会大众之所以传诵林语堂先生的这个比喻，是因为"他比得好，喻得妙。他的上述比喻，如果我们也以比喻的策略来表达，它就像女人穿的超短裙，短得恰到好处，韵味无穷。首先，喻体的选

---

① 吴礼权：《语言策略秀》（修订版），暨南大学出版社2013年版，第15页。
② 吴礼权：《语言策略秀》（修订版），暨南大学出版社2013年版，第15页。

择特别高妙。用'女人的裙子'作喻体来与本体'绅士的讲演'匹配，一般人根本想不到，出人意表，这一点就高人一筹。其次，更仔细地分析，'绅士'对'女人'，自然；'讲演'对'裙子'，新颖。再次，'绅士的讲演'与'女人的裙子'相联系，搭挂合理。因为讲演者的讲演说得简洁，意思点到为止，往往会给人留下回味的空间；女人之所以要穿裙子是要突出其形体美，如果裙子过长就没有这种效果。所以西方乃至全世界有超短裙（也就是时下流行的那种叫做 Miniskirt 的，汉语译为'迷你裙'，真是妙不可言）的风行。这种超短裙短得恰到好处，既可以尽现女性特别是青年女性的形体美，又足以让男性想入非非而为之意乱情迷，心摇神荡。林语堂先生是受过西方教育的学者，曾获美国哈佛大学比较文学硕士、德国莱比锡大学语言学博士学位，又是个生性浪漫且幽默的作家，所以才会出人意表地拿'女人的裙子'来作比喻。不仅比得新颖，而且比得合理、自然，将本是平淡的话说得意味盎然"①。理解到这一层，我们才能真正把握林氏比喻的精妙之处，洞悉林氏比喻之所以为社会大众所传诵的深层原因。

4. 老舍：可怜的西红柿，果实是那么鲜丽，而被这个味儿给累住，像个有狐臭的美人

> 所谓西红柿炒虾仁的西红柿，在北平原叫作西红柿，在山东各处则名为洋柿子，或红柿子。……这种东西，特别是在叶子上，有些不得人心的臭味——按北平的话说，这叫作"青气味儿"。所谓"青气味儿"，就是草木发出来的那种不好闻的味道，如楮树叶儿和一些青草，都是有此气味的。可怜的西红柿，果实是那么鲜丽，而被这个味儿给累住，像个有狐臭的美人。
>
> ——老舍《西红柿》

---

① 吴礼权：《语言策略秀》（修订版），暨南大学出版社 2013 年版，第 15～16 页。

上引一段文字，出自老舍的散文《西红柿》一文，是谈他对西红柿的看法。这段文字中，有一处文字可能让人有点费解，而另一处文字则让人拍案叫绝。

让人有点费解的文字，是老舍说西红柿有一股"青气味儿"，就是草木发出来的那种不好闻的味道。一般读者读文学作品，常常都会读到"草木的芬芳"、"草木的芳香"之类的句子。南方人都没有草木味道难闻的感觉，老舍是北方人，大概与南方人的感受有所不同。

让人拍案叫绝的文字，是老舍描写西红柿的一个句子："可怜的西红柿，果实是那么鲜丽，而被这个味儿给累住，像个有狐臭的美人。"也许有很多读者不认同老舍对西红柿味道的说法，但一定都认为这句话的表达很新颖、很生动。读了上面一段文字乃至《西红柿》全文，大概对这个句子很难忘怀。

那么，这个句子何以有如此的表达力呢？

无他。一切皆缘于老舍运用"比喻"表达法得当也。

众所周知，西红柿并非中国本土产物，而是明代从秘鲁和墨西哥传入中国的"舶来品"，在很长一段时间里都是作为观赏植物而无人食用。明末学者王象晋在《群芳谱》中记载曰："番柿，一名六月柿，茎如蒿，高四五尺，叶如艾，花似榴，一枝结五实或三四实，一树二三十实。缚作架，最堪观。来自西番，故名。"虽然是"最堪观"的观赏植物，但自明到清乃至现代，还没有一个作家写西红柿写出了什么名句。究其原因，可能有很多，但是至少有一个原因，那就是表达力不够。我们之所以非常欣赏老舍描写西红柿的句子："可怜的西红柿，果实是那么鲜丽，而被这个味儿给累住，像个有狐臭的美人。"那是因为这个比喻文本创造得好。

虽然是批评西红柿的，而且批评得未必有道理，但却让人一读难忘。因为在这个文本中，老舍将现代已经是寻常食物的西红柿及其"青气味儿"给人的感受，突乎其然地跟"有狐臭的美人"联系搭挂了起来，让人大感意外和惊讶。但是，惊讶之后，仔细想想，却又发现两者之间的匹配联系有其合理性，让人不得不佩服其创意造言的智慧。因为这一文本的建构，不仅在表达上新颖独特、形象传神，而且有化平淡为生动的效果。因此，在文本接受上，就能引发读者的遐想与兴味。相反，如果老舍不以"比喻"表达法来写，而是用寻常语言表达，说："西红柿样子虽然好看，可惜青气味儿难闻，所以并不受欢迎。"若此，虽然表达符合"语言经济"原则，语义也可谓充足，但读者读过便算读过，不易留下什么印象。如此，其表达力就大打折扣了。

老舍的妙笔生花，"尽管并不是我们人人都可以达到的。但是，只要善于学习，并掌握一定的语言表达策略，那么，在我们的说写表达中，就能够做到表达形象传神。'状难写之景，如在目前'、'达难言之意，尽在唇吻'，也并不是痴人说梦，遥不可及的"①。

5. 徐志摩：挐一支轻如秋叶的小舟，悄悄滑上夜湖的柔胸

> 挐一支轻如秋叶的小舟，悄悄滑上夜湖的柔胸。拿一支轻如芦梗的小桨，幽幽的拍着她光润、蜜糯的芳容，挑破她雾縠似的梦殻。扁着身子偷偷的挨了进去，也好分尝她贪饮月光醉了的妙趣。
>
> ——徐志摩《西湖风光》

自古以来，写西湖夜景的诗词很多，写西湖泛舟的诗文也不少。

写西湖夜色的诗篇，最为人耳熟能详的是宋人曾由基的《西湖夜景》诗：

> 闲窗放入四山青，古篆无烟气自清。
> 风不鸣条花著露，一湖春月万蛙声。

此写春夜所见西湖之景：青山满目，湖光气清；风不鸣条，繁花著露；皓月在天，玉盘沉湖；春水涨湖，万蛙声起。

---

① 吴礼权：《语言策略秀》（修订版），暨南大学出版社2013年版，第14页。

月夜的西湖之景让人着迷，让人神往；那么，月夜西湖泛舟又是怎样的一种韵味呢？明人董斯张的《夜泛西湖》将告诉你是怎样的一种体验：

> 放棹西湖月满衣，千山晕碧秋烟微。
> 二更水鸟不知宿，还向望湖亭上飞。

在一个初秋的夜晚，乘一叶扁舟，洒一衣月光，看千山晕碧，望秋月烟云，观水鸟夜飞，这就是董斯张带给我们的夜泛西湖的体验，闲适优雅，让人不禁心生艳羡之情：好一个文人情趣！

确实，中国的文人自古以来便有一种讲究闲适情趣的传统，更有月夜泛舟的爱好。南朝宋人刘义庆《世说新语》中记载王子猷雪夜乘舟访戴逵，乘兴而往、兴尽而归的故事，就是最典型的例证。

古代的中国文人有月夜泛舟的雅兴，现代的中国文人偶尔也有这种情感冲动。比方说，"五四"时期著名的诗人徐志摩，就曾有月夜泛舟西湖的经历。他不仅夜泛西湖，而且还留下了夜泛西湖的文字《西湖风光》。上引文字，便是此文中的一个片断，读后不禁让人真的想"扁着身子偷偷的挨了进去，也好分尝她贪饮月光醉了的妙趣"。

那么，徐志摩的这段文字何以有如此的表达力呢？

无他。全仗"比喻"表达法运用得好。

这段文字，除了最后一句是运用了"比拟"表达法外，其余各句都是运用"比喻"表达法建构起来的"比喻"文本。第一句"擎一支轻如秋叶的小舟，悄悄滑上夜湖的柔胸"，其中有两个比喻文本，前半句将"小舟"比作"秋叶"，意在说明小舟之小，同时也有强调小舟之快的意味。因为小巧就不会笨重，行驶起来自然比较快。后半句将西湖水面比作女人的"柔胸"，形象地写出了西湖水面微波荡漾的生动情景。同时，由于喻体"柔胸"在意象上比较暧昧，文字表达上虽有情色之嫌，但在接受上却能给人以无限的遐想。由此，也就大大地提升了文字的表达力和文本的审美价值。第二句"拿一支轻如芦梗的小桨，幽幽的拍着她光润、蜜糯的芳容，挑破她雾縠似的梦壳"，共有三个小句，也都是运用"比喻"表达法的"比喻"文本。第一个小句将"小桨"比作"芦梗"，意在形象地说明小桨之轻小。第二个小句将湖面比作女子"光润、蜜糯的芳容"，让人由此及彼，通过女子光洁的肌肤与娇美的面容感知到西湖水面微波荡漾的美丽画面。第三个小句将西湖水面雾霭笼罩的朦胧情景比作披着"雾縠"的女子，让人由蒙着面纱的美女而联想到雾霭沉沉的西湖水面的景象。不仅表达上显得形象生动，在文本接受上也给读者留下了更多想象的空间和咀嚼的余地。除此之外，这个小句中还有一层比喻，就是将女子披着的"雾縠"比作"梦壳"，这是化具象为抽象，是逆向思维的比喻运思，使比喻文本顿添一种别开生面的情趣。正因为这段文字是由如此多的精妙比喻文本构成的，因此读来就别有一种中国古典诗词的韵味，让人味之无穷，思之无限。

6. 梁实秋：把脸逐渐织成一幅铁路线最发达的地图

　　　　最暴露在外面的是一张脸，从"鱼尾"起皱纹撒出一面网，纵横辐辏，疏而不漏，把脸逐渐织成一幅铁路线最发达的地图。脸上的皱纹，已经不是熨斗所能熨得平的，同时也不知怎么在皱纹之外还常常加上那么多的苍蝇屎。

　　　　　　　　　　　　　　　　　　——梁实秋《中年》

　　西方人有句话说："男人四十才开始。"其实，这话是自欺欺人的。如果真是这样，那就不必在意别人说他"四十岁"了。既然说出了这句话，那就说明是心中介意这个"四十岁"，是潜意识中怕老的一种外在言语表露。

　　和西方人不同的是，中国人似乎不在乎别人说他老（特别是男人）。孔子说："三十而立，四十而不惑，五十而知天命，六十而耳顺，七十而从心所欲，不逾矩。"（《论语·为政》），意思是越老越好。正因为如此，传统的中国人不会像现代人那样刻意装嫩，反而有时要刻意装老。"少年老成"一语，就是说成熟年长之好的；"倚老卖老"一语，是批评人过度运用年老优势的。可见，中国人真的不怕老。

其实，怕老也是没用的。因为人总是要老的，这是自然规律。因此，现代医学科技发明的整容、拉皮之类的人工整嫩术，只能帮助那些怕老的人以表面的年轻掩饰内心惧老的空虚而已。至于运动健身、吃药滋补，希望以此达到延年益寿的目标，也是治标不治本的。因为根据生命科学家的研究结论，一个人寿命的长短是由他的基因决定好了的，外在的努力起不了什么作用。我们日常生活中常常可以看到长年累月病歪歪的人未必就短寿，运动健将未必就长寿的现象，正是这一理论的最好注脚。

明白了这些道理，我们就能坦然面对年齿日增的现实，欣然享受人到中年的成熟之美，泰然欣赏老年夕阳余晖的绚烂。梁实秋先生之所以写《中年》这篇小品文，恐怕潜意识中正是为了告诉大家这个道理，让大家别惧老，坦然面对"老之将至"的人生阶段。为了打消大家对"老之将至"的恐惧感，梁实秋先生有意将人到中年后的生理变化写得很具体，意在让人面对现实，明白自然规律不可规避的道理。上引一段文字，以"特写镜头"的方式专写人到中年后的脸部变化，一读便让人久久难忘。

那么，这段文字何以有如此的表达魅力呢？

无他。乃"比喻"表达法运用得好的缘故。

众所周知，人到中年后，脸部最明显的变化是额头与眼角将会新添出几许皱纹。如果将这人所共知的生理现象以平常的文字表达出来，恐怕无论谁读过都不会有什么深刻的印象。但是，这种现象经过梁实秋先生的妙笔一点染，情况就完全不一样了。他将人到中年后渐渐从眼角开始向外扩散的皱纹比作是从眼角撒出的一面网，表达顿时便生动形象起来，让人读了有一种妙趣横生的感觉。那么，为什么会有这种感觉呢？因为说"皱纹"，给人的感觉是抽象的；而说"渔网"，给人的感觉则是具象的。将"皱纹"与"渔网"相联系搭挂在一起，建构起一个"比喻"修辞文本，就可以让读者经由喻体"渔网"的形象引起联想，通过再造性想象或创造性想象在脑海中生成本体"皱纹"的具体形象。由于读者各自的生活经验有所不同，对喻体"渔网"形象的把握也有所不同，因此在将喻体"渔网"与本体"皱纹"作匹配联想时，就会有不同的解读结果，从而产生"一千个读者有一千种形象"的文本接受效果。"把脸逐渐织成一幅铁路线最发达的地图"一句，也是比喻，是写皱纹满脸的形象。以人们最熟悉的铁路线喻之，亦让人由此及彼，展开丰富的联想。如此，作者所创造的文本在审美价值上就得到了大大的提升。我们读梁实秋先生的小品文《中年》，觉得其清新可喜，看他笔下的皱纹那样生动，原因正在于此。

二、天人合一，物我交融：比拟的表达力

提升语言表达力，朝着"状难写之景，如在目前"的境界努力，除了借助于上述的"比喻"表达法以外，"比拟"表达法的效果也很好。

所谓"比拟"表达法，是一种将人拟物或将物拟人的语言手段。具体来说，是指"语言活动中将人的生命移注于物，或将物之情状移植于人，以达到物我情趣往复回流，从而彰显表达者在特定情境下物我同一的情感状态，使语言表达更具生动性、形象性，以之感染受交际者（接受者）来达成与之共鸣的思想情感状态"[①] 的语言表达方法。以"比拟"表达法建构的文本，叫做"比拟"修辞文本。

根据前面的定义，我们可以知道，"比拟"可以分为"拟人"和"拟物"两类。陈望道先生说："将人拟物（就是以物比人）和将物拟人（就是以人比物）都是比拟。《诗人玉屑》卷九载杨万里论比拟说：白乐天《女道士》诗云，'姑山半峰雪，瑶水一枝莲'，此以花比美妇人也；东坡《海棠》诗云，'朱唇得酒晕生脸，翠袖

---

① 吴礼权：《修辞心理学》（修订版），暨南大学出版社 2013 年版，第 129 页。

卷纱红映肉'，此以花比美妇人也。一切比拟就像这样，可以分作
两类：一如此处前例，将人拟作物的，称为拟物；一如后例，将物
拟作人的，称为拟人。"①虽然"比拟"表达法可以从性质上分为
"拟人"和"拟物"两类，但不管是"拟人"还是"拟物"的"比
拟"修辞文本，一般来说，"都是建立在物我同一的移情作用的心
理机制之上的。它们是人'在聚精会神的观照中，我的情趣和物的
情趣往复回流'，'有时物的情趣随我的情趣而定'，'有时我的情趣
也随物的姿态而定'的结果"②。这种修辞文本的建构，"一般说
来，在表达上因表达者以移情作用将物我贯通交融为一体，使无生
命之物具备有生命之人的情态，或使有生命之人具无生命之物的特
质，从而使修辞文本别添了几多的生动性和形象性，语言顿然灵动
飞扬起来；在接受上，修辞文本的建构是将物我打通，文本所具有
的生动性和形象性的特质以及语言的灵动性，就自然使接受者深受感
染，在表达者所给定的修辞文本的导引下经由修辞文本的语言文字而
产生联想想象，从而在修辞文本的解构接受中进入与表达者修辞文本
建构时凝神观照、物我同一的相同情感状态，达成与表达者思想情感
的同向共鸣，在修辞文本解构欣赏中得到一种美的享受"③。

　　正因为"比拟"表达法有使文本别添生动性与形象性的特质，
能使表达臻至"状难写之景，如在目前"的境界，因此，自古以来
运用"比拟"表达法（特别是"拟人"）建构文本的现象就非常普
遍，尤其是在文学作品中，以"比拟"表达法建构的修辞文本更
是比比皆是。下面我们就从古今文学作品中举例，以见其特有的
表达力。

①　陈望道：《修辞学发凡》，上海教育出版社1997年版，第117页。
②　吴礼权：《修辞心理学》（修订版），暨南大学出版社2013年版，第129页。
③　吴礼权：《修辞心理学》（修订版），暨南大学出版社2013年版，第129页。

1. 李白与敬亭山"相看两不厌"

众鸟高飞尽，孤云独去闲。

相看两不厌，只有敬亭山。

——唐·李白《独坐敬亭山》

上引这首五言绝句，是李白的名作，也是千百年来中国妇孺皆知、出口成诵的名篇。此诗"作于天宝十二载（753）秋游宣州时，距他被迫于天宝三载离开长安已有整整十年时间了。长期漂泊生活，使李白饱尝了人间辛酸滋味，看透了世态炎凉，从而加深了对现实的不满，增添了孤寂之感。此诗写独坐敬亭山时的情趣，正是诗人带着怀才不遇而产生的孤独与寂寞的感情，到大自然怀抱中寻求安慰的生活写照"①。

众所周知，李白是一个志向远大的人，有勃勃雄心（日本人叫"野望"），这与盛唐时代的其他读书人都存有建功立业的想法一样。读书人读圣贤书，就应该报效国家，这是对的。但是，报效国家也是需要资格的。在唐代，读书人报效国家的资格就是科考。进士及第，不仅可以谋得一官半职，投身报效国家的人才行列，还有光宗耀祖的家族荣耀。也许，对于更多人来说，参加科考的主要目的不是为了报效国家，而是出于一种要做官，要出人头地的心理。孟郊《登科后》诗有云："昔日龌龊不足夸，今朝放荡思无涯。春风得意马蹄疾，一日看尽长安花。"你看，说得多么直白，登科全为个人声誉前程，哪有报效国家的意思？中国自古以来就是一个"官本位"的国家，做官与"发财"联系在一起，谁不想做官？李白虽是诗人，后世读书人把他吹得神乎其神，说他人格高尚，不愿同流合污。其实，他也就是个一般人，对于做官非常着迷，甚至到了梦寐以求的地步。唐玄宗天宝元年（742），年过四十的他，忽得唐玄宗召其入京的诏书，以为做官的时机到了，激动得手舞足蹈，赋诗一

---

① 萧涤非等撰：《唐诗鉴赏辞典》，上海辞书出版社1983年版，第355页。

首抒发其兴奋之情："白酒新熟山中归，黄鸡啄黍秋正肥。呼童烹鸡酌白酒，儿女嬉笑牵人衣。高歌取醉欲自慰，起舞落日争光辉。游说万乘苦不早，著鞭跨马涉远道。会稽愚妇轻买臣，余亦辞家西入秦。仰天大笑出门去，我辈岂是蓬蒿人。"（《南陵别儿童入京》）你看，他哪里有报效国家的意思，哪里看得出他有君子忧国忧民的胸襟，简直就是一副小人得志的嘴脸。入京以后的结果，大家都知道。在愿望落空、被迫离开长安之后，他一度对做官之事心灰意懒，意有学道成仙之想。《梦游天姥吟留别》诗中"我欲因之梦吴越，一夜飞渡镜湖月"之句可以看出其当时的心迹，但诗的结句"安能摧眉折腰事权贵，使我不得开心颜"，则又隐约露着仕途失败的恨怨之气，从反面证实了他对不能为官的耿耿于怀，是借酒脱之辞表达怀才不遇的牢骚。

正因为李白非常在乎做官，所以他时时感到远离官场之外的心灵孤独。无奈之下，只能天天喝酒麻醉自己，结果陷入了"抽刀断水水更流，举杯消愁愁更愁"（《宣州谢朓楼饯别校书叔云》）的恶性循环之中。上引这首五言绝句，正是他这种怀才不遇、孤独忧愁的真实心理写照。也许读多了李白发牢骚的诗，有时会觉得烦，觉得他有点婆婆妈妈。但是，不管怎么样，无论是什么时代的人读他的这些诗，都会深切感动，都要为他掬一把同情的泪，随他一起忧、一起悲、一起难过、一起感伤。读上引《独坐敬亭山》一诗，同样也是这种感觉。

那么，这首诗何以有如此独特的表达力呢？

无他。"比拟"表达法运用得好。

前面我们说过，这首诗主要是写李白志大难酬、怀才不遇的忧愤与孤独。但是，在诗句中，他只字不提自己的"忧愤"与"孤独"，他只写孤云的悠闲自在，写敬亭山的和蔼可亲。那么，这是为什么呢？原来，这都是表面现象。实际上，这首诗是通过"比拟"表达法来暗写诗人的忧愤与孤独。我们都知道，"云"不是人，所以"云"不会有"孤"的情感情绪体验，也不会有"闲"或"忙"的感受。然而，诗人却加"孤"字于"云"之前，使其有

"孤"之感；描写"云"有"闲"态，这明显是诗人在极度的孤独、郁闷的情绪状态下凝神观照天上白云时发生了物我情趣的往复回流，诗人的情趣随着"云"的姿态而变化。可见，诗人写"云"之孤，意在通过"云"来写自己远离官场的孤独之情；写"云"之闲，意在强调自己无事可做，表达的是怀才不遇的悲愤之情。至于"相看两不厌，只有敬亭山"二句，表面好像是写诗人与自然亲近的闲适之情，实际上则是通过"比拟"表达法，将敬亭山予以人格化，使其具有人的情感，强调只有敬亭山才是"深得我心"的知己，以此反衬出另一层意思：世上没有人能了解他怀才不遇的苦闷与孤独之情。如此表达，既形象地再现了诗人复杂的内心世界，又含蓄蕴藉地表达了诗人怀才不遇的忧愤，可谓达到了中国传统诗学所推崇的"不著一字，尽得风流"的境界。这一点，恐怕正是此诗能够千古流传，千百年来让无数读者对诗人的忧愤予以深切同情的原因所在。

2. 唐玄宗与杨玉环"在天愿作比翼鸟"

> 临别殷勤重寄词，词中有誓两心知。
> 七月七日长生殿，夜半无人私语时。
> 在天愿作比翼鸟，在地愿为连理枝。
> 天长地久有时尽，此恨绵绵无绝期！
>
> ——唐·白居易《长恨歌》

作为一个皇帝，唐玄宗李隆基在治国理政上肯定是有问题的，不然就不会使"安史之乱"发生，也不会使大唐王朝从盛世急转直下，并逐渐衰落。

但是，作为一个男人来看，唐玄宗李隆基则不失为一位很有情趣的男人，也是一个有情有义的男人。说他有情趣，是因为他多才多艺，能写诗填词，还能作曲，更能翩翩起舞，简直是一个旷世才子；说他有情有义，是因为他虽贵为皇帝，却不像一般男人那样见异思迁。他有条件占有全天下他所喜欢的女人，但他却不这样做，只专心地爱着杨玉环一个女人。

　　正因为如此，虽然历代的历史学家都一致地谴责唐玄宗，说他荒淫误国；但历代的文学家却都对他寄予了同情，认为他作为一个皇帝，对杨玉环专情至深，实在不容易。唐代大诗人白居易的长篇史诗《长恨歌》虽意在从政治的角度总结历史的教训，但仍在字里行间流露出对唐玄宗专情于杨玉环的同情。后人读《长恨歌》甚至读不出诗人批评唐玄宗的意思来，只看到了他和杨玉环爱情的凄美动人之处。特别是读到唐玄宗和杨玉环"七月七日长生殿，夜半无人私语时"的爱情誓言："在天愿作比翼鸟，在地愿为连理枝"时，更是为之深切感动，要为其爱情悲剧掬一把同情的热泪了。

　　那么，这两句爱情誓言何以有如此独特的表达力呢？

　　无他。只因"比拟"表达法运用得好。

　　"在天愿作比翼鸟，在地愿为连理枝"，是唐玄宗跟爱妃杨玉环所说的私密语，是两人爱的誓言。它是一个典型的"比拟"修辞文本。这一修辞文本"是表达者唐玄宗在凝神体味自己与杨玉环的甜蜜爱情时，身心达到了至情状态，从而引发了联想想象，将自己与杨玉环恩爱相依的情状与比翼而飞的鹣鹣、枝干连接而生的连理枝联系搭挂起来，从而在凝神观照中出现'我'的情趣与物的情趣往复回流的情形，并且使'我'的情趣随物的情趣而流转，这也是移情作用的心理产物"[①]。只是与一般的"比拟"文本不同，唐玄宗的这个"比拟"不是将物比人，而是将人拟物，将有情感的人比作了非人类、无情感的鸟与植物。这在"比拟"的分类中，属于"拟物"一类。"这一修辞文本的建构，从表达上看，表达者（唐玄宗）将自己与杨玉环恩爱相依难分的深情以比翼而飞的鹣鹣、连枝连干而生的连理枝的具象来呈现，不仅使表意更具形象性、生动性，而且也鲜明地凸显了表达者对爱侣杨玉环无以复加的深情；从接受上看，由于修辞文本中用以作比的'比翼鸟'、'连理枝'二物所具有的形象性、生动性及所包含的特定语义内涵，自然会使接受者在文

---

　　① 吴礼权：《修辞心理学》（修订版），暨南大学出版社 2013 年版，第 131 页。

本解读欣赏中经由文本的语言文字产生联想想象，进而在修辞文本的解读接受中进入与表达者建构文本时凝神观照、物我同一的相同情感状态，达到与表达者思想情感的同向共鸣，并在修辞文本的解读欣赏中得到一种美的享受——体味到一种忘我情态下进入爱情至境的情感愉悦，感受到一种现实中难觅的纯真理想爱情生活的幸福。"① 正因为唐玄宗的这两句爱情誓言有如此独特的表达力，以致千百年来人们对唐玄宗在治国方面虽多有诟病，但却很少有人忍心去批评他对杨玉环的专情。不仅不忍心批评，甚至很多男女还被他们的爱情故事所深深打动。随着《长恨歌》的广泛传播，"在天愿作比翼鸟，在地愿为连理枝"，已经不再是唐玄宗说给杨玉环一个人听的爱情誓言，而是成了中国历代许多深情相爱的男女彼此虔诚表白的爱情誓言。

3. 崔护"桃花依旧笑春风"

> 去年今日此门中，人面桃花相映红。
> 人面不知何处去，桃花依旧笑春风。
>
> ——唐·崔护《题都城南庄》

上引这首诗是唐代诗人崔护所作。

崔护，博陵人，字殷功。唐德宗贞元十二年（796）科举及第。唐文宗大（太）和三年（829）为京兆尹，同年迁御史大夫、岭南节度使，终岭南节度使。

在唐代诗人中，崔护不仅仕途顺利，而且婚姻幸福。作为诗人的角色，崔护留下的诗作虽然不多，《全唐诗》仅录存其诗六首，但《题都城南庄》一诗不仅让他在中国文学史上确立了崇高的地位，而且还留下了一个千古流传的爱情佳话。唐人孟棨在《本事诗·情感》中记其事云：

---

① 吴礼权：《修辞心理学》（修订版），暨南大学出版社 2013 年版，第 131 页。

　　博陵崔护，资质甚美，而孤洁寡合，举进士第。清明日，独游都城南，得居人庄。一亩之宫，花木丛草，寂若无人。扣门久之，有女子自门隙窥之，问曰："谁耶？"以姓字对，曰："寻春独行，酒渴求饮。"女入，以杯水至，开门，设床命坐。独倚小桃斜柯伫立，而意属殊厚，妖姿媚态，绰有余妍。崔以言挑之，不对，目注者久之。崔辞去，送至门，如不胜情而入。崔亦睠盼而归，嗣后绝不复至。及来岁清明日，忽思之，情不可抑，径往寻之。门墙如故，而已扃锁之，因题诗于左扉曰："去年今日此门中，人面桃花相映红。人面不知何处去，桃花依旧笑春风。"后数日，偶至都城南，复往寻之。闻其中有哭声，扣门问之，有老父出曰："君非崔护耶？"曰："是也。"又哭曰："君杀吾女。"护惊起，莫知所答。老父曰："吾女笄年知书，未适人，自去年以来，常恍惚若有所失。比日与之出，及归，见左扉有字，读之，入门而病，遂绝食数日而死。吾老矣，惟此女，所以不嫁者，将求君子，以托吾身。今不幸而殒，得非君杀之耶？"又持崔大哭。崔亦感恸，请入哭之。尚俨然在床，崔举其首，枕其股，哭而祝曰："某在斯，某在斯。"须臾开目，半日复活矣。父大喜，遂以女归之。

　　应该承认，孟棨所记的这则故事对于崔护《题都城南庄》一诗的广泛传播确实发挥了很大作用；但是，崔护这首诗本身所具有的艺术魅力也是不容忽视的。"此诗虽仅短短四句，却给人以极大的艺术感染力。"[1] 这一方面与这首诗写作的特殊背景有关，另一方面也与诗句所饱含的真挚之情真切感人有关，同时也与"人面不知何处去，桃花依旧笑春风"这两句的表达力有关。

　　这两句看似平常，实则通过"人面不再"与"桃花依旧"的情

---

[1]　吴礼权：《修辞心理学》（修订版），暨南大学出版社2013年版，第130页。

景对比，将物是人非的凄凉感表达得淋漓尽致，读之不禁让人无限感伤。特别是末一句"桃花依旧笑春风"，更为全诗增色不少。它是以"比拟"表达法建构的一个修辞文本，是"诗人在思佳人而不得见的情绪状态下对着桃花凝神观照中，'我'的情趣与物的情趣往复回流，物的情趣随'我'的情趣而流转的产物，即移情作用的结果"①。这一修辞文本的建构，"从表达上看，诗人让本是无生命无情感之物的桃花具有'笑春风'之得意情态，不仅生动形象地写出了桃花绚丽灿烂的形态，使诗歌语言飞扬灵动起来，而且也以桃花'笑春风'的得意情态有力地反衬出诗人苦觅佳人人面而'不知何处去'的失意惆怅之情，从而鲜明生动地凸显出诗人对'去年今日此门中'人面与'桃花相映红'的那位女子的深切思念之情。从接受上看，诗人（表达者）以移情作用将物我打通所建构起来的'桃花依旧笑春风'的'比拟'修辞文本所具有的生动性、形象性、灵动性的特质，自然会使接受者深受感染，从而在表达者（诗人）所建构的修辞文本的导引下经由其文本的语言文字产生联想想象，在修辞文本的欣赏接受中进入与表达者（诗人）修辞文本建构时凝神观照、物我同一的相同情感情绪状态，达到与表达者思想情感的同向共鸣，并在文本解读欣赏中得到一种美的享受———一种爱恋、失意、惆怅、忧愁、凄苦等五味杂陈的情感情绪体验"②。这就是此句独特的表达力之所在，也是人们千古传诵的原因之所在。

4. **汪静之"亲了个永久甜蜜的嘴"**

> 琴声恋着红叶，
> 亲了个永久甜蜜的嘴，
> 吻得红叶脸红羞怯。
> 他俩心心相许，
> 情愿做终身伴侣。

---

① 吴礼权：《修辞心理学》（修订版），暨南大学出版社 2013 年版，第 130 页。
② 吴礼权：《修辞心理学》（修订版），暨南大学出版社 2013 年版，第 130～131 页。

老树枝不肯让红叶，

自由地嫁给琴声。

幸亏红叶不守教训，

终于脱离了树枝，

随着琴声的调子

和琴声互相拥抱，

翩跹地乘着秋风，

飘上青天去舞蹈。

——汪静之《恋爱底甜蜜》

上引这首诗，是诗人汪静之写于 1921 年的一首歌颂自由恋爱、自由婚配的爱情诗。

本来，男女相悦就应该自由结合，组建家庭，生儿育女。但是，在中国封建社会，这是不可能实现的理想，男女婚姻需要"父母之命，媒妁之言"。1911 年 10 月 10 日，随着武昌起义的第一声枪响，中国封建专制社会的丧钟终于被敲响。但是，长期绵延下来的封建社会思想观念包括婚姻观念，并没有随着清王朝政权的终结与中华民国的建立而立即消除。现实社会中，由"父母之命，媒妁之言"所包办的婚姻闹剧天天都在上演，没有爱情、没有幸福的婚姻让无数的中国男女"心有戚戚"而无力挣脱。但是，毕竟时代变了，社会风气也在慢慢变化。随着清末以来西学东渐的影响，中国民众渐渐有了追求民主与自由的意识。而表现在婚姻恋爱方面，这种意识则特别明显。上引这首诗所表现的追求婚恋自由的主旨，正是这一时代风气的反映。

熟悉中国现代文学史的人都知道，20 世纪二三十年代，反映婚恋自由的文学作品非常多，诗歌作品更多。而汪静之的这首《恋爱底甜蜜》在同类题材的诗歌作品中尤其出名，成为一时传诵的名篇。

那么，这首诗何以有如此的魅力呢？

这是因为这首诗全篇都是运用"比拟"（"拟人"）表达法。诗人将"红叶"、"琴声"、"老树枝"等非人类的事物人格化,使其有人类的情感与某些特性。如"'琴声'是弹奏乐器使空气产生某种有规律的振动的物理现象,'红叶'、'老树枝'是自然界的常见事物,它们都是无生命、无情感的事物"①,但诗人却让它们人格化,"琴声"变身为一个男子,"红叶"变身为一个少女,"老树枝"则变身为一个顽固不化的封建家长;"琴声"热恋着"红叶","红叶"也爱着"琴声";"琴声"亲吻"红叶","红叶"羞涩得脸红。"琴声"与"红叶"心心相印,彼此愿意结成终身伴侣。但是,"老树枝"坚持反对,阻挠"琴声"与"红叶"相爱。最终,"红叶"摆脱了"老树枝"的束缚,跟"琴声"互相拥抱,自由地飞上了青天。很明显,诗人的这种写法是一种将物我打通的"拟人"表达,"是诗人在思考当时中国青年的婚姻恋爱问题时,由自然景观的触发而产生联想想象,并在凝神观照中使物我的情趣往复回流、交融贯通为一体而产生的结果,亦即是诗人在思索人生问题时与经验中的自然景观相搭挂而发生的移情心理作用的产物"②。也就是说,这首诗全篇就是一个以"拟人"表达法构成的修辞文本。

这一修辞文本的建构,"从表达上看,诗人赋予无生命、无情感的'琴声'、'红叶'、'老树枝'等事物现象以人的情感、心理、行为,使本不可相通的物我两相交融、贯通为一体,无生命、无情感之物有了有情感之人的生命情态,也使修辞文本别添了几多的生动性和形象性,诗歌语言也顿然灵动飞扬起来,诗的魅力和韵味大增;从接受上看,由于修辞文本是诗人以物我打通的比拟(拟人)手法建构起来的,生动形象的文本自然会引导接受者经由文本的语言文字而产生联想想象,从而在修辞文本的解读接受中进入与诗人建构文本时将'琴声'与追求爱情幸福的男子、'红叶'与为爱情而执着无悔的女子、'老树枝'与阻挠青年追求自由幸福婚恋生活的保守势力等联系起来,并在凝神观照中将两者混同一体,进入物

---

① 吴礼权:《修辞心理学》(修订版),暨南大学出版社 2013 年版,第 132 页。
② 吴礼权:《修辞心理学》(修订版),暨南大学出版社 2013 年版,第 132 页。

我交融的情感状态，最终达到与诗人思想情感的同向共鸣——歌颂婚恋自由、反对压制爱情，并在修辞文本解构欣赏中得到一种美的享受——自由爱情生活与自然景观的和谐统一"①。可见，这首诗的成功，实是托赖"比拟"表达法多矣。若诗人不用"比拟"表达法来写，而是"以'张三'、'李四'、'王五'分别代替'琴声'、'红叶'、'老树枝'等词来实写，那么此诗在表达上的生动性、形象性也就不复存在，诗的韵味与魅力就更无从谈起了"②。而文本在表达上的平淡、平庸，则必然会影响到接受者（读者）的接受兴趣。这样，诗歌所要宣扬的思想理念也就难以推展了，要想获得广大读者的喜爱，名垂中国文学史，则更是无由致之矣。

5. 钱钟书与"多情而肯远游的蚤虱"

　　　当天晚上，一行五人买了三等卧车票在金华上火车，明天一早可到鹰潭，有几个多情而肯远游的蚤虱一路陪着他们。

——钱钟书《围城》

中国民间有个谚语说："虱多不痒，债多不愁。"

这句话，从表达形式上看，是个"引喻"，"债多不愁"是比喻的本体，"虱多不痒"是喻体。若还原成一个完整的比喻形式，就是"债多不愁，就像虱多不痒一样"。大凡跟人说这句话，主要是为了劝别人别为债多而发愁的。

"债多不愁"的说法，就现今的社会情况来看，还真是有些道理。比方说，有些人向银行贷款投资做生意，最后生意失败，血本无归。如果贷款数额小，贷款人又有一定的家庭财产（如土地、房屋等），那么银行可以申请财产抵押。但若是贷款人欠下银行数百万甚至数千万贷款，而他又家无长物，无以抵押，这时银行就拿他

---

① 吴礼权：《修辞心理学》（修订版），暨南大学出版社 2013 年版，第 132～133 页。
② 吴礼权：《修辞心理学》（修订版），暨南大学出版社 2013 年版，第 133 页。

一点办法也没有了。因此，英国著名的经济学家凯恩斯曾就银行与贷款人之间的关系发表过这样一句精辟的议论："如果你欠银行一百万美元，你有了麻烦；如果你欠银行十亿美元，银行有了麻烦；如果你欠银行一千亿美元，整个世界就有了麻烦。"这话说的正是"债多不愁"的道理。

"债多不愁"已被经济学家证明是真理，那么"虱多不痒"是不是也有道理呢？被蚤虱咬过的人自然有体验，没有体验过被蚤虱咬过的滋味的人，不妨看看钱钟书小说《围城》中写的"欧亚大旅社"中跳蚤咬人的情节：

> 鸿渐上床，好一会没有什么，正放心要睡去，忽然发痒，不能忽略的痒，一处痒，两处痒，满身痒，心窝里奇痒。蒙马脱尔（Monmartre）的"跳蚤市场"和耶路撒冷圣庙的"世界蚤虱大会"全像在这欧亚大旅社里举行。咬得体无完肤，抓得指无余力。每一处新鲜明确的痒，手指迅雷闪电似的捺住，然后谨慎小心地拈起，才知道并没捉到那咬人的小东西，白费了许多力，手指间只是一小粒皮肤屑。好容易捺死一个臭虫，宛如报了仇那样的舒畅，心安理得，可以入睡，谁知道杀一并未儆百，周身还是痒。到后来，疲乏不堪，自我意识愈缩愈小，身体只好推出自己之外，学我佛如来舍身喂虎的榜样，尽那些蚤虱去受用。外国人说听觉敏锐的人能听见跳蚤的咳嗽；那一晚上，这副尖耳朵该听得出跳蚤们吃饱了噫气。……

读了这段描写，大凡没有体验过被蚤虱咬的人，应该也能对被咬的滋味感同身受了，读来不禁为方鸿渐一行五人的遭际而生发同情，为钱钟书写蚤虱的妙笔而感佩。

其实，这还不是钱钟书写蚤虱最生动的文字。最生动的文字，应是上引那段写方鸿渐一行五人离开"欧亚大旅社"而蚤虱跟上火车的那个情节。

本来，蚤虱附人难以摆脱，是个平常的话题，没什么好写的，也写不出什么。但是，在钱钟书笔下，蚤虱附人的情节却写得鲜活生动，让人一读而终生难忘。

那么，钱钟书何以有如此的表达力呢？

无他。只因他巧妙地运用了"比拟"表达法，遂使平常的叙事顿时生动起来，平淡的话题也显得津津有味。

众所周知，跳蚤、虱子都是一种小型、无翅、善跳跃的寄生性昆虫，它们是靠吮吸人畜身上的血过活的害虫，令人讨厌。但是，在钱钟书笔下，让方鸿渐等人体无完肤、彻夜难眠的蚤虱却是那样的有情有义，而且还有不辞辛劳的优良品质：它们"多情"、"肯远游"，愿意陪方鸿渐等人坐火车长途旅行。很明显，这是作者有意将非人类的蚤虱人格化，将人类的情感移注到非人类的蚤虱身上，属于修辞上的"比拟"表达法。这种表达，虽然从逻辑上说不通，但是从表达效果上看，却让人觉得鲜活形象，气韵生动，而且还有语带幽默的效果，读来令人兴味无穷。如果作者直白、理性地表达，说成："有几个蚤虱仍然藏在他们的衣服上"，那么读者读起来就会觉得索然无味，也就没有什么兴趣再读下去了。可见，"比拟"表达法运用得好，确实有化平淡为生动、化无趣为幽默的独特效果。

6. 余光中的洋房"赖在深邃的榆荫里"

> 已经是九点多钟了，还有好多红顶白墙的漂亮楼房，赖在深邃的榆荫里不出来晒太阳。
>
> ——余光中《南太基》

房屋掩映在绿树浓荫之中，在中国农村是最常见的景观。在中国文学作品中，写这一景观的诗篇就有很多。如晋人陶渊明诗《归园田居五首》其一有云："方宅十余亩，草屋八九间。榆柳荫后檐，桃李罗堂前"，写的就是这种榆柳荫檐的田园情景。唐代诗歌写这种景观者更多，如高骈《山亭夏日》诗有云："绿树阴浓夏日长，楼台倒影入池塘。水晶帘动微风起，满架蔷薇一院香。"孟浩然

《过故人庄》亦有诗句曰："绿树村边合，青山郭外斜。"岑参《寻巩县南李处士别业》诗则云："桑叶隐村户，芦花映钓船。"杜牧《睦州四韵》诗亦有"有家皆掩映，无处不潺湲"等句，吟咏的都是"绿树掩人家"的田园景色。

上引一段文字，是诗人余光中写美国南太基岛（Nantucket，美国东北角马萨诸塞州鳕鱼岬湾南部的一个小岛，长14英里，宽3.5英里，距大陆约30英里。17世纪至19世纪中叶一直是世界捕鲸业及制烛业中心之一）的风光的片断。他所写的境界与中国古典诗歌中所吟咏的田园景色大致相当。但是，余光中先生写南太基岛上"绿树掩人家"的笔触却与我们的古人不同，读之让人有味之无穷的韵味。

那么，余光中的笔触何以有如此的魅力呢？

无他。亦是托赖"比拟"表达法之力也。

换成一般人的写法，上引文字可以这样表述："岛上树木茂密，上午九点房屋还见不到阳光。"这样的表达，虽然简洁明了，但读过之后却不能给人留下什么印象。而余光中先生以"比拟"表达法予以表述，写成"已经是九点多钟了，还有好多红顶白墙的漂亮楼房，赖在深邃的榆荫里不出来晒太阳"，读来效果就完全不一样了。通过一个"赖"字，将无生命的"楼房"人格化，使其具有人类的某些特性，使无生命的"楼房"化被动为主动，让人觉得不是太阳不照它，而是它自己懒，不肯出来晒太阳。由此，一句原本平淡无奇的话被如此表达，便顿时生动起来，岛上的楼房也因之而显得亲切可爱，形象感十足。读此"比拟"文本，让人不仅兴味倍增，还会情不自禁地想到辛弃疾的《清平乐·村居》中的两句："最喜小儿无赖，溪头卧剥莲蓬"。想想看，这南太基岛上的楼房是否与辛弃疾词中的"小儿"有点相似？

7. 男作家被赤裸裸的秋风"猛地一把抱住"

秋东飘西荡的（真好看，醉的像个孩子），猛地一把就抱住了我，他也不管他是赤条条的，就知道紧紧抱着我，叫我也萧瑟了起来。

——管管《秋色》

春夏秋冬，寒来暑往，乃是自然规律。在农人眼里，春种，夏收，秋藏，秋天是收获的季节，是令人欢欣鼓舞的季节。

但是，在多愁善感的文人笔下，秋天给人的感觉总是悲凉的、凄切的。如：

悲哉秋之为气也！萧瑟兮草木摇落而变衰。

——战国·楚·宋玉《九辩》

桐庭多落叶，慨然知已秋。

——晋·陶渊明《酬刘柴桑》

芙蓉露下落，杨柳月中疏。

——北朝·齐·萧悫《秋思》

树树秋声，山山寒色。

——北朝·周·庾信《周谯国公夫人步陆孤氏墓志铭》

树树皆秋色，山山唯落晖。

——唐·王绩《野望》

秋色无远近，出门尽寒山。

——唐·李白《赠卢司户》

高鸟黄云暮，寒蝉碧树秋。

——唐·杜甫《晚秋长沙蔡五侍御饮筵送殷六参军归澧州觐省》

这些诗句，给人的感觉总是感伤的。而在这些写秋色的诗句中，又以写秋风的最为常见，也写得最好。如：

袅袅兮秋风，洞庭波兮木叶下。

——战国·楚·屈原《九歌·湘夫人》

秋风起兮白云飞，草木黄落兮雁南归。

　　　　　　——汉·刘彻《秋风辞》

秋风萧瑟天气凉，草木摇落露为霜。

　　　　　　——三国·魏·曹丕《燕歌行》

无边落木萧萧下，不尽长江滚滚来。

　　　　　　——唐·杜甫《登高》

秋风万里动，日暮黄云高。

　　　　　　——唐·岑参《巩北秋兴寄崔明允》

多少绿荷相倚恨，一时回首背西风。

　　　　　　——唐·杜牧《齐安郡中偶题二首》

菡萏香销翠叶残，西风愁起绿波间。

　　　　　　——南唐·李璟《摊破浣溪沙》

落叶西风时候，人共青山都瘦。

　　　　　　——宋·辛弃疾《昭君怨》

秋风吹白波，秋雨鸣败荷。平湖三十里，过客感秋多。

　　　　　　——元·萨都剌《过高邮射阳湖杂咏九首》

　　这些写秋风的诗句，都是我们耳熟能详的名句，读之让人仿佛有一种"秋风贯耳"、"秋色在目"的感觉。特别是杜甫"无边落木萧萧下，不尽长江滚滚来"二句，更是写秋风的千古名句。它虽然是写秋风，但字面上却无"秋风"二字，只以"无边落木"为反衬，写尽了秋风之劲的情状，让人思而得之，味之无穷。

　　与杜甫写秋风"不著一字，尽得风流"的境界相同，现代诗人也有这种写秋风的文字功力。如台湾诗人管管（原名管运龙），其写秋风的笔触就相当有魅力。他写秋风到处乱窜，钻入衣内让人冷得萧瑟发抖的情节，不是直笔叙事，而是用"比拟"手法表而出之："秋东飘西荡的（真好看，醉的像个孩子），猛地一把就抱住了我，他也不管他是赤条条的，就知道紧紧抱着我，叫我也萧瑟了起来。"这样的表达，将物我打通，将无生命的自然现象——秋风予以人格化，使其具有人类的某些特性：它不仅能"东飘西荡"，像个游手好闲的浪荡子，而且还会做恶作剧，不穿衣服，赤条条地就去拥抱行人，让人吓得萧瑟发抖。这种"拟人"化的描写，不仅能化抽象为具象，写活了看不见、摸不着的秋风，使之形象鲜活；而且还因赋予了秋风以浪荡子的性格特征和裸体抱人的暧昧行为，很容易让人在文本解读时自然地引发无限的遐思，由此使文本别添了一种"味之无穷"的韵致。

三、如临其境，如见其人：示现的表达力

用语言文字来写景状物或是叙事写人，人人都会。但是，要达到"状难写之景，如在目前"的境界，叙事要让人有一种"身临其境"的感受，写人要有一种"如见其人、如闻其声"的妙趣，则并非易事。

但是，如果掌握了一定的表达技巧，这种文字境界也不是不可能臻至的。比方说，熟练地掌握"示现"表达法，就能"状难写之景，如在目前"，叙事、写人让人犹如"身临其境"、"如见其人"。

所谓"示现"表达法，是一种将我们实际上并未亲眼目睹、亲耳所闻的人事写得活灵活现的语言表达手法。以"示现"表达法建构的文本，我们称之为"示现"修辞文本。陈望道先生曾指出："示现是把实际上不见不闻的事物，说得如见如闻的辞格。所谓不见不闻，或者原本早已过去，或者还在未来，或者不过是说者想象里的景象，而说者因为当时的意象极强，并不计较这等实际间隔，也许虽然计及仍然不愿受它拘束，于是实际上并非身经亲历的，也就说得好像身经亲历的一般，而说话里，便有我们称为示现这一种超绝时地、超绝实在的非常辞格。"[①] 陈望道先生还将"示现"分为"追述（的）示现"、"预言（的）示现"、"悬想（的）示现"三类。所谓"追述的示现"，是"把过去的事迹说得仿佛还在眼前一

---

① 陈望道：《修辞学发凡》，上海教育出版社1997年版，第124页。

样"①。所谓"预言的示现"，是"把未来的事情说得好像已经摆在眼前一样"②。所谓"悬想的示现"，是"把想象的事情说得真在眼前一般，同时间的过去未来全然没有关系"③。

尽管"示现"表达法可以作如上三种类别的区分，但以"示现"表达法建构的修辞文本，其在建构的心理机制上都是一样的，即都是基于人类的想象。心理学的原理告诉我们，"想象是人在某一外界刺激物的影响下，在大脑中对过去存储的若干表象（即过去感知过的事物的形象）进行加工改造而形成新形象的心理过程。值得指出的是，想象得以加工改造形成新形象的人脑中存储的若干表象都是来源于客观现实世界的，是现实世界和现实生活的反映。然而想象中的事物和境界又毕竟不完全与现实世界和现实生活中的境界相同，它来源于现实、来源于生活而又不同于现实、不同于生活，两者之间有一定的距离。正因为如此，基于想象机制而建构起来的示现修辞文本，一般来说在表达上都有一种形象性、生动性、新颖性的特点；在接受上又极易因其文本中所建构的新形象和新意境而令接受者在解读文本时经由文本的语言文字的刺激而进行再造性或创造性想象，从而建构起与表达者相同又相异的新的形象或境界，以此获得文本解读中更多的快慰和更多的审美情趣"④。

正因为"示现"表达法有"状难写之景，如在目前"的效果，又有让叙事、写人有"如临其境"、"如见其人"的亲历感，因此，自古及今，人们的说写实践中总是少不了运用"示现"表达法，在文学作品中更是如此。

下面我们就从古今文学作品中予以举例，希望能够让读者对这种表达法的表达力有一个真切的认识。

① 陈望道：《修辞学发凡》，上海教育出版社1997年版，第124页。
② 陈望道：《修辞学发凡》，上海教育出版社1997年版，第124页。
③ 陈望道：《修辞学发凡》，上海教育出版社1997年版，第124~125页。
④ 吴礼权：《修辞心理学》（修订版），暨南大学出版社2013年版，第66~67页。

1. 老者衣帛食肉，黎民不饥不寒：孟子的愿景

王曰："吾惛，不能进于是矣！愿夫子辅吾志，明以教我。我虽不敏，请尝试之！"曰："无恒产而有恒心者，惟士为能。若民，则无恒产，因无恒心。苟无恒心，放辟邪侈，无不为已。及陷于罪，然而从而刑之，是罔民也。焉有仁人在位，罔民而可为也！是故明君制民之产，必使仰足以事父母，俯足以畜妻子，乐岁终身饱，凶年免于死亡；然后驱而之善，故民之从之也轻。今也制民之产，仰不足以事父母，俯不足以畜妻子，乐岁终身苦，凶年不免于死亡；此惟救死而恐不赡，奚暇治礼义哉！王欲行之，则盍反其本矣！五亩之宅，树之以桑，五十者可以衣帛矣；鸡豚狗彘之畜，无失其时，七十者可以食肉矣；百亩之田，勿夺其时，八口之家，可以无饥矣；谨庠序之教，申之以孝悌之义，颁白者不负戴于道路矣。老者衣帛食肉，黎民不饥不寒，然而不王者，未之有也。"

——《孟子·梁惠王上》

战国时代，是诸侯纷争、天下大乱的时代，也是士人百家争鸣、纵横捭阖的时代。

生于这个时代的孟子，虽然一生没有活得像苏秦、张仪等游说之士那样风光，但是，为了宣扬儒家思想学说，他在游说各诸侯国国君方面所作的努力、所费的口舌却也并不少。

上引一段文字，就是《孟子》中记述孟子游说梁惠王、推销他"保民而王"的政治主张的一个情节。为了说服梁惠王践行他所提出的"保民而王"的政治主张与治国理念，孟子不仅强调了解决人民温饱问题的重要性，提出了"保民而王"的具体方法，而且还信誓旦旦地向梁惠王保证，践行他的政治主张与治国理念，一定会出现这样的盛世奇观："五亩之宅，树之以桑，五十者可以衣帛矣；鸡豚狗彘之畜，无失其时，七十者可以食肉矣；百亩之田，勿夺其

时，八口之家，可以无饥矣；谨庠序之教，申之以孝悌之义，颁白者不负戴于道路矣。老者衣帛食肉，黎民不饥不寒。"

众所周知，孟子向梁惠王所描绘的上述小康社会的美好生活情景，在孟子所生活的时代，事实上是不存在的。它是孟子"在外界刺激物（即过去感知过的事物形象，如平日在某些地方所见到的'五亩之宅，树之以桑'与'五十衣帛'的老者、饲养鸡豚狗彘满圈的农家与'七十食肉'的老者、'百亩之田，八口之家'饱乐无忧、学童就学于学堂、子孝父慈等个别情景）的影响下，在脑中对过去存储的若干表象进行加工改造而成的"①。也就是说，孟子所描绘的这幅小康社会的美好生活图景是他通过联想想象而创造出来的修辞文本，属于我们上面所说的"示现"表达法中的"悬想示现"。这一文本的建构，从表达上看，有化虚幻为现实的效果，使当时未曾出现的小康社会的美好生活图景栩栩如生地呈现在梁惠王眼前，从而对被游说对象梁惠王产生极大的诱惑力，极易使他深受感染而采纳其政治主张并践行之。从接受上看，由于文本所构拟的小康社会的美好生活图景是表达者孟子"将过去存储于脑海中的若干社会生活的表象进行了加工改造而成的，它与现实社会中所见的有相似处，而又不完全相似"②，这就极易让接受者梁惠王产生一种"既熟悉而又陌生"的新异感，从而引发其求索思考的兴味。同时，也极易诱导接受者梁惠王"经由文本所建构的具象进行再造性或创造性想象而复现出新的具象和意境世界，从而加深对表达者所建构的理想社会的认识和向往之情"③。虽然最终结果是，梁惠王并没有采纳孟子的政治主张，践行他"保民而王"的儒家治国理念。但是，就文本的说服力来说，孟子的游说是动人的，运用"示现"表达法来推销其政治主张的表达力是很强的。评价一个历史人物，我们可以"以成败论英雄"，但就修辞文本的表达力来看，我们还是应该"就事论事"，看它的表达是否真的有技巧，是否言之成理，是否动人感人。

---

① 吴礼权：《修辞心理学》（修订版），暨南大学出版社 2013 年版，第 67 页。
② 吴礼权：《修辞心理学》（修订版），暨南大学出版社 2013 年版，第 67~68 页。
③ 吴礼权：《修辞心理学》（修订版），暨南大学出版社 2013 年版，第 68 页。

2. 虎鼓瑟兮鸾回车，仙之人兮列如麻：李白浪漫的畅想

　　海客谈瀛州，烟涛微茫信难求。越人语天姥，云霞明灭或可睹。天姥连天向天横，势拔五岳掩赤城。天台四万八千丈，对此欲倒东南倾。我欲因之梦吴越，一夜飞渡镜湖月。湖月照我影，送我至剡溪。谢公宿处今尚在，渌水荡漾清猿啼。脚著谢公屐，身登青云梯。半壁见海日，空中闻天鸡。千岩万转路不定，迷花倚石忽已暝。熊咆龙吟殷岩泉，栗深林兮惊层巅。云青青兮欲雨，水澹澹兮生烟。列缺霹雳，丘峦崩摧。洞天石扉，訇然中开。青冥浩荡不见底，日月照耀金银台。霓为衣兮风为马，云之君兮纷纷而来下。虎鼓瑟兮鸾回车，仙之人兮列如麻。忽魂悸以魄动，恍惊起而长嗟。惟觉时之枕席，失向来之烟霞。世间行乐亦如此，古来万事东流水。别君去兮何时还？且放白鹿青崖间，须行即骑访名山。安能摧眉折腰事权贵，使我不得开心颜！

　　　　　　　　　　　　——唐·李白《梦游天姥吟留别》

　　现代很多读者都很推崇李白，认为他是个不愿折腰事权贵的清流。其实，这是个误解。误解的源头就是上引李白的这首诗。

　　历史上的李白是个积极的入世者，而非消极的出世者。他把功名利禄看得非常重，一心想进官场，以期实现其建功立业的理想。关于这一点，他在《代寿山答孟少府移文书》中说得很清楚，他的目标就是"申管晏之谈，谋帝王之术，奋其智能，愿为辅弼，使寰区大定，海县清一"。正因为如此，唐玄宗天宝元年（742），当唐玄宗召他入京的诏书到达时，四十多岁的人了，还乐得手舞足蹈，高歌一曲"仰天大笑出门去，我辈岂是蓬蒿人"！可是，到了长安，他却并未得到重用。于是，他又开始发牢骚，使性子，得罪了唐玄宗身边的权贵，结果就被放归了。

　　上引这首诗，就是李白被放归而离开长安后的第二年，即唐玄

宗天宝四年（745），"由东鲁（今山东省南部）南游越中（今浙江绍兴一带），行前向朋友们表白心迹之作"①。在朝中被权贵排挤，理想难以实现；离开长安，远离了庙堂，人生的理想更是渺茫。思想的苦闷，情感的矛盾，导致他对所热爱的政治事业产生了厌倦之情。既然不能"达则兼济天下"，那么只好"穷则独善其身"了，于是便有了出世之念。"全诗以梦游的浪漫主义笔触表达了诗人厌倦尘世、蔑视权贵、追求自由的思想。"②为了表达追求自由和超凡出世的意蕴，诗人特意用"示现"表达法中的"悬想示现"建构了一个"示现"修辞文本："我欲因之梦吴越，一夜飞渡镜湖月。湖月照我影，送我至剡溪。谢公宿处今尚在，渌水荡漾清猿啼。脚著谢公屐，身登青云梯。半壁见海日，空中闻天鸡。千岩万转路不定，迷花倚石忽已暝。熊咆龙吟殷岩泉，栗深林兮惊层巅。云青青兮欲雨，水澹澹兮生烟。列缺霹雳，丘峦崩摧。洞天石扉，訇然中开。青冥浩荡不见底，日月照耀金银台。霓为衣兮风为马，云之君兮纷纷而来下。虎鼓瑟兮鸾回车，仙之人兮列如麻。"

这一文本所写的内容在现实生活中并不存在，是诗人梦中的情景。从心理学的角度看，这一文本所写的诸般景象，是诗人根据日常生活经验进行联想想象的产物。是诗人"在外界刺激物（如诗人被逐出京路上所见'山'、'湖'、'月'等）的影响下，将存储于脑海中的若干表象（如平日所见的'一平如镜的湖'、'一盘明月高照朗朗夜空、湖月交相辉映'、'绿水荡漾的溪流'、'登山而见到的海上日出'、'云青欲雨'、'水澹生烟'、'金银琳琅的宫殿'、'绵绵不绝、威风十足的帝王达官贵人的仪仗队伍'等情景）进行加工改造和重新组合而成的新的形象"③。也就是说，这一文本所描绘的景象是诗人基于心理联想与想象而建构起来的。正因为如此，这一修辞文本，"从表达的角度看，由于表达者用以建构文本的若干表

---

① 朱东润主编：《中国历代文学作品选》（中编第一册），上海古籍出版社 1980 年版，第 86 页。

② 吴礼权：《修辞心理学》（修订版），暨南大学出版社 2013 年版，第 68 页。

③ 吴礼权：《修辞心理学》（修订版），暨南大学出版社 2013 年版，第 68 页。

象都是人们常见的具象，组合成的新形象则与人们日常所见有同有不同，是熟悉而又陌生的新具象，因而文本表达上就极富形象性、生动性和新颖性的特点。从接受的角度看，由于文本所建构的新形象与接受者日常所能见到的形象有所不同，这就极易诱发接受者经由文本文字的刺激而进行再造性或创造性想象，凭借自己不同的经验而在脑海中复现出各不相同的新形象新意境，不自觉间便与表达者融为一体，进入表达者的想象世界，从而于文本解读中获得更多的快慰与审美情趣"①。虽然大家都知道李白诗中所写的纯是虚幻之景，但我们读到这首诗时还是情不自禁地感到激动，仿佛有一种要与李白一起飞升的感觉。文学是现实生活的镜子，当然要反映现实生活的真实，但文学作品对于现实生活的反映并不是机械和被动的，而是积极主动的。因此，作家在作品中对现实生活进行再创造就能产生不同于现实生活中的新形象，就能使作品具有更高的审美价值。我们今天之所以赞赏李白所创造的上述"示现"修辞文本，就是这个原因。

3. 这位先生是一位很瘦的老头子：鲁迅笔下的孔夫子

> 新近的上海的报纸，报告着因为日本的汤岛，孔子的圣庙落成了，湖南省主席何健将军就寄赠了一幅向来珍藏的孔子的画像。……然而倘是画像，却也会间或遇见的。我曾经见过三次：一次是《孔子家语》里的插画；一次是梁启超氏亡命日本时，作为横滨出版的《清议报》上的卷头画，从日本倒输入中国来的；还有一次是刻在汉朝墓石上的孔子见老子的画像。说起从这些图画上所得的孔夫子的模样的印象来，则这位先生是一位很瘦的老头子，身穿大袖口的长袍子，腰带上插着一把剑，或者腋下挟着一枝杖，然而从来不笑，非常威风凛凛的。

> ——鲁迅《在现代中国的孔夫子》

---

① 吴礼权：《修辞心理学》（修订版），暨南大学出版社2013年版，第68~69页。

孔子是中国知名度最高的名人，也是在世界上知名度最高的中国人。

但是，孔子也是一个倒霉蛋。在中国历史上，每当一种新的政治势力要推翻旧的政治势力时，就会砸孔子的牌子；而当新势力坐稳了江山后，则又抬出孔子的牌子。

胡适先生有句名言："历史是任人打扮的小姑娘。"而孔子，则是个任人摆布的小姑娘。是被捧，还是被批，他自己不能做主，全看别人高兴。远的不说，就说现在人们还有记忆的历史吧。20世纪上半叶，五四运动初起时，一批激进的学生与知识分子为了鼓吹民主与科学，学习西方政制，不仅喊出了"打倒孔家店"的口号，还把孔子的牌子扔到了茅坑里。后来北洋军阀政府为了稳固统治，又搞起了"尊孔读经"运动，重新扛起了孔子的牌子。20世纪下半叶，文化大革命运动兴起，孔子又被拉出来批斗。这次批斗全民参与，孔子简直是被批得体无完肤、一钱不值。21世纪伊始，中国经济腾飞，在大喊"民族复兴"、"文化复兴"的同时，孔子的牌子又被抬了出来，出现了全民读《论语》的奇观。如果孔子九泉之下有知，不知是感到欣慰，还是感到悲哀？

上引一段文字，鲁迅谈到的正是孔子在20世纪30年代的悲哀。鲁迅此文"发表于1935年，其时正是日本为了侵略中国、称霸亚洲，鼓吹用'孔子之教'建立'大东亚新秩序'而在东京等地大建孔庙，以及国民党政府为了维护自己的统治地位而下尊孔令，大力提倡孔教的时代，他们都是为着自己特定的目的而将孔老夫子视作敲门砖而利用。此文的写作正是有感于此而加以辛辣讽刺的"[1]。在讽刺日本人和国民党政府的尊孔目的时，鲁迅特别提到了孔子的形象："这位先生是一位很瘦的老头子，身穿大袖口的长袍子，腰带上插着一把剑，或者腋下挟着一枝杖，然而从来不笑，非常威风凛凛的。"

众所周知，孔子是两千多年前的人物，谁也不知道他长什么样

---

① 吴礼权：《修辞心理学》（修订版），暨南大学出版社2013年版，第69页。

子。因此，鲁迅这里言之凿凿、绘声绘色地勾勒出的孔子形象，并非历史上真实的孔子形象，而是作者"在外界刺激物（日本建孔庙、国民党政府下尊孔令等事件）的影响下，在大脑中对过去存储的若干表象（即过去感知过的事物形象，如在《孔子家语》中、《清议报》上和汉朝墓石上的孔子画像等）进行加工改造而形成的新的形象"①。这一形象，是作者运用"示现"表达法中的"追述示现"手段来展现的，将两千多年前的孔子之衣着行止描绘得非常细致逼真，读之让人有一种时光倒流的感觉，仿佛回到两千多年前的春秋时代，亲眼看到孔子的音容笑貌。很明显，这样的表达是具有形象性、生动性与新颖性的，读之必然让读者留下深刻的印象。

4. 门前再挖一个大大的荷塘，一荷塘的唐宋岁月：女作家的梦幻人生

买缸不成，就养荷在心里。

给自己许一个梦。好好地给上帝做工，有一天攒点钱给自己买块小小的地，一片小小的山坡开满野杜鹃、野百合，小小的溪流两岸是赛似白雪的姜花，小小的树林是专门给鸟唱歌用的。门前再挖一个大大的荷塘，一荷塘的唐宋岁月。

盖三两间小屋，一间自己住，其余的留给朋友，门也不必上锁，朋友想来就来，想走就走，主客两便。

夏天的时候，就来一次荷花小聚吧！刚出水的新鲜莲子汤，冰镇藕片，荷叶蒸肉，温一壶花雕，饮一天星月，醉它个胡天胡地，不知今夕何夕。

——杏林子《重入红尘》

唐代大诗人杜甫在"安史之乱"后，曾写有《忆昔》一诗，深情缅怀"开元盛世"：

---

① 吴礼权：《修辞心理学》（修订版），暨南大学出版社2013年版，第69页。

忆昔开元全盛日，小邑犹藏万家室。稻米流脂粟米白，公私仓廪俱丰实。九州道路无豺虎，远行不劳吉日出。齐纨鲁缟车班班，男耕女桑不相失。宫中圣人奏云门，天下朋友皆胶漆。百余年间未灾变，叔孙礼乐萧何律。……

这种稻米流脂、公私仓廪俱实的小康社会，这种男耕女桑、天下一家的和谐世界，不要说让"安史之乱"后的唐人缅怀不已，就是今天迈入了所谓"地球村"时代的我们也会对此心生艳羡，向往不已。

不过，文学毕竟是文学。文学虽是现实生活的一面镜子，但有时候照出的并不是现实生活的真实，而是某些虚幻之象。从某种角度上看，文学很多时候是人类灵魂的"麻沸散"，是医治人类伤痕累累的心灵的"创可贴"（band-aid）。文学给人以理想，给人以安慰，让生活并不如意的人们在精神上有个寄托。杜甫的《忆昔》诗中所写的"开元盛世"是否真的就是那样，而没有诗人的幻想掺杂其中？这很难讲。因为生于和平时代，人们并不觉得和平时代的生活有什么可贵；而身在战乱中的人，却往往会对逝去的和平及和平时代的平淡生活倍加珍惜、无限向往。因此，从某种程度上说，杜甫《忆昔》诗所描写的"开元盛世"景象也多少是有虚幻的成分在其中，这是可以理解的。以此度之，上引杏林子《重入红尘》中的这段文字对台湾社会的那种浪漫、自由、优裕的生活境界的描写，恐怕更是让人不敢信以为真了。

是的，对于杏林子笔下的台湾生活境界，我们只能当文学来读，它并非"生活的真实"。就我们所了解的台湾社会，人民生活的优裕程度还不会达到杏林子所写的程度；在台湾生活的作家通常也不会有足够的经济实力，"给自己买块小小的地，一片小小的山坡开满野杜鹃、野百合，小小的溪流两岸是赛似白雪的姜花，小小的树林是专门给鸟唱歌用的。门前再挖一个大大的荷塘，一荷塘的唐宋岁月"；就台湾现实的治安情况来看，要想达到杏林子笔下的境界："盖三两间小屋，一间自己住，其余的留给朋友，门也不必上锁，朋友想来就来，想走就走，主客两便"，恐怕一时还难以做到。

既然做不到，那么杏林子为什么还要这样写呢？仔细阅读，我们就会发现，原来杏林子笔下的这些景象是她许下的一个"梦"。虽然这种生活境界在作者自己和作者所生活的现代大都市台北都是不可能实现的，但是，"开满野杜鹃、野百合"的"小小的山坡"，"小小的溪流两岸是赛似白雪的姜花"，鸟儿在树上唱歌，门前荷塘开满荷花，不上锁的小屋，夏天吃新鲜莲子汤、冰镇藕片、荷叶蒸肉，星月下饮酒大醉等情事，却是人们日常生活中所常见的。"表达者将脑际中存储的凡此种种生活中的表象经过加工组合成了上文中所呈现的新形象，这就构成了上述的'悬想示现'修辞文本。"[1] 这一文本的建构，"由于所呈现的事象来源于现实生活，而又不同于现实生活，所以就在表达上有鲜明的形象性、生动性和新颖性的特点；在接受上，由于文本呈现给接受者的是既熟悉又陌生的事象，就极大地引发了接受者文本解读接受的兴味，并诱导其从文本所提供的事象进行再造性想象或创造性想象，复现出表达者意念中所构拟的理想境界，获取一种文本接受解读中的审美享受"[2]。理解到这一层，那我们就会明白为什么有那么多读者喜欢看杏林子做的"梦"，以及文学作品中的"乌托邦"境界为什么会成为人们追寻的精神家园。

5. 那时候必然也是一个久雨后的晴天：张晓风的远古回忆

　　我悠然地望着天，我的心就恍然回到往古的年代，那时候必然也是一个久雨后的晴天，一个村野之人，在耕作之余，到禾场上去晒太阳。他的小狗在他的身旁打着滚，弄得一身是草。他酣然地躺着、傻傻地笑着，觉得没有人

---

① 吴礼权：《现代汉语修辞学》（修订版），复旦大学出版社2012年版，第109页。
② 吴礼权：《现代汉语修辞学》（修订版），复旦大学出版社2012年版，第109～110页。

经历过这样的幸福。于是，他兴奋起来，喘着气去叩王室的门，要把这宗秘密公布出来。他万万没有想到所有听见的人都掩袖窃笑，从此把他当作一个典故来打趣。

——张晓风《画晴》

幸福是什么？

现代人的幸福感已经钝化了，已经不知道什么叫"幸福"了。世界各国对都市人群的"幸福指数"调查显示，大都市的人特别是白领阶层，其"幸福指数"是很低的。而"幸福指数"高的，则是那些低层的民众。为什么会这样呢？在中国有句流行语，说"花两个小时打扮去饭店吃顿饭，叫生活；花五分钟在路边摊吃碗饭，叫活着"。前者是中产阶级以上人士的生活境界，后者是社会下层民众的生活境况。那么，哪种境界的"幸福指数"高呢？很明显，前者的"幸福指数"低，因为过于讲究，累。不就吃顿饭吗？费那么大事，能有快感吗？后者的"幸福指数"高，因为爽。吃饱就好，鼓腹而歌，何尝不是一种幸福？

再看我们的古人。晋代诗人陶渊明说："俯仰终宇宙，不乐复何如？"（《读〈山海经〉·其一》）你看，陶渊明望望天，看看地，与大自然融为一体，什么要求也没有，他就很快乐了。哪像我们现代人，坐飞机、乘游艇，到异国他乡看风景，结果还是没找到快乐。李白有诗曰："长风万里送秋雁，对此可以酣高楼。"（《宣州谢朓楼饯别校书叔云》）你看，李白秋日端杯酒，站在高楼上，吹着秋风，看着北雁南飞，就很快乐了。哪像我们现代的很多人，住着高楼大厦，出入有奔驰、宝马，还整天心事重重、愁容满面。宋代词人晏几道有词云："今宵剩把银釭照，犹恐相逢是梦中。"（《鹧鸪天》）你看，人家一对情人久别重逢，就惊喜成那个样子，多有幸福感？而我们现代人呢？很多人家中有如花美眷，却还要在外拈花惹草，彻夜不归，让他的妻子"夜已深，还在灯下数伤痕"。夫妻的恩爱何在？婚姻的幸福感何在？

由上所述，幸福是什么，已是不言而喻了。幸福在哪里？我们大可不必刻意去寻找，它就在我们的日常生活中。人的欲望越少，要求越低，就越能体会到幸福的滋味。简单的快乐，就是幸福。我们的古人早就懂得这个道理了，所以他们的生活质量比我们好，幸福指数比我们高。不是吗？看看上引张晓风《画晴》一文中所写的那位满头大汗地叩王室大门报告幸福秘密的农人，对于"幸福"的含义我们也就"知过半"矣。

《画晴》一文中写到的那位古代农人，作者将其如何发现幸福秘密，又如何叩报王室而被他人讥笑的情节写得栩栩如生、活灵活现，读之让人如临其境、如见其人、如闻其声。但实际上，作者所写的这一系列生动的细节都并非作者亲眼目睹，而是根据流传的典故想象加工出来的，是我们上面所说的"示现"修辞文本（属于"追述示现"）。这一修辞文本的建构，"由于表达者用以建构文本的若干表象（故事中的生活场景）都是人们熟悉的具象，但组合成的新形象（故事情节）则与人们日常所见不同，是熟悉而陌生的新具象，时代差也相当大，由此形成了文本表达上突出的形象性、生动性和新颖性的特点；在接受上，由于文本所具之形象性、生动性和新颖性的特质，极易引发接受者文本接受解读时经由文本语言文字的刺激而进行再造性或创造性想象，依托自己的生活经验而在大脑中复现或创造出同于或异于表达者所建构的修辞文本的新形象、新意境，不自觉中与表达者融为一体，进入表达者的想象世界，从而获取一种文本解读接受的心理快慰和审美享受"①。由此让我们领悟到一种人生智慧与生活哲理：幸福只在简单的日常生活中，不必刻意追求，只要用心体会即可得之。

四、移花接木，再绽奇葩：移就的表达力

语言的最大功用，就在于它能够让人们相互之间进行信息交流

---

① 吴礼权：《现代汉语修辞学》（修订版），复旦大学出版社 2012 年版，第 106～107 页。

和思想情感沟通。但是，客观事物是非常复杂的，因此语言在履行其交际功能时就有局限性。汉语里有"言不尽意"、"言不由衷"等说法，说的正是用语言表情达意时面临的困境。

用语言表达人类丰富的思想情感，描绘纷繁复杂的客观事物，虽然其局限性是客观存在的，但只要表达者充分发挥创意造言的智慧，再复杂的思想情感，再纷繁的客观世界，也是可以淋漓尽致地予以表现的。比方说，要表达人们在特定情境下那种意识里物我不分的思想情感状态，可能就要面临语言文字的困境。那么，如何"状难写之景，如在目前"、"写难尽之意，尽在笔下"，就需要我们发挥创意造言的智慧了。

根据先贤往哲创意造言的经验，其实要臻至"状难写之景，如在目前"、"写难尽之意，尽在笔下"的境界，也并非不可能。比方说，运用"移就"表达法，就有很好的效果。

所谓"移就"表达法，是指在特定情境下的一种超常语言匹配的表达手法。它往往是通过移植人类的某些性状于非人或无知的事物身上，以此凸显人类特殊情感状态下那种"物我同一"的心理状态。以"移就"表达法建构的文本，我们称之为"移就"修辞文本。在我们的日常语言表达中或是文学作品中，都能经常听到或看到诸如"快乐的鸟"、"愤怒的大海"、"寂寞的庭院"、"无情的洪水"，以及"怒发上冲冠"（《史记·廉颇蔺相如列传》）、"寂寞富春水"（柳宗元《哭连州凌员外司马》）、"醉鞍谁与共联翩"（陆游《过采石有感》）等说法或写法。这些说法或写法，就是上面我们所说的"移就"修辞文本。

那么，这样的修辞文本是怎么建构出来的呢？从心理学上看，这种修辞文本的建构，"一般多是在文本建构者（表达者）在凝神观照或思索中，'我'的情趣和物的情趣发生了往复回流，并在文本建构者特定的强烈情绪情感状态的主导下，使物的情趣随着'我'的情趣而流转，以致非人的或无知的事物有了人之情态性状。这与上面我们所说的比拟修辞文本建构一样，也是移情心理作用的结果"①。

以"移就"表达法建构的修辞文本，一般来说，"在表达上，非人的或无知的事物具有了人之生命情态之后，文本的语言文字便别添了几多的生动性、形象性的特质，文本更具引人入胜的艺术感染力；在接受上，修辞文本的建构将物我贯通交融为一体，文本的生动性、形象性特质易于使接受者在文本解构欣赏中受到情绪感染，从而在表达者所建构的修辞文本的导引下经由文本的语言文字而产生与表达者文本建构时逆向的移情心理作用，进入与表达者修辞文本建构时凝神观照、物我同一的相同情感情绪状态，由此达到与表达者思想情感的共鸣，并经由文本的解构欣赏而获取一种美的享受"②。

正因为"移就"表达法有上述独特的表达力，因此，古今文学作品中运用这种表达法建构的修辞文本特别多。下面我们从古今文学作品中予以举例，分析以这种表达法所建构的修辞文本独特的表达力。

1. 平林漠漠烟如织，寒山一带伤心碧：伤心的李白

平林漠漠烟如织，寒山一带伤心碧。暝色入高楼，有人楼上愁。

玉阶空伫立，宿鸟归飞急。何处是归程？长亭连短亭。

——唐·李白《菩萨蛮》

上引这首词，在中国词史上是非常著名的。但是，关于它的作者及对其某些词句的理解，历来存在很多争议。

在作者方面，主要有两派观点。一派认为此词不是李白所作。明人胡应麟《少室山房笔丛》卷四十一《庄岳委谈下》疑为"晚唐人词，嫁名太白"。现代学者中也有人认为此词非李白所作。从词

① 吴礼权：《修辞心理学》（修订版），暨南大学出版社2013年版，第134页。
② 吴礼权：《修辞心理学》（修订版），暨南大学出版社2013年版，第134~135页。

的发展来考察，他们认为"中唐以前，词尚在草创期，这样成熟的表现形式，这样玲珑圆熟的词风，不可能是盛唐诗人李白的手笔"①。还有学者从《菩萨蛮》的词调在李白时代还不存在这个角度论证，说明此词不是李白所作。② 另一派认为此词是李白所作。如北宋释文莹《湘山野录》卷上云："此词不知何人写在鼎州沧水驿楼，复不知何人所撰。魏道辅见而爱之。后至长沙，得古集于子宣内翰家，乃知李白所作。"南宋黄昇编此词入《唐宋诸贤绝妙词选》，不仅认定此词为李白所作，而且谓之为"百代词曲之祖"。现代也有学者认定此词是李白所作。他们认为，此词虽表现形式成熟，但不能就此断定它不是盛唐的李白所作。他们还指出："敦煌卷子中《春秋后语》纸背写有唐人词三首，其一即《菩萨蛮》，亦颇成熟，虽无证据断为中唐以前人所作，亦难以断为必非中唐以前人所作，而且，在文学现象中，得风气之先的早熟的果子是会结出来的。"③ 他们认为"李白同时代人、玄宗时代的韦应物既然能写出像《调笑令·胡马》那样的小词，为什么李白就偏偏办不到呢"④?

在词句方面，有学者认为词上阕中的"伤心碧"之"伤心"不是常规的形容词"伤心"。他们指出："'伤心'在这里，相当于日常惯语中的'要死'或'要命'。现在四川还盛行这一语汇。人们常常可以听到'好得伤心'或'甜得伤心'之类的话，意即好得要命或甜得要死。这'伤心'也和上海话中'穷漂亮'、'穷适意'的'穷'字一样，作为副词，都与'极'同义。'伤心碧'也即'极碧'。"⑤ 这种说法好像有点道理，但也只是"一家之言"。另

① 周汝昌、缪钺、叶嘉莹等编：《唐宋词鉴赏辞典》，上海辞书出版社1988年版，第4页。
② 周汝昌、缪钺、叶嘉莹等编：《唐宋词鉴赏辞典》，上海辞书出版社1988年版，第4页。
③ 周汝昌、缪钺、叶嘉莹等编：《唐宋词鉴赏辞典》，上海辞书出版社1988年版，第4页。
④ 周汝昌、缪钺、叶嘉莹等编：《唐宋词鉴赏辞典》，上海辞书出版社1988年版，第5页。
⑤ 周汝昌、缪钺、叶嘉莹等编：《唐宋词鉴赏辞典》，上海辞书出版社1988年版，第5页。

外，用现代四川方言来理解唐代四川方言，是否符合历史语言学的原则，是否能反映历史的真实，也是值得深思的。

关于以上争议，孰是孰非，我们还可以继续讨论。但说此词是"百代词曲之祖"，好像古今学者都无异议。因为就这首词本身来看，它写旅人思乡心态的逼真、黄昏怀人心情的真切，确实都是深切感人的。特别是"寒山一带伤心碧"一句创意造言的形象新颖，更是让千百年来的无数读者为之掉头苦吟。因此，"从艺术上看，谓之'百代词曲之祖'也未尝不可"①。

那么，为什么"寒山一带伤心碧"一句能博得千百年来无数读者为之掉头苦吟呢？如此独特的表达魅力又是从何而来的呢？

其实，我们只要仔细分析一下这句词创意造言的特点，就会发现原来它是一个运用了"移就"表达法的修辞文本。我们都知道，"山"是无生命的非人之物，当然不会具备生命体所特有的体感"寒"；"碧"亦非人类，只是表示颜色（碧绿色）的一种抽象概念，当然也不会像有情感的人类一样有"伤心"的情绪状态。但是，在上引词句中，词人却赋予"山"有"寒冷"之体感，"碧"有"伤心"之情绪。这种表达看似不合逻辑，但实则是有心理学上的理据的。词人之所以写出"寒山一带伤心碧"这种句子，乃是词人"在思乡之愁绪情态下凝神观照异乡山水景物时产生了移情心理作用，'我'的情趣与物的情趣出现了往复回流，并且在'我'的强烈思乡而穷途无归的悲伤情绪的主导下，使物的情趣随着'我'的情趣而流转，以致非人无知的事物遂有了'寒'、'伤心'等人的生命情态"②。由于词人的创意造言突破了语言表达的常规模式，因此"寒山一带伤心碧"这一修辞文本，"从表达上看，因词人赋予无知非人的'山'、'碧'以'寒'、'伤心'等人的生命情态，将人的抽象情感写活，文本的语言文字便顿然添出许多的生动性、形象性特质，而整个修辞文本也就更具引人入胜的艺术感染力；从接

---

① 吴礼权：《修辞心理学》（修订版），暨南大学出版社2013年版，第135页。

② 吴礼权：《修辞心理学》（修订版），暨南大学出版社2013年版，第135页。

受上看，由于修辞文本建构者（词人）将物我打通，把我和物的情态性状贯融一体，使接受者易于被这种生动形象的修辞文本所感染，自然而然地在修辞文本的解读欣赏中经由文本的语言文字而产生与词人文本建构时逆向的移情心理作用，进入与词人修辞文本建构时凝神观照、物我同一的相同情感情绪状态——见山而觉山与'我'俱寒，见绿而觉绿与'我'俱生伤心之感触，由此达到与词人思想情感的共鸣"[1]，从而深切地体认到一个长年在外的游子所特有的那份"独在异乡为异客"的浓浓乡愁，深深地体味出一个独自凭栏、望穿秋水的少妇寂寞无助的情感苦痛。

2. 行宫见月伤心色，夜雨闻铃肠断声：痴情唐明皇

蜀江水碧蜀山青，圣主朝朝暮暮情。

行宫见月伤心色，夜雨闻铃肠断声。

——唐·白居易《长恨歌》

唐明皇与杨贵妃的爱情故事，在历史学家眼里是大唐王朝的一场灾难；但在文学家的眼里，却是一个感天动地、缠绵凄美的爱情神话。

上引诗句写杨贵妃在马嵬坡被赐死后，唐明皇入蜀时的心情。虽仅是二十多字的写景叙事之笔，却写尽了一代多情帝王唐明皇对其妃子杨玉环的无限怀念之情，读之让人为之深切感动，情不自禁地要为这位"要美人不要江山"的荒唐之君洒一掬同情的热泪。

那么，这几句诗何以有如此感人的力量呢？

无他。全赖"移就"表达法运用得好。

我们都知道，"月色"是个客观的东西，不论是何人在何种情境下观赏，从逻辑上说看到的月色都是一样的，应该不会有什么异样的感觉。但是，入蜀避难的唐明皇却在这亘古不变的"月色"里看出了不一样来："行宫见月伤心色。"夜里的雨声、风中的铃声，

---

[1]　吴礼权：《修辞心理学》（修订版），暨南大学出版社2013年版，第135页。

都是人们习以为常的自然现象，但是，在辗转反侧、夜不成寐的唐明皇的耳中，却有着不一样的感觉："夜雨闻铃肠断声。"很明显，诗人这是有意将人类的"伤心"、"断肠"等心理情绪移于非人的"月色"与"铃声"中，属于"移就"表达法。以这种表达法建构的修辞文本"行宫见月伤心色，夜雨闻铃肠断声"，由于在逻辑与语法上都突破了汉语表达的规范，就会使读者在阅读时产生疑惑，引起注意，进而思索，从而加深对文本的印象，理解诗人如此表达的深刻用意：以超乎寻常的表达凸显唐明皇在失去杨贵妃后那种深切悲伤的心情与须臾难忘昔日恩爱情侣杨玉环的无限怀念之意。如果不以"移就"表达法予以表达，而是用常规的句法来表现，说成"行宫见月亦感伤，夜雨闻铃不得眠"，虽然意思表达得很清楚，但是作为诗句来读，文本就少了形象性与含蓄性，也就是没了"诗味"。

可见，上引二句"行宫见月伤心色，夜雨闻铃肠断声"，之所以有如此独特的表达力，有让人味之不尽的感觉，正是因为"移就"表达法从中助成。熟悉文学创作规律者都知道，文学作品中运用"移就"表达法是一种常见现象。特别是在中国古典诗歌创作中，"移就"表达法的运用则更是"司空见惯寻常事"。事实上，很多中国古典名句，都是诗人在"凝神观照"、"物我同一"的"移情"心理作用下，通过"移就"表达法创造出来的。朱光潜先生曾经说过："大地山河以及风云星斗原来都是死板的东西，我们往往觉得它们有情感，有生命，有动作，这就是移情作用的结果。比如云何尝能飞？泉何尝能跃？我们却常说云飞泉跃。山何尝能鸣？谷何尝能应？我们却常说山鸣谷应。诗文的妙处往往都是从移情作用得来。例如'天寒犹有傲霜枝'句的'傲'，'云破月来花弄影'句的'弄'，'数峰清苦，商略黄昏雨'句的'清苦'和'商略'，'徘徊枝上月，空度可怜宵'句的'徘徊'、'空度'、'可怜'，'相看两不厌，惟有敬亭山'句的'相看'和'不厌'，都是原文的精彩所在，也都是移情作用的实例。"他认为人在聚精会神的观照中，自己的情趣往往会与他所观察的对象的情趣发生往复回流，"有时物的情趣随'我'的情趣而定，例如，自己在欢喜时，大地山河都随着扬眉带笑，自己在悲伤时，风云花鸟都随着黯淡愁苦。惜别时蜡烛可以垂泪，兴至时青山亦觉点头。有时'我'的情趣也随物的姿态而定，例如，睹鱼跃鸢飞而欣然自得，对高峰大海而肃然起敬，心情浊劣时对修竹清泉即洗刷净尽，意绪颓唐时读《刺客传》或听贝多芬的《第五交响曲》便觉慷慨淋漓。物我交感，人的生命和宇宙互相回还震荡，全赖移情作用"①。可见，"移情"心理作用下的"移就"表达法，确实是诗歌语言表达中创造"诗味"的重要而有效的手段，是诗歌表达力的源泉之一。

3. 寂寞梧桐深院锁清秋：寂寞李后主

> 无言独上西楼，月如钩。寂寞梧桐深院锁清秋。
> 剪不断，理还乱，是离愁，别是一般滋味在心头。
>
> ——南唐·李煜《相见欢》

众所周知，文学是语言的艺术。朱光潜先生说："文学的媒介是语言文字。语言文字的创造和发展往往与艺术很类似。照克罗齐看，语言自身便是一种艺术，语言学和美学根本是同一件东西。不说别的，单说语言文字的引申义。在各国语言文字中引申义大半都比原义用得更广。引申义大半起源于类似联想和移情作用，尤其是在动词方面。例如，'吹'、'打'、'行'、'走'、'站'、'诱'等原来都表示人或其他动物的动作，现在我们可以说'风吹雨打'、'这个办法行'、'电走了'、'车站住了'、'花香诱蝶'等。古文中引申义更多，例如，'子路拱雉'的'拱'引申为'众星拱北辰'的'拱'，'招我以弓'的'招'引申为'言易招尤'的'招'，'鲤趋而过庭'的'趋'引申为'世风愈趋愈下'的'趋'，'我欲仁，斯仁至矣'的'欲'引申为'星影摇摇欲坠'的'欲'。这些引申义现在已用成习惯，我们不觉得其新鲜，但是创始者创一个引申义

---

① 朱光潜：《朱光潜美学文集》（第一卷），上海文艺出版社1982年版，第41页。

时，大半都带有几分艺术的创造性。整个语言的发展就可以看成一种艺术。"①

确实是这样，我们看许多文学作品，特别是中国古典诗词，常常会为作家创意造言的智慧所惊叹，为其"艺术创造性"的语言表达所折服。如上引南唐后主李煜的《相见欢》一词，其中就有很多具有"艺术创造性"的语言表达。"剪不断，理还乱，是离愁"的设喻写意，将无形之愁比作有形之丝，化抽象为具象，写尽了一位亡国帝王的无限哀愁，读之让人浮想联翩，感慨万千。而"寂寞梧桐深院锁清秋"一句，则"拈连"与"移就"表达法并用（"寂寞"与"梧桐"、"深院"匹配，是"移就"；"深院"连及"锁清秋"，是"拈连"），将一位被囚禁的帝王内心的寂寞、孤独写得淋漓尽致。

《相见欢》一词，是词人亡国后被囚于北宋都城汴梁时所作，它"不仅写尽了古往今来在外游子的思乡之苦，更兼词人是个被囚的亡国之君，因此思乡之苦情中更包蕴了一般人所无法体认到的刻骨铭心的亡国之恨，所以全词读来倍使人感到凄凉忧伤，有无限的艺术感染力"②。前面我们已经说过，这首词之所以有如此的表达力与感染力，除了设喻思路的新颖独到以及拈连表达的自然贴切外，还与词人运用"移就"表达法的成功巧妙有关。

我们都知道，"梧桐"是植物，"深院"是房舍，二者皆非有情感的人类，自然不会有"寂寞"的情感体验。但是，词人却赋予二者以人类的情感性状（"寂寞"），并在组词成句时异乎寻常地突破汉语表达的逻辑与语法规则，将"寂寞"与"梧桐"、"深院"相匹配，从而建构出"寂寞梧桐深院"这一独特的文本。很明显，这是词人运用"移就"表达法的结果。这一文本的建构，虽然从逻辑与语法上看是"悖理"、"违法"的，但是从心理分析的角度看，则有其合理性。它是词人李煜"在亡国之恨与思念乡国的双重痛苦情

---

① 朱光潜：《朱光潜美学文集》（第一卷），上海文艺出版社 1982 年版，第 44 页。
② 吴礼权：《修辞心理学》（修订版），暨南大学出版社 2013 年版，第 136 页。

绪下，凝神观照自己被囚的庭院及院中的梧桐树等景物时产生了移情心理作用，'我'的情趣与物的情趣出现了往复回流，并且在'我'的强烈的怀乡念国情感情绪的主导下使'深院'、'梧桐'等非人无知的事物有了人所特具的生命情态——'寂寞'的情感[①]。正因为如此，"寂寞梧桐深院"的特异句法才显得"无理而妙"，读之让人更觉意味无穷。因为从表达上看，非人无知的"梧桐"、"深院"被人格化，具有了人类所特有的生命情态（有"寂寞"的情感体验），"使抽象的情感描写具体化，文本的语言文字也由此添出了几许的生动性、形象性的特质，整个修辞文本的艺术感染力也得到了提升"[②]。而从接受上看，"由于词人在建构修辞文本时将物我贯通交融为一体，物我情态浑然难分，接受者易于受其生动形象的修辞文本所感染，自然会在文本解读欣赏中经由修辞文本的语言文字产生与词人修辞文本建构时逆向的移情心理作用，进入与词人修辞文本建构时凝神观照、物我同一的相同情感情绪状态，即'庭院'、'梧桐'与我浑然无分，俱感深深'寂寞'之情"[③]。由此，词人意欲传染给读者的哀伤情绪，以及意欲引发读者情感共鸣的目标，都在"寂寞梧桐深院"一句中得以实现。从创意造言的角度看，这样的表达明显带有"几分艺术的创造性"，既增加了作品的"诗味"，又提升了读者的接受兴味。从"效果论"的角度看，这样的表达无疑使作品的审美价值得到了大大的提升。

4. 悲惨的皱纹，却从他的眉头和嘴角出现了：悲天悯人的鲁迅

她严肃地说："你的父亲原是一个铸剑的名工，天下第一。……费了整三年的精神，炼成两把剑。

"当最末次开炉的那一日，是怎样地骇人的景象呵！哗啦啦地腾上一道白气的时候，地面也觉得动摇。那白气到天半便变成白云，罩住了这处所，渐渐现出绯红颜色，

---

① 吴礼权：《修辞心理学》（修订版），暨南大学出版社 2013 年版，第 136 页。
② 吴礼权：《修辞心理学》（修订版），暨南大学出版社 2013 年版，第 136 页。
③ 吴礼权：《修辞心理学》（修订版），暨南大学出版社 2013 年版，第 136 页。

映得一切都如桃花。我家的漆黑的炉子里，是躺着通红的两把剑。你父亲用井华水慢慢地滴下去，那剑嘶嘶地吼着，慢慢转成青色了。这样地七日七夜，就看不见了剑，仔细看时，却还在炉底里，纯青的，透明的，正像两条冰。

　　"大欢喜的光彩，便从你父亲的眼睛里四射出来；他取起剑，拂拭着，拂拭着。然而悲惨的皱纹，却从他的眉头和嘴角出现了。……'你只要看这几天的景象，就明白无论是谁，都知道剑已炼就的了。'他悄悄地对我说。'一到明天，我必须去献给大王。但献剑的一天，也就是我命尽的日子。怕我们从此要长别了。'"

——鲁迅《故事新编·铸剑》

　　这段文字，大家都不会陌生，它是鲁迅的历史小说《铸剑》（发表时原名《眉间尺》）中的片断。小说写铸剑工干将铸剑成功而被国王杀害，其子眉间尺为父报仇，最后在黑衣人的帮助下完成了心愿。小说取材于《列异传》（托名三国魏文帝曹丕）、《搜神记》（东晋干宝著）等所记载的"三王冢"的故事并加以艺术创造，是鲁迅作品中非常奇特的一种。

　　上引一段文字，是写干将之妻向其子眉间尺述说其父剑成身亡的原因及其经过。这段文字写得文从字顺，没有什么不好懂的地方，但其中有一句"悲惨的皱纹，却从他的眉头和嘴角出现了"，可能会让读者感到困惑不解。众所周知，"'皱纹'不是人，它是肌肉运动所产生的皮肤表面的堆积，它不可能有'悲惨'这种情感情绪"[1]。但是，为什么在鲁迅笔下却有了"悲惨的皱纹"这种说法呢？难道是鲁迅写错了？肯定不是这样的。仔细分析上下文，我们便会发现，这是鲁迅有意突破汉语表达的逻辑与语法规约，以"移就"表达法建构起来的修辞文本。它是"作家叙事时沉浸于自己所塑造的人物命运之中，在凝神观照叙写人物命运处境时产生了移情

---

① 吴礼权：《修辞心理学》（修订版），暨南大学出版社2013年版，第137页。

心理作用，'我'的情趣和物的情趣出现了往复回流，并且在'我'的极度悲哀的情绪主导下使物的情趣随'我'的情趣而流转，于是非人无知的'皱纹'便有了人的生命情态——'悲惨'的情绪情感"①。正因为如此，这一修辞文本在表达上就有了化抽象为具象的效果，原本不可揣摩的人物心理活动也得以洞见；同时，"修辞文本的语言文字也由此添出了几许生动性、形象性的特质，从而使修辞文本有了更强的艺术感染力"②。而从接受上看，由于文本是作者"移情"心理状态下的产物，它将物我两者之间的界限打通，让"我的情趣"与"物的情趣"贯融一体，这就很容易使读者在如此生动形象的文本感染下，"经由作家建构的修辞文本的语言文字而产生与作家文本建构时逆向的移情心理作用，进入与作家文本建构时凝神观照、物我同一的相同情感情绪状态——'我'即皱纹，皱纹即'我'，物我两难分，俱在悲惨中"③。由此，作者与读者的思想情感就形成了共鸣。读者在理解作者表意企图的同时，也经由作者所创造的文本再度发生了一次"移情"心理转变，仿佛化身为文本中的悲剧人物，从而在文本解构接受中获得一种美的享受：一种悲情人生的体验。

5. 吃几颗疲乏的花生米，灌半壶冷淡的茶：钱钟书笔下的世态人情

> 明天早上，辛楣和李梅亭吃几颗疲乏的花生米，灌半壶冷淡的茶，同出门找本地教育机关去了。
>
> ——钱钟书《围城》

许多文学作品之所以能感人，就在于作家往往有化平淡为生动的手笔，有推己及人、推己及物的联想和想象能力。

化平淡为生动，有很多修辞技巧可以借鉴；推己及人的联想能

---

① 吴礼权：《修辞心理学》（修订版），暨南大学出版社 2013 年版，第 137 页。
② 吴礼权：《修辞心理学》（修订版），暨南大学出版社 2013 年版，第 137 页。
③ 吴礼权：《修辞心理学》（修订版），暨南大学出版社 2013 年版，第 137 页。

力，也就是平常我们所说的"将心比心"，一般正常人都有这个思维能力。作家在这方面的能力，也只是比平常人要略胜一筹而已，因为观察生活、观察人物乃是他们写作的基本功课。推己及物的想象能力，也就是我们古人所说的"体物"能力。众所周知，无生命的事物，要想写活它们，那是非常不易的。但是，事实上古往今来的许多作家却有很多人在这方面做得非常好。这是为什么呢？无他。乃因他们善于"感到里面去"，"把我的情感移注到物里去分享物的生命"①。用德国哲学家黑格尔（Hegel）的话说，叫做："艺术对于人的目的在让他在外物界寻回自我。"② 而德国的另一位哲学家洛慈（Lotze）在他的《缩形宇宙论》（或译成《小宇宙论》）里对此说得更清楚："凡是眼睛所见到的形体，无论它是如何微琐，都可以让想象把我们移到它里面去而分享它的生命。这种设身处地地分享情感，不仅限于和我们人类相类似的生物，我们不仅能和鸟鹊一齐飞舞，和羚羊一齐跳跃，或是钻进蚌壳里面，去分享它在一张一翕时那种单调生活的况味，不仅能想象自己是一橡树，享受幼芽发青或是柔条临风的那种快乐；就是和我们绝不相干的事物，我们也可以外射情感给它们，使它们别具一种生趣。比如建筑原是一堆死物，我们把情感假借给它，它就变成一种有机物，楹柱墙壁就俨然成为活泼泼的肢体，现出一种气魄来，我们并且把这种气魄移回到自己的心中。"③ 这段话的意思，就是后来美学上所说的"移情作用"论。

上引一段文字，是钱钟书小说《围城》中的一个片断。虽然仅仅只有几十个字，但一读却让人印象深刻，觉得它鲜活生动无比。究其原因，正是由于作者钱钟书善于"体物"，善于"把我的情感移注到物里去分享物的生命"的结果。

---

① 转引自朱光潜：《朱光潜美学文集》（第一卷），上海文艺出版社1982年版，第40页。

② 转引自朱光潜：《朱光潜美学文集》（第一卷），上海文艺出版社1982年版，第40页。

③ 转引自朱光潜：《朱光潜美学文集》（第一卷），上海文艺出版社1982年版，第40页。

　　读过《围城》的人都知道，上引这段文字，写的是这样一件事：赵辛楣、方鸿渐、李梅亭等一行五人，在前往国立三闾大学就职的途中，因半途路资耗尽，便打电报让校长高松年汇来一笔款子，却因找不到熟人担保而不能从邮局中领出钱来。赵辛楣、李梅亭二人为此奔走多日，不仅求助无门，而且还尝尽了在异乡被人冷落的滋味。这个故事情节很简单，如果直笔叙述出来，也没什么值得读者回味的地方。但是，作者钱钟书没有直笔叙事，而是运用"移情作用"的美学原理，以"移就"表达法表而出之。

　　众所周知，"疲乏"、"冷淡"，都是人的情感体验，"花生米"与"茶"皆为无知且非人类的事物，自然不可能有"疲乏"、"冷淡"等感受。然而，作者钱钟书却突破汉语表达的逻辑与语法规约，写出了诸如"疲乏的花生米"、"冷淡的茶"这种超常的句子，这明显是一种修辞行为，是将人的性状移注于物的"移就"表达法。这种表达虽"悖理"、"违法"，但在表达上却有独特的效果。因为"花生米"与"茶"被人格化，它们便具有了人的生命情态。这样，"一方面使修辞文本的语言文字别添了许多的生动性、形象性的特质，另一方面也于生动形象的语言文字中强调凸显出赵、李二人身心疲乏、备感人情冷淡的情绪感受，使修辞文本具有更强的艺术感染力"[1]。而从接受上看，"作家所建构的修辞文本将物我打通，物的情趣与'我'的情趣融为一体而不可分，这就易使接受者在文本解读欣赏中经由文本生动形象的语言文字而产生与作家文本建构时逆向的移情心理作用，进入与作家修辞文本建构时凝神观照、物我同一的相同情感情绪状态——物我不分，身心麻木到不知是人感到疲乏和冷淡，还是花生米和茶感到疲乏和冷淡的忘情状态，从而达到与作家的思想情感共鸣"[2]。也就是说，经由作者所创造的修辞文本，读者在解读欣赏中可以获得一种美感享受：一种源于文本解读欣赏中体会到的"世态炎凉"的苦涩人生经验。

---

　　[1]　吴礼权：《修辞心理学》（修订版），暨南大学出版社2013年版，第138页。
　　[2]　吴礼权：《修辞心理学》（修订版），暨南大学出版社2013年版，第138页。

五、五官感觉的交响曲：通感的表达力

说写表达中，想要臻至"状难写之景，如在目前"的境界，除了通过上述"比喻"、"比拟"、"示现"、"移就"等表达法可以助成外，"通感"表达法的有效运用，也有很好的表达力和意想不到的独特效果。

在论述"通感"表达法的表达力之前，我们有必要先简要介绍一下"通感"的概念及其含义。"通感"是一个心理学上的术语，指的是一种重要的心理现象，是"联想"的一种特殊形式。如果再说得具体点，就是指"五官感觉在感受中互相挪移，各感官交相为用，互换该官能的感受领域"[①]。我们都知道，"本来，人的各种感觉器官对外物的感知是各有所司的，如耳主听声，眼主看形，鼻主嗅味等"[②]。这就像《庄子·天下篇》所言："譬如耳目鼻口，皆有所明，不能相通。"意思是说，"各种感觉器官是有分工的，我们不能把它们混在一起"[③]。不过，事物总是具有两面性的，这一点我们必须要有足够的认识。著名美学家蒋孔阳先生曾经指出："人是一个有机的生命整体。各种感觉器官虽有分工，但它们之间并不是相互割裂、互不相通的。以为光线或声音，可以单独地或纯粹地被视觉或听觉所感知，而不和其他方面的感官发生关系，这是不可能的。根据心理学家的实验，给人戴上一副光线颠倒的眼镜，于是整个世界在他面前颠倒过来了。视觉发生了这一变化，他的其他感官也随之发生混乱。脚老是踩不到要走的地方，手老是摸不到要摸的地方。等过了一个礼拜，受验者习惯了，各种感官配合好了，一切似乎正常了。这时，再把他的眼镜取掉，恢复他原来的正常状态。但是，他却重新经历一次混乱的状态，因为他已经习惯于把不正常当成正常，所以正常反而成了不正常。要经过一段时间，他的各种

---

① 李定坤：《汉英辞格对比与翻译》，华中师范大学出版社1994年版，第123页。
② 吴礼权：《修辞心理学》（修订版），暨南大学出版社2013年版，第193页。
③ 蒋孔阳：《美学新论》，人民文学出版社1993年版，第297页。

感官才会恢复正常，重新协调。因此，一种感官的变化，常会引起其他感官的变化。我们平时是在大脑神经中枢分析器的指挥下，同时发挥各种感官的作用，相互协作，相互沟通，然后才能生活和工作的。这样，各种感官不仅有区别、有分工，它们之间还有协作，还有相互的影响和相互的沟通，这就是通感。"① 正因为如此，"通感"还有一个别称，叫做"联觉"。

作为一种重要的心理现象，"通感"的发生是有其特定的生成机制的。就目前学术界的共识看，一般都认为"通感"心理现象的发生，"是大脑皮层各区域之间通过纵横交错的神经通道所形成的内在联系和复杂的对应关系，是各种分析器在经验中所建立的特殊联系的结果。人的各种感官及其纵向联系的大脑皮层相关区域原是各司其职的，某一感官的感觉原是一种单向性的印象。如刺激物作用于视感官，通过传入神经传导到大脑皮层视觉中枢和视觉性语言中枢，产生视觉反应，形成视觉形象，不会产生听觉的或其他感觉的反应。但是，由于大脑皮层是种有层次、成系统的整体结构，各区域之间既有分工，又有横向的联系，并且可以互相作用、相互启动。当某一感官接受刺激，将信息通过传入神经传导到大脑皮层的相应部位后，不仅使该区域发生兴奋、运动，调动该区域原已贮存的信息，引起相应的反应，而且还通过大脑皮层内部的神经通道，横向地向其他区域伸展，使其他相关的区域也兴奋、运动起来，激起相应的兴奋线，并且还使其他区域的神经联系也复活起来，共同参与反应，于是由一种感觉、知觉引起多种感觉、知觉，由大脑皮层某一区域的兴奋引起其他区域的同时兴奋，或某一区域的兴奋由其他区域的兴奋而得到加强，通感、联觉也就此产生。所以，通感是被大脑皮层内部的横向联系决定的，是大脑皮层各区域间相互作用，同时兴奋的结果"②。

所谓"通感"表达法，是指"人们日常生活中视觉、听觉、触

---

① 蒋孔阳：《美学新论》，人民文学出版社 1993 年版，第 297～298 页。

② 邱明正：《审美心理学》，复旦大学出版社 1993 年版，第 220～221 页。

觉、嗅觉、味觉等各种感觉往往可以有彼此交错相通的心理经验，于是，在说写形式上当表现属于甲感觉范围的事物印象时，就超越它的范围而描写成领会到的乙感觉范围的印象，以造成新奇、精警的表达效果。如有些声音给人'明亮'或'甘甜'的感觉，有些颜色引起'冷'或'暖'的感觉。凭借通感，艺术家可以突破对事物的一般经验的感受，而获得更精深微妙的体会，从而探寻到清新奇异的表现形式"①。而以"通感"表达法建构的文本，我们一般称之为"通感"修辞文本。

由于"通感"修辞文本的建构，是"基于人们日常生活中的各种感觉的交错相通的心理经验的，是表达者以此为凭借努力突破常规语言表达模式而寻求新异、生动、精警的表达效果，并以此提升接受者文本接受的兴趣，激发接受者的丰富联想，从而加深对其所建构的修辞文本的印象和理解程度，提高修辞文本的审美价值的一种心理期望的表现"②。因此，一般来说，运用"通感"表达法建构的修辞文本，"在表达上，具有十分鲜明的新异、生动、精警的独特效果；在接受上，深具引人入胜、令人回味，拓延接受者思维联想空间，丰富和提升修辞文本内涵和审美价值的效果"③。

正因为"通感"表达法是文学创作的重要手段之一，而且有独特的表达效果，所以在古今文人笔下，"通感"修辞文本的建构屡见不鲜。下面我们就从古今文学作品中予以举例，并分析其独特的表达力。

1. 霜重鼓寒声不起：李贺耳中的鼓声

> 黑云压城城欲摧，甲光向日金鳞开。
> 角声满天秋色里，塞上燕脂凝夜紫。
> 半卷红旗临易水，霜重鼓寒声不起。
> 报君黄金台上意，提携玉龙为君死。
>
> ——唐·李贺《雁门太守行》

---

① 辞海编辑委员会编：《辞海》（缩印本），上海辞书出版社1990年版，第1188页。
② 吴礼权：《修辞心理学》（修订版），暨南大学出版社2013年版，第196页。
③ 吴礼权：《修辞心理学》（修订版），暨南大学出版社2013年版，第196页。

上引这首诗，是"写唐朝将士在边远苦寒的危城中作难苦卓绝的坚守之动人情景，表达了诗人对保疆卫国的忠勇将士的高度崇敬之情"①。诗中的历史事件，已不可考。清人王琦《李长吉歌诗汇解》有云："按《乐府诗集》，《雁门太守行》乃《相和歌·瑟调》三十八曲之一，古词备述洛阳令王涣德政之美，而不及雁门太守，事所未详也。若梁简文帝之作，始言边城征战之思，长吉所拟，盖祖其意。"但是，也有现代学者认为，此事所写当有所本。指出："李贺生活的时代藩镇叛乱此伏彼起，发生过重大的战争。如史载，元和四年（809），王承宗的叛军攻打易州和定州，爱国将领李光颜曾率兵驰救。元和九年（814），他身先士卒，突出、冲击吴元济叛军的包围，杀得敌人人仰马翻，狼狈逃窜。"并据此认为，"从有关《雁门太守行》这首诗的一些传说和材料推测，可能是写平定藩镇叛乱的战争"②。

关于这首诗所写内容是否有所本，其实并不重要。重要的是，这首诗在唐代写战争的诗作中非常有名，却是事实。历代学者对于这首诗都有评论，而且还出现了争论。如关于诗的开头两句，宋人王安石持批评的态度，说"此儿误矣！方黑云压城时，岂有向日之甲光也？"而明人杨慎则说："予在滇，值安凤之变，居围城中，见日晕两重，黑云如蛟在其侧，始信贺善状物也。"批评王安石是"宋老头巾不知诗"。（见《升庵诗话》）至于此诗的艺术特色，有学者评论说："一般说来，写悲壮惨烈的战斗场面不宜使用表现浓艳色彩的词语，而李贺这首诗几乎句句都有鲜明的色彩。其中如金色、胭脂色和紫红色，不仅鲜明，而且浓艳，它们和黑色、秋色、白玉色等交织在一起，构成色彩斑斓的画面。诗人就像一个高明的画家，特别善于着色，以色示物，以色感人，不只勾勒轮廓而已。他写诗绝少运用白描手法，总是借助想象给事物涂上各种各样新奇浓重的色彩，有效地显示了它们的多层次性。有时为了使画面变得

① 吴礼权：《修辞心理学》（修订版），暨南大学出版社2013年版，第196页。
② 萧涤非等撰：《唐诗鉴赏辞典》，上海辞书出版社1983年版，第1001页。

更加鲜明，他还把一些性质不同甚至互相矛盾的事物糅合在一起，让它们并行错出，形成强烈的对比。例如，用压城的黑云暗喻敌军气焰嚣张，借向日之甲光显示守城将士雄姿英发，两相比照，色彩鲜明，爱憎分明。"① 这种分析诚然不错，可惜遗漏了重要的一点，这就是此诗善于运用"通感"表达法摹情写物的特色。

在这首短短八句五十六字的诗中，诗人共建构了两个"通感"修辞文本：一是"黑云压城城欲摧"，二是"霜重鼓寒声不起"。"前者是极写战争气氛的紧张，后者是渲染战争环境的艰苦和暗示战争失利的凄惨。"② 我们都知道，"云"是视觉形象，"压"是触觉之感。诗人说"黑云压城城欲摧"，这明显是"根据日常生活的心理经验将视觉和触觉打通的结果"③。我们也知道，"霜"是视觉感知的对象，"鼓声"是听觉感知的结果，而"重"和"寒"则皆为触觉的感知。诗人说"霜重鼓寒声不起"，这分明是"将视觉、听觉、触觉三者打通并融贯一气的结果"④。由此可见，"黑云压城城欲摧"与"霜重鼓寒声不起"二句，是诗人基于"日常生活中有视觉、听觉、触觉三者交通的心理经验"而建构起来的"通感"修辞文本。这种文本的建构，从诗人的角度看，它是"基于一种努力突破语言表达的逻辑常规模式以求新异、生动、精警的表达效果，引发接受者的接受兴味，从而深刻理解其文本建构的内涵用意，最终提升修辞文本的审美价值之心理预期"⑤。那么，诗人的这种心理预期是否已经达到了呢？关于这一点，我们可以从文本表达与接受两个方面来看。"从表达上看，视觉形象的'黑云'与触觉体验上的'压'贯通一气，形象地再现了将士们所守之城的危急状态，也突出了未曾开战便见残酷艰苦的战争性质；视觉形象上的'霜'与触觉体验上的'重'的交错相通、听觉形象上的'鼓声'与触觉体

---

① 萧涤非等撰：《唐诗鉴赏辞典》，上海辞书出版社1983年版，第1002页。
② 吴礼权：《修辞心理学》（修订版），暨南大学出版社2013年版，第196页。
③ 吴礼权：《修辞心理学》（修订版），暨南大学出版社2013年版，第196页。
④ 吴礼权：《修辞心理学》（修订版），暨南大学出版社2013年版，第197页。
⑤ 吴礼权：《修辞心理学》（修订版），暨南大学出版社2013年版，第197页。

验上的'寒'的贯通交缠，含蓄而突出地呈现了战地的艰苦环境和将士们战争失利后的凄惨心情。这样，两个修辞文本在表达上便鲜明地显出了生动、精警的效果。从接受上看，诗人所建构的上述两个修辞文本，是将视觉、听觉、触觉三者纠结贯通一气，接受者在文本接受解读中会因文本违背逻辑情理而困惑，进而产生文本接受和探索的兴味，拓展思维联想的空间，并凭借自己的生活经验补充、丰富修辞文本所描写的内容，勾勒出更加波澜壮阔的战争场面和残酷的战斗情景，从而在客观上提升了修辞文本的审美价值。"①由此，在最大限度内，让读者充分领会到诗人文本建构的深刻用意：孤军坚守危城是何等的艰难，短兵相接的战争是多么的残酷，将士们为国英勇献身的思想境界是多么的崇高！

2. 波心荡、冷月无声：姜夔眼中的秋月

> 淮左名都，竹西佳处，解鞍少驻初程。过春风十里，尽荠麦青青。自胡马窥江去后，废池乔木，犹厌言兵。渐黄昏，清角吹寒，都在空城。
>
> 杜郎俊赏，算而今，重到须惊。纵豆蔻词工，青楼梦好，难赋深情。二十四桥仍在，波心荡、冷月无声。念桥边红药，年年知为谁生？
>
> ——宋·姜夔《扬州慢》

上引这首词，是南宋词人姜夔于宋孝宗淳熙丙申（1176）至日过扬州时所作。这时，距金主完颜亮南犯已经整整十五年了。驻马扬州，词人"感怀扬州昔日的繁华和南宋建炎三年（1129）及绍兴三十一年（1161）两次被金人洗劫焚掠一空后的惨景；抚今追昔，寄予了无限的伤乱之情"②。对于此，作者在词的小序中说得非常清楚："淳熙丙申至日，予过维扬，夜雪初霁，荠麦弥望。入其城，

---

① 吴礼权：《修辞心理学》（修订版），暨南大学出版社2013年版，第197页。
② 吴礼权：《修辞心理学》（修订版），暨南大学出版社2013年版，第197页。

则四顾萧条，寒水自碧，暮色渐起，戍角悲吟。予怀怆然，感慨今昔，因自度此曲。千岩老人以为有《黍离》之悲也。"全词除了抒发对昔日"春风十里扬州路"的繁华的怀念和对今日"国破山河残"的哀伤之情外，"也深刻地反映了作者对当时的社会政治的认识和态度，含蓄蕴藉地批判了南宋统治者实行的苟安江左的政策"①。

　　这首词除了思想深刻，有发人深省的震撼力外，在创意造言方面也有令人印象深刻的地方。其中，最突出的有两处：一是词上阕的"渐黄昏，清角吹寒，都在空城"一句，二是词下阕的"二十四桥仍在，波心荡、冷月无声"一句。前句的"清角吹寒"，将"清角（之声）"与"寒"匹配，明显突破了汉语表达的逻辑与语法规约，看起来是"悖理"、"违法"之言，令人不能理解。其实，这是词人将听觉与触觉打通融贯一体的结果（"清角"指"号角声"，是听觉形象；"寒"则是一种体感，是触觉感知），属于典型的"通感"表达。后句的"冷月无声"，将"月"与"冷"、"声"搭挂组合，亦是"悖理"、"违法"的异常表达，令人为之困惑。其实，这也是"通感"表达法的运用。不过，相较于前句，此句在"通感"表达上更为复杂。它既将听觉与触觉打通（"无声"是听觉感知的结果，"冷"是触觉体验），又牵连上视觉（"月"是视觉形象）。由此形成了听觉、视觉、触觉三者融贯一体的联觉形象。那么，词人为什么会创造出这样多种感觉相贯通的"通感"修辞文本呢？究其原因，恐怕既与词人在日常生活中有听触觉、视触觉交互沟通的心理经验有关，还与词人创意造言的努力目标有关。这个目标便是，词人试图通过"通感"表达法，以突破汉语表达的逻辑与语法规约的形式，"以求生动、新异、精警之表达效果，从而激发接受者文本接受、探索的兴味，引导接受者对其所建构的修辞文本的深刻用意作深入的把握"②。

---

① 吴礼权：《修辞心理学》（修订版），暨南大学出版社 2013 年版，第 197 页。
② 吴礼权：《修辞心理学》（修订版），暨南大学出版社 2013 年版，第 198 页。

结合整首词的内容，分析这两个"通感"修辞文本，我们不难发现，上述的词人创意造言的努力目标是实现了。因为这两个"通感"修辞文本的建构，从表达上看，由于词人将听觉感知的"角声"与触觉体验的"寒"，将视觉形象上的"月"与触觉体验上的"冷"及听觉感知上的"无声"，都一一打通贯融，这"不仅生动地凸显出词人睹废城而心凄切的情感体验，而且也使文本在表达上别添了新异、精警的效果"①。从接受上看，由于词人建构的文本将听觉与触觉、听觉与视觉及触觉各自贯通交融在一起，组配出的"清角吹寒"、"冷月无声"，有违汉语表达的语法规则，"突破了人们惯常的语言搭配的逻辑定式，使接受者在文本接受时发生理解上的困惑，从而自然引发出其文本接受中的探索解惑兴味，拓展思维联想的空间"②，从而在词人所建构的文本基础上，"运用自己的生活经验去补充、丰富原文本的内容，勾勒出自己实际不曾见过的，同时也与表达者文本中所描绘的昔日扬州有别的繁华景象，以此与今日凄惨败落的情景相对比，从而让接受者在对比联想中生发出无限的感时伤乱情怀，以加深对表达者文本建构真实用意的理解把握"③，即在今昔情境的对比中，"不著一字"地批判了南宋统治者不思进取、无意恢复中原的苟且偷安行为。

3. 雪下面还有冷绿的杂草：鲁迅笔下的雪草

> 江南的雪，可是滋润美艳之至了。那是还在隐约着的青春的消息，是极壮健的处子的皮肤。雪野中有血红的宝珠山茶，白中隐青的单瓣梅花，深黄的磬口的腊梅花；雪下面还有冷绿的杂草，蝴蝶确乎没有，蜜蜂是否来采山茶花和梅花的蜜，我可记不真切了。但我的眼前仿佛看见冬花开在雪野上，有许多蜜蜂忙碌地飞着，也听得见他们嗡嗡地闹着。在这片蕴藏生机与春意的雪景中，有小孩子在

---

① 吴礼权：《修辞心理学》（修订版），暨南大学出版社 2013 年版，第 198 页。
② 吴礼权：《修辞心理学》（修订版），暨南大学出版社 2013 年版，第 198 页。
③ 吴礼权：《修辞心理学》（修订版），暨南大学出版社 2013 年版，第 198 页。

大人的帮助下雕塑雪罗汉的场景，整个雪景充满了生机与
欢乐。

——鲁迅《雪》

上引一段文字，是鲁迅的散文《雪》中的片断，这篇文章是写鲁迅记忆中江南的雪，读之让人仿佛有一种身临其境、如睹其景的感觉。因此，历来许多文学评论家与读者都特别欣赏这篇文章，认为这是鲁迅作品中非常特别的一种类型，带有一种中国古典诗词的意境。特别是其中的一句"雪下面还有冷绿的杂草"，则更令人玩味，觉得意趣无穷。

那么，这句写景的文字为何这样具有魅力呢？

无他。乃是作者运用"通感"表达法较为成功的结果。

我们都知道，"冷"是一种体感经验，属于触觉感知；"绿"是一种颜色，是眼睛感知的结果，属于视觉感知。从人的感觉器官的分工来说，"冷"、"绿"两种感知是互不联属的。可是，在实际的生活经验中，人们却常常会有视觉与触觉、视觉与听觉等多种知觉交互沟通的心理经验，这是一种普遍的心理现象，亦即前面我们说过的"通感"。"通感"既然是人类的一种普遍的心理现象，那么就必然会在人类的语言活动中有所体现。因为"语言是思维的工具"，是"思想的直接现实"。在汉语词汇库中，我们经常会发现诸如"热闹"、"尖叫"、"清香"、"甜美"、"圆润"等词语。这些词语的出现并非偶然，都是人们在语言表达中经由"通感"的心理经验而创造出来的。对此，钱钟书先生曾经作过这样的阐释："在日常经验里，视觉、听觉、触觉、嗅觉、味觉往往可以彼此打通或交通，眼、耳、舌、鼻、身各个官能的领域可以不分界限。颜色似乎会有温度，声音似乎会有形象，冷暖似乎会有重量，气味似乎会有锋芒。诸如此类在普通语言里经常出现。譬如，我们说'光亮'，也说'响亮'，把形容光辉的'亮'字转移到声响上去，就仿佛视觉和听觉在这一点上有'通财之谊'。又譬如'热闹'和'冷静'，这两个词语也表示'热'和'闹'、'冷'和'静'在感觉上有通

同一气之处，牢牢结合在一起。因此，范成大《石湖诗集》卷二九《亲邻招集，强往即归》可以来一个翻案：'已觉笙歌无暖热，仍怜风月太清寒。'我们说红颜色比较'温暖'，而绿颜色比较'寒冷'，——只要看'暖红'、'寒碧'这两个诗词套语，也属于这一类。培根曾说：音乐的声调摇曳（the quavering upon a stop in music）和光芒在水面上的浮动（the playing of light upon water）完全相同，那不仅是比喻（similitude），而且是大自然在不同事物上所印下的相同的脚迹（the same footsteps of nature, treading or printing upon several subjects or matters）。那可以算是哲学家对通感的巧妙描写。"①由此可见，无论是在汉语中，还是在其他语言中，语言表达与文学创作中运用"通感"表达法来状物摹情乃是普遍现象。

了解到这一层，我们对上引鲁迅《雪》一文中的句子"雪下面还有冷绿的杂草"在创意造言上的表现就能了然于心了。鲁迅之所以将"冷绿"与雪下的"杂草"相匹配，正是因为他在日常生活中有视觉与触觉相互沟通交融的心理经验。于是，在凝神观照记忆中的江南之雪时，就出现了物我往复回流的现象，"我"对雪的触觉感知"冷"不自觉地与杂草的视觉形象"绿"联通贯融，由此创造出"雪下面还有冷绿的杂草"这样一个"通感"修辞文本。这一文本，由于在表达上突破了常规的汉语表达的逻辑与语法规约，表达形式上有新异性的特质，因此就极易在读者的文本解读欣赏中受到关注。而当读者经由文本的语言文字的"媒合作用"进入作者创作时"通感"生成的思维状态中，就会产生一种身临其境的感觉，如睹杂草之"绿"，如感冰雪之"冷"。由此，就能在文本解读欣赏中获得更多的审美享受。

4. 水却尽是这样冷冷地绿着：朱自清的秦淮河水

这时正是盛夏。我们下船后，藉着新生的晚凉和河上的微风，暑气已渐渐消散；到了此地，豁然开朗，身子顿

---

① 钱钟书：《通感》，《文学评论》1962 年第 1 期。

然轻了——习习的清风荏苒在面上，手上，衣上，这便又感到了一缕新凉了。南京的日光，大概没有杭州猛烈；西湖的夏夜老是热蓬蓬的，水像沸着一般，秦淮河的水却尽是这样冷冷地绿着。任你人影的憧憧，歌声的扰扰，总像隔着一层薄薄的绿纱面幂似的；它尽是这样静静的，冷冷地绿着。

——朱自清《桨声灯影里的秦淮河》

南京的秦淮河，就如杭州的西湖一样，自古以来就是文人的最爱。这里有很多文人的风流韵事，也有很多调风弄月的诗章；这里有达官贵人陶醉于山水之间的快乐，也有风尘女子承欢卖笑的辛酸……

秦淮河是一条人文历史的河，也是一条风光景观的河。虽然在知名度方面，秦淮河不及西湖，但它的风光，特别是夜景，则丝毫不输给西湖。谓予不信，请读朱自清的《桨声灯影里的秦淮河》，相信你会为秦淮河而着迷的。

上引一段文字，是朱自清写秦淮河夏夜风韵的片断，虽然着墨不多，但已让人对秦淮河的夏夜生出了无限的憧憬之情。特别是其中的两句"秦淮河的水却尽是这样冷冷地绿着"、"它尽是这样静静的，冷冷地绿着"，这样写秦淮河的河水，则更让人印象深刻，遐思无尽。

那么，这两句何以有如此的表达力呢？

无他。乃因作者运用"通感"表达法相当成功。

我们都知道，"冷"是一种触觉感知，"绿"是一种视觉感知。因此，在一般情况下，这两种知觉不会彼此交通混杂。如果要用语言来形容河水，我们要么说"冰冷的河水"，要么说"青绿的河水"，而不会说"河水冷冷地绿着"。因为用"冷冷"修饰"绿"，这在汉语表达中既不合逻辑，也不合语法。然而，作者就是明明白白地这样写了，而且还重复地写了两次。这说明作者这样写不是无意间的误写，而是有意而为之的修辞行为。从心理学的角度分析，这是作者在凝神观照秦淮河水时，意识中出现了物我往复回流的现象，"物的情趣"（秦淮河水）随着"我的情趣"（夜凉的感知）而流转，并因为作者在日常生活中有视觉与触觉交互沟通的心理经验，遂在"通感"心理作用下建构出上述两个"通感"修辞文本。

这两个"通感"修辞文本的建构，从表达上看，由于作者将触觉的"冷"与视觉的"绿"打通贯融为一体，在语言表达形式上直接让"冷冷"做了"绿"的修饰语，这就使抽象概念的"绿"有了具象的特性，在表达上就有了化抽象为具象的效果，文本就显得形象性增强了；在接受上，由于"冷冷地绿着"突破了汉语表达的逻辑与语法规约，作为文本刺激物，就有了新异性的特质，因而就极易引发读者的注意，从而加深其对文本的印象与对文本意涵的深刻理解。由此可见，"冷冷地绿着"不是一个犯有语法或逻辑错误的句子，而是作者创意造言的修辞文本，对于表现夏夜秦淮河水清绿凉爽的特点起了非常好的作用。

5. 绿色的风，带着薄荷般的清凉：杏林子脸上吹着的风

> 在山上住了将近十年，十年的岁月如一溜烟云。愈来愈怕下山，愈来愈怕去面对那个烦嚣喧闹的城市，每去一趟台北，就急急想逃回来，车子只要一弯上青潭的路，一看到我的山，我的心便欢喜跳跃。
>
> 而绿色的风，带着薄荷般的清凉。
>
> ——杏林子《重入红尘》

文学作品要想有引人入胜的表达效果，作者就必须要有创意造言的智慧。

上引一段文字，是台湾女作家杏林子《重入红尘》中的片断。"此文是抒写现代都市人热爱自然、渴望回归大自然的真切情感。"[1]我们所引的这一段，既是文章的起首部分，也是揭示全文主旨的关

---

[1]　吴礼权：《修辞心理学》（修订版），暨南大学出版社 2013 年版，第 198 页。

键部分。其中，"绿色的风，带着薄荷般的清凉"一句，尤能凸显这一文章的主旨，也最能体现作者创意造言的智慧，因此读来格外耐人寻味。

那么，这句话何以有如此的表达力呢？

原来作者这里运用了"通感"表达法。

我们都知道，"风"是由空气流动所形成的，对"风"的感知乃是触觉器官的职能。而"绿色"则是一种颜色，是人视觉感知的结果。也就是说，"风"与"绿色"是互不联属的两种知觉。但是，在作者笔下，这两种本来互相区隔的知觉却被糅合到一起，并以"绿色的风"这一语言形式予以表现。这种表达，很明显是基于作者在日常生活中触觉与视觉交互沟通的心理经验而建构起来的，是一种"通感"修辞文本。

这一修辞文本的建构，从表达上看，视觉感知的"绿色"与触觉体验的"风"相匹配，既有化抽象为具象的效果，又使文本彰显出新异、精警的魅力。从接受上看，由于"绿色的风"这一表达形式突破了汉语表达的逻辑与语法规约，这就使作为"刺激物"的文本有了新异性的特质，容易引起读者的注意。同时，还会让读者"由这一语言表达方式的违背逻辑的特点而生发出困惑，激发出其文本接受解读中的探索解惑兴味，拓展思维联想的空间，运用自己的生活经验，补充、丰富表达者所建构的原文本的内容意象"①，从而产生"一千个读者有一千种解读"的效应，浮现出一幅幅生机盎然、绿意无限的山中景致图，让读者在文本解读中体验到一种悠闲山居生活的自然天趣。

由此可见，善于运用"通感"表达法，对于提升文学作品的魅力是帮助甚大的。事实上，古今中外许多优秀作家所创作出来的优秀作品，都与善用"通感"表达法有关。如宋代作家宋祁的《玉楼春》中有"绿杨烟外晓寒轻，红杏枝头春意闹"二句，历代学者与文人都对之赞不绝口。其实，这两句都是诗人运用"通感"表达法

---

① 吴礼权：《修辞心理学》（修订版），暨南大学出版社2013年版，第199页。

建构出来的修辞文本。前句的"绿杨如烟"是视觉形象，"寒"和"轻"则都是触觉感知（前者是温度觉，后者是重量觉）。后句的"红杏盛开"是视觉形象，"闹"则是听觉感知。但是，诗人在表现花红柳绿、春光无限的意境时，却不循规蹈矩地按照汉语表达的逻辑与语法规约遣词造句，而是基于在日常生活中有视觉与触觉、视觉与听觉交互沟通的心理经验，将各种知觉融贯为一体，并以"悖理"、"违法"的语言形式予以呈现。由此，不仅使诗句有了化抽象为具象的效果，使诗句的形象性、生动性大大增强；而且还让读者在解读文本时有了更多的想象空间，从而大大提升了文本的审美价值。又如宋代女词人李清照《浣溪沙》词有云："小院闲窗春色深，重帘未卷影沉沉，倚楼无语理瑶琴。"《小重山》词有云："花影压重门，疏帘铺淡月，好黄昏。"也是很有名的"通感"修辞文本，它们都是"由对花影的视觉光波感引起'沉沉'的重量感，并由重量感再转为压迫感"① 而建构出来的。另外，反映在汉语中的一些综合词汇如"热闹"、"冷静"、"响亮"、"甜美"、"圆润"等，也是由不同知觉交互沟通形成的，亦属于"通感"表达法的运用。

---

① 邱明正：《审美心理学》，复旦大学出版社 1993 年版，第 215～216 页。

第三章　含不尽之意，见于言外

语言表达，能够做到"明白达意"、"清楚表情"，固然是一种很高的境界。但是，在现实生活中，无论是口头表达还是书面表达，有时候"讲清楚"、"说明白"，却并没有什么好处，反而不如"吞吐其词"、"模棱两可"的表达更能取得较好的交际效果。谓予不信，在此先说两个例证。

相传，古代有三个书生进京赶考，路上借宿一座寺庙。一日，三人听说庙里的和尚道行很高，能察人而卜未来，于是就一起去请和尚帮助预测一下此次进京赶考的结果。见到和尚，三人请教谁能考中进士。和尚半日无语，良久，徐徐伸出一个指头。三人不明白这是什么意思，就追问和尚。但不论三人如何纠缠，和尚就是金口不开。后来，三人进京考完后，发榜时一齐中了。当三人额手相庆时，突然想起和尚的一个指头，顿时明白了其中的禅意：原来和尚的一个指头，表示的是"一起中举"。

其实，这三个考生的理解都错了。和尚其实没有那么神，只是他比较聪明，有表达的智慧。他明白预测考试结果是不可能的，所以他不用语言来表达，而是用手势语。更妙的是，他的这个手势语又是一个有多义性的手势。他伸出一个手指，既可以理解成"三人一齐考取"，也可以理解为"三人中有一人考取"，还可以理解为"三人中有一人考不取"或是"三人一个也考不取"。因为一个手指能模糊地概括了考试结果的所有可能性，所以他就可以无往而不利了。

中国古代的和尚，很多是很有学问、很有智慧的。但是，其中也不乏滥竽充数者。明人乐天大笑生《解愠编·不语禅》一则就讲述过这样的故事：

一僧号不语禅，本无所识，全仗二侍者代答。适游僧来参问："如何是佛？"时侍者他出，禅者忙迫无措，东顾西顾。又问："如何是法？"禅不能答，看上又看下。又问："如何是僧？"禅无奈，辄瞑目矣。又问："如何是加持？"禅但伸手而已。游僧出，遇侍者，乃告之曰："我问佛，禅师东顾西顾，盖谓人有东西，佛无南北也；我问法，禅师看上看下，盖谓法是平等，无有高下也；我问僧，彼且瞑目，盖谓白云深处卧，便是一高僧也；问加持，则伸手，盖谓接引众生也；此大禅可谓明心见性也。"侍者还，禅僧大骂曰："尔等何往？不来帮我。他问佛，教我东看你又不见，西看你又不见；他又问法，教我上天无路，入地无门；他又问僧，我没奈何，只假睡；他问加持，我自愧诸事不知，做甚长老，不如伸手沿门去叫化也罢。"

这个故事中的"不语禅"和尚，虽然既无学问，也无道行，但是他却能当住持，这也许让人觉得奇怪。其实，读了这则故事，你就不会觉得奇怪了。因为他是个聪明人，是个擅长装神弄鬼者，所以他能当领导。同时，他也是个明白人，知道自己的底细，有自知之明。所以，对于外来"取经"、"讨教"的云游僧的提问，他采取一言不发的态度予以回避。结果，真的让他扬长避短，蒙混过关了。如果他对云游僧的提问实话实说，那结果就可想而知了，不仅会被人看不起，还会连累整个寺庙在佛教界的学术地位与社会影响。

由上述两个例子来看，我们可以明白这样一个道理：在语言表达活动中，并不是所有的意思都要讲清楚、说明白。有时，有些话不能明说，明说了就会犯忌，让受交际者情绪或情感受伤；有时，有些文字表达不能言尽意尽，那样读者会觉得没有回味的余地，阅读就没有积极性。因此，在语言表达中，适应特定的情境和表达需要，以"吞吐其词"、"模棱两可"的语言或文字将所要表达的意思作适度的表达，反而会有一种"言有尽而意无穷"的效果。

"讲清楚"、"说明白"，虽然也是一种很高的表达境界，但并不是任何情况下都适用的。即使"讲清楚"、"说明白"是最高的表达境界，我们也无力达到这个目标。因为语言达意传情的能力也是有限的。汉语中有"词不达意"、"言不尽意"、"言不由衷"等成语，说的都是语言表达的局限性。既然语言有自身的局限性，那么我们不如利用这个特点，在表达中遵循"扬长避短、留有余地"的原则，让接受者积极参与文本语义的建设，这样效果会更好。古人所说的"含不尽之意，见于言外"，追求的正是这种境界。

"含不尽之意，见于言外"，虽然是我们古人一直推崇的表达境界，不易达到；但是，如果我们掌握了一定的表达法，这种表达境界也不是那么高不可攀的。

下面我们就介绍几种自古及今都行之有效的表达法。希望通过具体文本的分析，让大家从中得到些启发，并迅速掌握其要领，以便在口头或书面表达中自觉予以运用，从而取得立竿见影的效果。

一、不著一字，尽得风流：留白的表达力

"含不尽之意，见于言外"的境界，有许多语言表达法可以臻至。比方说，"留白"表达法就是非常有效的一种。

所谓"留白"表达法，是指在特定情境下对于某种情感或某种意思，"一时说不清楚，或是说清楚了反倒不如不说清楚的好，而有意地留下空白，让接受者尽情发挥想象力和理解力加以填补"的一种语言表达手段。① 以"留白"表达法建构的文本，我们称之为"留白"修辞文本。

"留白"修辞文本的建构，从表达上看，"颇有一种'此时无声胜有声'、'空谷传音倍分明'的效果"②。从接受上看，"尽管语句表达的一些必要成分的省略增加了接受者文本解读的困难，也就是说，表达者所建构的修辞文本的辞面意与其所要表达的内在意还有

---

① 谭永祥：《汉语修辞美学》，北京语言学院出版社 1992 年版，第 45 页。
② 吴礼权：《修辞心理学》（修订版），暨南大学出版社 2013 年版，第 181 页。

一些'距离'，但是由于有一定的语境作背景，省去的部分实际上于接受者来说并不会造成太大的困难，他们完全可以在理解时自行补上，而当接受者通过努力补出了文本中省去的成分而洞悉了全文本的真意后，就会情不自禁地有一种解读成功的心理快感生发出来，从而加深对修辞文本的印象，并从文本接受中获取一种接受解读的审美情趣"①。

正因为"留白"表达法有如此独特的表达力，因此，自古及今运用者赓续不绝。下面我们就从古今文学作品中予以举例，以见其具体的表达魅力。

1. 刘邦的心意：诸君必以为便，便国家……

> 正月，诸侯及将相相与共请尊汉王为皇帝。汉王曰："吾闻帝贤者有也，空言虚语，非所守也，吾不敢当帝位。"群臣皆曰："大王起微细，诛暴逆，平定四海，有功者辄裂地而封为王侯。大王不尊号，皆疑不信。臣等以死守之。"汉王三让，不得已，曰："诸君必以为便，便国家。"甲午，乃即皇帝位汜水之阳。
>
> ——汉·司马迁《史记·高祖本纪》

上引一段文字，说的是公元前202年，刘邦打败项羽后，各路诸侯及功臣劝进刘邦当皇帝。刘邦虽是地痞无赖出身，却还有自知之明。他怕自己出身低微被人拿来说事，就以"闻帝贤者有也"相推让。其实，大家都懂他的心。如果他不想当皇帝，何必苦苦与项羽相争多年，甚至连妻儿老父都不要呢？如果他没当天下老大的野心，当年项羽封他当汉中王，他在汉中好好待着不就得了？他不"明修栈道，暗度陈仓"，天下岂不早就太平无事了？正因为大家都知道他想当皇帝，所以声言"臣等以死守之"，目的是以坚决的态度给他铺一个台阶，让他名正言顺地坐上皇位。结果，不出所料，

---

① 吴礼权：《修辞心理学》（修订版），暨南大学出版社2013年版，第181页。

94

没等诸侯将相们真的以死相谏，他就迫不及待地答应了，并且很快就举行了登基大典。

司马迁的这段历史记载，虽寥寥几笔，不足百字，但却是《史记·高祖本纪》中非常精彩的笔触，成为千古以来广为传诵的经典文本。

那么，这段文字何以有如此的表达魅力呢？

仔细分析，我们便会发现，这段文字最精彩的关键点，其实就是刘邦的一句话"诸君必以为便，便国家"。严格说来，它算不得一句话，而是半句话。如果完整地说，应该是"诸君必以为便，便国家，吾则为之"。那么，为什么刘邦不把这一句话说完整呢？这就是刘邦的聪明过人之处，也是司马迁写史的高明之处。刘邦这句话运用的就是前面我们所提到的"留白"表达法。"诸君必以为便，便国家"，就是一个十分高妙的"留白"修辞文本。这一文本的建构，"从表达上看，虽省略了要说的最关键的话'我就当皇帝吧'，但'此时无声胜有声'，含蓄蕴藉，既在事实上表达了自己的愿望，又保持了自己的那份矜持；从接受上看，由于表达者刘邦没有说出想说的核心内容，这就给接受者（劝进的一批将领）的解读、接受造成了困难，但是接受者不是根本无法解读，而是只需对表达者刘邦所提出的前提（'诸君必以为便，便国家'）进行简单的逻辑推理，就能意会到表达者（刘邦）表达的真意所在了，由此接受者在了解了刘邦的心意后，便会由衷地生发出一种文本解读成功的心理快慰——为自己摸准了刘邦的心理及时劝进而得意"①。读过《史记》者都明白，太史公在《高祖本纪》的字里行间不乏对刘邦为人的微词。但是，从太史公记述的刘邦在诸多重大历史事件发生时的决断来看，我们不得不承认他是天生的领袖人才；从面对诸侯将相劝进而表现出的进退有据的表演来看，特别是从那句半推半就的话来看，我们都不得不佩服其高超的语言表达能力。

不过，在这里还要交代一句，"诸君必以为便，便国家"这句

① 吴礼权：《修辞心理学》（修订版），暨南大学出版社2013年版，第181~182页。

话，虽然是刘邦创意造言的智慧，但也可从中看出太史公的表达智慧。按照一般史家记述历史人物语言的惯例，太史公完全可以将这句话中多出的一个"便"字删除。但是，太史公没有这样做。这是为什么呢？这就是太史公的高明之处了。他这样记述刘邦的话，用的是另一种表达法，叫做"飞白"（即明知其错而故意直录，以凸显说话人当时的神态与形象）。通过直录刘邦当时口吃的话语，生动地再现了刘邦说话时那种激动得语无伦次的真实形象，从而从心理描写上再现了刘邦迫不及待想当皇帝的心态。虽然是有意贬斥刘邦，但却"不著一字"，诚是"春秋笔法"的最好范例。

2. 崔莺莺的心愿：此一炷香，愿中堂老母百年长寿；此一炷香……

> 莺莺焚香祝拜道："此一炷香，愿亡父早升天界；此一炷香，愿中堂老母百年长寿；此一炷香，……"
>
> ——元·王实甫《西厢记·酬韵》

读《诗经》，我们都不会遗漏其中的《国风·召南·野有死麕》一篇：

> 野有死麕，白茅包之。有女怀春，吉士诱之。
> 林有朴樕，野有死鹿。白茅纯束，有女如玉。
> 舒而脱脱兮！无感我帨兮！无使尨也吠！

这首诗写的是一个青年猎人在山中打到了一只大獐子，把它作为信物送给他所追求的姑娘。诗中所写的姑娘与小伙子都非常淳朴，他们追求爱情没有什么忸怩作态的娇羞，就是自然真情的流露。姑娘到了婚配年龄，春情发动，自然就怀了。小伙子看见姑娘长得美，情感就会冲动。为了表达自己的一片心意，就将刚刚打死的一只大獐子送给姑娘作为见面礼。读这首诗，让人仿佛有一种时光倒流的感觉，让我们重新回到人类那淳朴自然的时代：心中有爱喊出来，多好啊！

上引《西厢记》中的崔莺莺与张生的恋爱，情况可就不同了。张生不是山里汉子，而是进京赶考的书生，是孔孟的信徒，而且他生活的时代也不是远古，而是儒教思想渗入人们的思想，特别是读书人血液中的时代；崔莺莺也不是乡间淳朴的少女，她是相国府中的千金小姐，也是知书达理的大家闺秀。因此，他们心中有爱就不能喊出来了。不仅不能喊，还得压抑着。上引文字中写崔莺莺焚香祷告，许下三个愿望，前两个愿望都明说出来了，可是第三个愿望却没说出口，正是因为上述原因。

崔莺莺与张生虽是王实甫戏曲作品中的人物，但也是现实生活中的人物，因为文学是社会生活的一面镜子，是对社会生活的一种反映。崔莺莺的祷祝语"此一炷香，愿亡父早升天界；此一炷香，愿中堂老母百年长寿；此一炷香，……"，明显是一句没有说完的愿景表达。那么，作者王实甫为什么不让崔莺莺把话说完整呢？仔细分析一下，我们便会发现，这是作者塑造人物形象的需要。因为崔莺莺是作者所着力塑造的一个大家闺秀形象，必须具备温柔而又含蓄的性格特点。正因为这个原因，作者在这里特意让作品中的人物崔莺莺在焚香祷告时运用了"留白"表达法，建构出一个"留白"修辞文本。这一文本的建构，从表达上看，表意显得婉转含蓄，符合说话人相国千金、大家闺秀的身份，凸显了封建时代女子娇羞含蓄的形象特征；从接受上看，由于作者没有让作品中的人物崔莺莺将第三个愿望说出来，让接受者在文本接受时产生了遗憾与好奇，这就反而促使他们生发出探索寻隐的兴味。借助上下文的语境，接受者一旦解读出这留空未说的第三个心愿后，就会从内心生发出一种解读成功的喜悦，由此也加深了对作者所建构的这个"留白"修辞文本的印象。相反，如果作者让崔莺莺的祷告不采用"留白"表达法，而是有话直说，那么接受者在文本解读中也就失去了探索的兴趣，文本的审美价值也就大打折扣了。同时，真的这样表达，从文学作品塑造人物形象的要求来看，也不符合"生活的真实"这一原则。如此，这个人物形象必然是苍白无力的，不会让人有什么深刻的印象。

3. 鲁四老爷的牢骚：不早不迟，偏偏要在这时候——

> 傍晚，我竟听到有些人聚在内室里谈话，仿佛议论什么事似的。但不一会，说话声也就止了，只有四叔且走而且高声地说：
>
> "不早不迟，偏偏要在这时候，——这就可见是一个谬种！"
>
> ——鲁迅《祝福》

上引一段文字，是鲁迅小说《祝福》中的一个片断，写鲁四老爷家以前雇佣过的帮佣祥林嫂在大年夜里突然死去，鲁镇的人们对此议论纷纷。虽然没人敢把此事告诉鲁四老爷，但他还是从家人的窃窃私语中探知了内情，于是也发表了一通议论："不早不迟，偏偏要在这时候，——这就可见是一个谬种！"

这通议论，从语法上看是个语法成分残缺的句子，句子的关键部分，即谓语动词"死"没有说出来。那么，鲁四老爷为什么不说"死"，而采用留空不说的"留白"表达法来发表自己对祥林嫂"死得不是时候"的不满之情呢？这里既与人类对于死有一种与生俱来的恐惧心理有关，也与中国社会的风俗习惯及汉民族的语言心理有关。在汉语里，对于"死"的概念，我们的祖先创造了很多讳饰语。如说帝王之死叫做"驾崩"、"宾天"、"晏驾"、"弃天下"、"弃群臣"等，说士大夫之死叫"不禄"、"弃禄"、"撒瑟"、"梁摧"、"梁坏"等，说文人之死叫"地下修文"、"玉楼赴召"、"星陨"、"哲萎"等，说女子之死叫"香消玉殒"、"蕙损兰摧"、"玉碎珠沉"等，说妻子之死叫"断弦"，说将士战死沙场叫"裹革"，说父母之死叫"见背"，为国而死叫"殉国"或"殉难"，说一般人的死叫"背世"、"百年"、"不讳"、"长归"、"违世"等，即使是骂人或自贬，也不直接说"死"字，而是说"填沟壑"等。至于道家与佛家，也有对于"死"的讳饰语。如道家说"死"叫做"蝉

蜕"、"登仙"、"遁化"、"返真元"、"归道山"、"化鹤"、"羽化"、
"云归"等，佛家则有"登莲界"、"归寂"、"归西"、"寂灭"、
"涅槃"、"圆寂"、"坐化"等说法。现代人对于生死问题虽然比古
人要旷达得多，但是在语言表达中仍然对"死"的概念有所讳饰。
如说思想家之死是"思想家停止了思想"，说音乐家之死是"生命
画上了休止符"，说一般人之死是"走了"、"过去了"、"心脏停止
了跳动"，即使是骂人也有讳饰的说法，如"翘辫子"、"伸腿"等。

上引文字中，鲁四老爷之所以说到"死"而留空不说，正是与
中国社会自古以来的风俗习惯及汉民族的语言心理有关。另外还有
一点，中国人在过年时或喜庆之日是忌说不吉利之事的，如果是迫
不得已而无法回避，也要想方设法予以讳饰。正因为如此，小说中
的鲁四老爷在发表议论，批评祥林嫂"死的不是时候"时，为了避
免触犯传统的禁忌，就有意采用了"留白"表达法。通过建构"不
早不迟，偏偏要在这时候，——这就可见是一个谬种！"这一文本，
婉约隐晦地表达了自己对于祥林嫂"死的不是时候"的不满之情。
这样的表达，既避免了触忌犯讳，拂逆国人传统的禁忌心理，又显
得含蓄得体，符合鲁四老爷读书人的身份。从文本接受的角度看，
虽然将"死"留空不说，可能会让读者产生一时的困惑，但凭借上
下文语境，读者并不难解读出被留空未说的关键词。一旦解读成
功，读者就会有一种成功的快慰。这样，无疑提高了读者文本解读
的兴味，也提升了文本的审美价值。

4. 李教授的条件：除非学校照他开的价钱买他带来的西药——

> 鸿渐问梅亭的事怎样了的。辛楣冷笑道："高松年请
> 我劝他，磨咕了半天，他说除非学校照他开的价钱买他带
> 来的西药——唉，我还要给高松年回音呢。我心上牵挂着
> 你的事，所以先赶回来看你。"
>
> ——钱钟书《围城》

众所周知，由于受儒家"重义轻利"思想的影响，中国传统的

士大夫与读书人向来是羞于谈钱的。如《晋书·王衍传》记载，王衍官做得很大，家里也很有钱，但是他生平口不言钱。他的妻子是个财迷，是个唯利是图、俗不可耐的俗物。王衍打心眼里看不起她。他的妻子也很看不起他，觉得他假清高。于是，有一天晚上趁王衍睡着了，他的妻子叫奴婢用钱将他的床围起来，让他第二天早上下不了床，看看他还说不说"钱"字。结果，第二天王衍起床时还是没说，只是叫奴婢们"举却阿堵物"，意思是说"把这些个东西搬开"。到近现代，中国的知识分子虽然做不到王衍这一步，但大家彼此之间似乎都还有一种默契，就是绝口不提"钱"字。如果是画家或书法家，别人买他的书画，给他的钱不叫"钱"，而叫"润笔"或"笔润"；如果是名家，别人请他做学术演讲，所给的报酬，那也不叫"钱"，叫做"车马费"。如果有人口出"钱"字，大家就会觉得你"俗不可耐"，不是雅人，下次就不跟你玩了。就是到了民国时，虽然风气渐开，但知识分子提到钱，还是"犹抱琵琶半遮面"，不好意思明言。

上引《围城》中的一段文字，说的就是这种情形。李梅亭在上海时，三闾大学校长高松年就答应聘他为中国文学系的主任。可是，当李梅亭不远千里，辗转来到三闾大学后，才知道中国文学系主任的位置已经被先到一步的汪处厚抢走了。李梅亭又急又气，就找赵辛楣传话给高松年，让他想办法补救，并暗示学校可以按照他出的价钱买他从上海带来的西药，用经济补偿他的官位。虽然李梅亭是从十里洋场上海滩来的，沾染了不少商人的铜臭味，但他毕竟是个知识分子，所以尽管是托赵辛楣传话，但并没有将自己的意思完全说出来，只是说"除非学校照他开的价钱买他带来的西药"。这话实际上是个没说完的半截子话，是李梅亭运用"留白"表达法建构的修辞文本。它是以所提出的前提条件"除非学校照他开的价钱买他带来的西药"，让听话人高松年校长由此推论出在此前提条件下的结论："否则，他会对高松年许诺给他中国文学系主任位置而不兑现的行为进行追究。"由于李梅亭在表达自己的要求时没有将要表达的内容说出来，而只是提出前提条件让高松年去进行逻辑推理。因此，就避免了威胁校长的嫌疑，给未来事情的解决留下了转圜的余地。就表达的层面看，这样的说法，明显有婉约蕴藉的韵味，凸显了李梅亭作为一个文人、大学教授所应有的君子风范与温文尔雅的风度。就接受的层面看，由于李梅亭的条件是以"留白"表达法提出的，语义表达比较隐晦，但是接受者高松年校长毕竟也是个大学教授，自然有足够的逻辑推理能力，即能够从李梅亭提出的前提条件，洞悉他实际想要达到的目的（以药换钱，以作补偿）。同时，李梅亭的话说得婉转，还会让高松年觉得李梅亭给他这个一校之长留了面子。这样，在一定程度上就使高松年作为一校之长的自尊心得到了满足，从而能够原谅李梅亭话中暗含的威胁含义，进而能够心平气和地看待李梅亭提出的条件。事实证明，后来高松年不仅满足了李梅亭以药换钱的要求，还给了他一个大学训导长的好位置。可见，李梅亭的表达力真的没话说。

5. 小莉的情书：若是……，我也想……

　　我与她曾八年同窗，此期间接触很少，相遇时也只打个招呼，点点头。我们都很年轻，踌躇满志而又矜持骄傲。

　　后来，我们都踏上了工作岗位。时光悠然逝去，我成了大小伙子。偶然的机会我得知她仍然是个老姑娘。于是我冒昧给她去一封信：

　　小莉：你好！听说……对吗？若真的话，我想……

你的同学　萌雅

　　过了 15 天，我终于收到她的回信：

　　萌哥：您好！也听说……对吗？若是的话，我也想……

你的小妹　莉

　　这就是我的初恋。

——萌雅《初恋》，《月老报》1986 年第 16 期

　　读过《孟子》的人，都会清楚地记得告子所说的一句名言：

"食、色，性也。"（《孟子·告子上》）意思是说，吃饭、做爱，都是人的天性。这句话是公开承认男女性爱的合理性。

如果我们读过《礼记》，在《礼运》篇中，我们还能找到孔老夫子与此相类似的观点："饮食男女，人之大欲存焉。"这也是对男女性爱之事持自然、开放、达观的态度。

既然圣人都说了，男欢女爱是天经地义的事，那么怎么中国自古及今对于男女之事讳莫如深呢？甚至连男女之间彼此相爱时，也是不好意思将心思说出来的。这又是为什么呢？其实，了解中国思想史者都知道，中国人特别是汉民族人"由于实践理性对情感展露经常采取克制、引导、自我调节的方针，所谓以理节情，'发乎情止乎礼义'，这也就使生活中和艺术中的情感经常处在自我压抑的状态中，不能充分地、痛快地倾泻出来"①。正因为如此，"汉民族的心理结构较之西方民族的坦露、直率、幽默的特征，则明显地表现为含蓄、深沉的特点"②。仅以男女情感的表达来看，中国人与西方人就有很大的差异。如《诗经》开卷第一篇《周南·关雎》一诗，"描写一个多情的男子思慕一位窈窕淑女，并设法去追求她。但是，'寤寐思服'的'窈窕淑女'虽然是他的'好逑'，却'求之不得'，只能'悠哉悠哉，辗转反侧'。虽然彻骨的相思之苦终于使他鼓起了追求的勇气，但也只是采取'琴瑟友之'、'钟鼓乐之'等含蓄委婉的方法"③。而德国诗人歌德在《迷娘曲》一诗中所描写的男子，则对他所追求的女子发出了热烈、大胆的爱之呐喊："我心爱的人儿，我要与你同往！"两相比较，"汉族人的含蓄、内向、深沉的民族心理特点便昭然可见了"④。

不过，应该指出的是，中国人尽管受儒家思想的约束和"实践理性"的影响，在情感展露上显得比较压抑，但是中国人民有智慧。所以，中国的男人不愁讨不到老婆，中国的女人不愁找不着

---

① 李泽厚：《中国古代思想史论》，人民出版社1986年版，第37～38页。
② 吴礼权：《委婉修辞研究》，山东文艺出版社2008年版，第219页。
③ 吴礼权：《委婉修辞研究》，山东文艺出版社2008年版，第219～220页。
④ 吴礼权：《委婉修辞研究》，山东文艺出版社2008年版，第220～221页。

老公。

不是吗？上引这则现实生活中的故事，就足以证明这一点。

故事中的萌雅与小莉，因种种缘故而成为"男大难娶"、"女大难嫁"的婚姻"困难户"。但是，当二人了解到对方的情况后，彼此都有相爱的意思。但是，如何表达呢？却又成了难题。因为他们二人以前都很骄傲、矜持，现在竟然成了娶不到、嫁不掉的人，这就成了彼此表白爱意的心理障碍。不过，最终还是由男方萌雅勇敢地迈出了第一步，给小莉写了一封信，表白了自己的心意。小莉虽然心里也愿意，但作为女性，她的分寸拿捏得很好，在收到信15天后才给萌雅回信，表现了她被动而审慎的心态和作为女子应有的矜持。

读了这则故事，恐怕很多人不是佩服萌雅与小莉的勇敢与机智，而是佩服他们的语言表达智慧。对于中国人最难启齿的男女情感问题，他们都没有用千言万语来表白，而只是用了10个字和11个字的一封信就把自己的心声表达出来了，而且效果奇好，真可谓是一字千金。如果套用经济学的术语说，那是以最少的投入获得了最大的利润。萌雅以短短的12个字，讨得一个如花似玉的老婆；小莉以短短的14个字，钓到了一个称心如意的郎君。

那么，二人的两封短信何以有如此的表达力呢？

无他。"留白"表达法运用得好。

萌雅的情书与小莉的情书，虽然对于表达情感意愿的关键词都未置一词，仅以省略号予以处理，但是这种表达却"此时无声胜有声"，写尽了二人心照不宣而又非常敏感的内心世界，真可谓达到了"不著一字，尽得风流"的崇高境界。如果不以"留白"表达法，而是实话实说，结果必以失败而告终，二人不但做不成夫妻，恐怕连同学关系、朋友关系也难以为继了。试想，如果萌雅的求爱信这样写："小莉：你好！听说你还没找到男朋友（没结婚），对吗？若真的话，我想做你的男朋友（与你结婚）。"那么小莉读了这样的求爱信会怎么想？她一定认为这是萌雅在侮辱她，认为她是没人要的老姑娘，要他这个老同学来救济。这样，岂非让本已心灵脆弱的小莉感情很受伤吗？即使她有心要嫁萌雅，也一定会赌气不嫁。又试想，如果小莉的回信这样写："雅哥：你好！也听说你还没结婚，对吗？若真的话，我想嫁给你。"那么萌雅读了又怎么想？肯定认为小莉这是在可怜他，或是认为小莉猴急要嫁人，那样岂不让萌雅看不起小莉了吗？

由此可见，就萌雅与小莉二人特有的情况看，二人的情书无论怎么写，都不会比采用"留白"表达法效果好。也就是说，上引二人的情书表达，算得上是最经典恰当的表白了。

二、羚羊挂脚，无迹可寻：折绕的表达力

"含不尽之意，见于言外"的境界，除了上面所说的"留白"表达法可以臻至，还有其他多种表达法也能及此。比方说，中国人自古及今最喜欢运用的"折绕"表达法，就是其中之一。

所谓"折绕"表达法，是指"一种本来一句话即可说明白、说清楚，却为着委婉含蓄的目的，故意绕着弯子，从侧面或是用烘托法将本事、本意说出来，让人思而得之"① 的语言表达手段。以"折绕"表达法建构的文本，我们一般称之为"折绕"修辞文本。

"折绕"修辞文本的建构，一般说来，"在表达上有一种婉转深沉、余味曲包的妙趣；在接受上，虽然表达者在文本语意的表达与接受之间制造了'距离'，增添了接受者文本解读的困难，但是一旦接受者经过努力破除了解读的阻碍并洞悉修辞文本的真意后，便会情不自禁地生发出一种文本破译成功的喜悦之情，从而加深对修辞文本主旨的理解认识。而修辞文本作为一种审美对象，其审美价值也就由此得以大大提升"②。特别值得一提的是，在日常口语或是外交语言中，这种表达法尤其有用武之地。

前文我们说过，中国人有一种崇尚含蓄蕴藉的民族心理，因此

---

① 吴礼权：《修辞心理学》（修订版），暨南大学出版社 2013 年版，第 189 页。
② 吴礼权：《修辞心理学》（修订版），暨南大学出版社 2013 年版，第 189 页。

表情达意常常喜欢迂回曲折，不喜欢直来直去。又因为中国人好面子，所以无论是批评别人或是责难他人，都会考虑到对方的面子问题，因此不会把话说得太直白，即使只是给对方留下一点面子，也是好的。民间有俗语说："三线留一线，日后好见面。"说的正是这个道理。

正因为如此，"折绕"表达法的运用自古及今从未有过中断。下面我们以古今文献或文学作品为例，并略加分析，以见其独特的表达力。

1. 晏子的请求：邓聚有死罪四，请数而诛之

> 齐景公出弋昭华之池，颜邓聚主鸟而亡之，景公怒，而欲杀之。
> 晏子曰："夫邓聚有死罪四，请数而诛之。"
> 景公曰："诺。"
> 晏子曰："邓聚为吾君主鸟而亡之，是罪一也；使吾君以鸟之故而杀人，是罪二也；使四国诸侯闻之，以吾君重鸟而轻士，是罪三也；天子闻之，必将贬黜吾君，危其社稷，绝其宗庙，是罪四也。此四罪者，故当杀无赦，臣请加诛焉。"
> 景公曰："止，此亦吾过矣。愿夫子为寡人敬谢焉。"
>
> ——汉·韩婴《韩诗外传》卷九

春秋时代的齐国，之所以能成为一个稍具规模的诸侯国，那是因为当时的齐国有能臣、忠臣。比方说，齐景公时代的晏子，就是历史上鼎鼎有名的人物。

上引一段文字，说的就是能臣晏子之能。这段文字，说的是这样一个故事：齐景公出巡，路过昭华池。颜邓聚是掌管鸟的官员，也携鸟跟随齐景公出巡。可是，一不留意，颜邓聚让齐景公心爱的鸟飞了。齐景公大怒，立即要杀颜邓聚。晏子见情况不妙，连忙出来救场，跟齐景公说道："颜邓聚有四条死罪，请国君让我列举其

罪，然后再杀了他。"齐景公听晏子也赞成杀颜邓聚，遂爽快地回答道："好！"于是，晏子就数落颜邓聚道："颜邓聚为我们国君掌管鸟，却让鸟飞了，这是第一条罪；颜邓聚让我们国君因鸟而杀人，这是第二条罪；因鸟杀人的事传播到四方诸侯，他们一定会认为我们的国君重鸟而轻士，这是第三条罪；周天子听到因鸟杀人之事，一定会贬黜我们的国君，危及我们齐国的社稷，使齐国的宗庙绝祀，这是第四条罪。颜邓聚有这四条大罪，所以应当诛杀，决不可赦免。臣请求国君立即将他杀了。"齐景公听到此处，不禁惭愧万分，立即说道："不要杀了，这都是寡人的过错。希望您代我向颜邓聚致歉。"

齐景公本来大怒，要杀颜邓聚，为什么听了晏子一席话，不仅立即打消了杀颜邓聚的念头，而且还要晏子代他向颜邓聚道歉呢？晏子的这番话何以能有如此独特的表达力呢？

无他。皆是晏子运用了"折绕"表达法。

仔细分析一下晏子上述一番话，我们就会发现，他这番话的表层语义与深层语义根本不是一回事。从表面上看，晏子好像真的是在义正词严地数落颜邓聚的大罪，实际上却是在绕着弯子批评齐景公糊涂，身为国君却不懂"忍小忿而成大功"的道理。因为鸟与士，孰轻孰重，任何人都清楚。因鸟杀人，将会失去人心，则更是人所尽知的道理。但是，晏子非常明智，他懂得君臣的分际，没有将这层意思直白地讲出来，而是绕着弯子将这层意思表达出来。他列举出的四宗大罪，名义上都归因于颜邓聚，但实际上只有一条"亡鸟"算是颜邓聚的过错，其他三宗则都扣到了齐景公头上。因为无论是因鸟杀人，还是诸侯闻之，以为齐景公重鸟轻士，或是天子闻之而危及齐国社稷、宗庙，都是因齐景公究责颜邓聚而产生的后果。晏子了解齐景公，知道他并不是糊涂人，相信他能权衡轻重，明白诛杀颜邓聚的利弊。为了不使自己在历史上落下骂名，为了齐国社稷长存，齐景公除了"忍小忿"饶恕颜邓聚，就没有别的路可走了。正因为如此，齐景公最后收回了诛杀颜邓聚的命令，并且让晏子代他向颜邓聚致歉。

　　由此可见，在中国古代做臣下的，对国君尽忠固然非常重要，但是尽忠要为报国。而报国则需要智慧，不是愚忠。晏子的高明之处，就在于他忠君报国是讲究方法的，谏说君王是讲究策略的。

　　说起晏子谏说君王讲究策略，不禁让我们想起《晏子春秋》中所记载的另一则故事：

　　　　景公饮酒，七日七夜不止。弦章谏曰："君饮酒七日七夜，章愿君废酒也！不然，章赐死。"晏子入见，公曰："章谏吾曰：'愿君之废酒也！不然，章赐死。'如是而听之，则臣为制也；不听，又爱其死。"晏子曰："幸矣，章遇君也！今章遇桀、纣者，章死久矣。"于是公遂废酒。

　　这段文字讲的也是晏子救人的故事，运用的同样是"折绕"表达法。

　　对于齐景公纵酒荒政，弦章出于对景公的爱护和对齐国的责任，勇敢提出谏议。可是，由于弦章进谏没有讲究方法，语言表达没有艺术性，结果不仅谏止无果，还面临杀头之难。因为在景公看来，做臣下的可以向国君提意见，但是不能用威胁的口吻（弦章说：希望您把酒戒掉，要不然就把我杀了）。但是，他也知道，如果仅因为弦章说话不合君臣之礼就杀了他，那也不是对待忠臣之道。所以，当晏子进谏时，他就道出了自己两难选择的苦衷。晏子虽然心知景公很尊重自己，愿意听取他的意见，但是他明白君臣之间的分际，所以他选择了"折绕"表达法，建构了一个"折绕"修辞文本："幸矣，章遇君也！今章遇桀、纣者，章死久矣。"意思是说，弦章好福气，遇到了一个明君，要是遇到夏桀、商纣那样的暴君昏君，早就没命了。这话听起来是在赞扬景公是个明君，实则隐含了另一层逻辑推论："如果您想做一个背负千古骂名的暴君昏君，那么你就杀了弦章。如果您想青史留名，做个圣主明君，那么您就放了弦章。"因为晏子了解景公，他还不是一个昏庸之人，相信他有这个逻辑推理能力，能够听懂自己的话中之话和弦外之音。结果，真如晏子所料，问题圆满解决，又一条鲜活的生命得救了。

2. 李清照的病因：新来瘦，非干病酒，不是悲秋

> 香冷金猊，被翻红浪，起来慵自梳头。任宝奁尘满，
> 日上帘钩。生怕离怀别苦，多少事、欲说还休。新来瘦，
> 非干病酒，不是悲秋。
>
> ——宋·李清照《凤凰台上忆吹箫》

日常生活中，我们常听老百姓说这样一句话："有话直说，有屁照放。"

其实，在中国社会，不但人们有屁不敢照放（因为中国人好面子），就是有话也是不敢直说的。这一点，众所周知，毋庸赘言。

如果说在政治高压的情势下，老百姓不敢议论政治，只能"道路以目"的话，那么表达男欢女爱的感情，总该没问题了吧。

可是，在中国还是做不到。

那么，为什么会这样呢？说起来，这都要怪儒家思想的影响。前文我们曾经说到，由于儒家思想的影响，中国人在情感表露方面总是采取抑制的态度。所以，中国人自古以来就给人一种印象：假正经，伪道学。现实生活中，许多人都是儿孙满堂，达官贵人则妻妾成群。可是，他们就是从来不说一个"爱"字。中国民间有句话，叫做"爱在心里口难开"，说的正是中国人在男女问题上的内向性格特征。前些年，大陆女作家池莉写了一部小说，书名叫做《有了快感你就喊》。很多人连写的是什么内容都不知道，却都蜂拥而入大小书店抢购这部小说。这种现象，从社会学的角度看，正好折射出中国人在男女问题上压抑已久、在情感表露方面克制太多的现实情况。

其实，现在的中国，在男女问题上已经算是风气相当开放的了。比起我们的古人来，那简直不可同日而语了。要说性压抑和情感压抑，我们的古人才是体会最深的。比方说，宋人李清照是个多愁善感的女词人，感情非常细腻，她跟丈夫赵明诚非常恩爱，但聚

少离多，其间的相思之苦自然是可以想见的。但是，她并没有"有了相思就大喊"。那么，她是怎么表达的呢？读了上引一首词，就会明白她是如何表达感情的。

李清照的这首《凤凰台上忆吹箫》，是写与丈夫赵明诚夫妻离别苦痛不堪，但是表意却非常婉转。上引文字是这首词的上阕，其中末三句的表达味之无穷，可谓达到了"不著一字，尽得风流"的境界。

那么，这三句何以有如此的表达力呢？

原来它是运用了"折绕"表达法。

"新来瘦，非干病酒，不是悲秋"，这三句话在文字上并没有什么难理解的，意思是说："最近我人消瘦了，不是因为贪杯而生病，也不是感秋伤怀之缘故。"那么，到底是什么原因呢？"封建时代的女子，特别是一个女文人，除了病酒，悲秋，还会因什么事而消瘦呢？接受者排了上述两个原因后，很容易就会推理得出词人所说的真正原因是'相思'。尽管这种曲折迂回的写法会给接受者的理解、接受带来些阻碍，但是却增加了表达的婉约蕴藉、余味曲包的效果，提升了接受者的解读兴味，使词作更具审美价值。如果词直白地说：'自从离别后，相思人消瘦'，或是更世俗点说：'老公啊，我想死你了！'那么，这首词也就如同白水一杯，不复有令人品味咀嚼，回味无穷的美感效果了。"① 由此可见，李清照的"新来瘦，非干病酒，不是悲秋"，不是在跟丈夫赵明诚玩"捉迷藏"这类无聊的文字游戏，而是一种为了提升作品表达力的修辞文本，是为了营构其"婉约"词风的需要。

3. 鲁迅的遗恨：在衙门里的人物，穿布衣来的，不上十天也大概换上皮袍子了

> 我们便到街上去走了一通，满眼是白旗。然而貌虽如此，内骨子是依旧的，因为还是几个旧乡绅所组织的军政

---

① 吴礼权：《语言策略秀》（修订版），暨南大学出版社 2013 年版，第 75 页。

府，什么铁路股东是行政司长，钱店掌柜是军械司长……
这军政府也到底不长久，几个少年一嚷，王金发带兵从杭
州进来了，但即使不嚷或者也会来。他进来以后，也就被
许多闲汉和新进的革命党所包围，大做王都督。在衙门里
的人物，穿布衣来的，不上十天也大概换上皮袍子了，天
气还并不冷。

——鲁迅《范爱农》

现在大家在谈论政治时，都会说一句话："权力导致腐败。"随
着中国民智渐开，现在谈论政治体制改革的必要性时，学者们都有
一致的认识——权力会产生腐败，绝对的权力会产生绝对的腐败。
失去监督的权力，将会如脱缰的野马，其结果将是不可想象的。

这种认识，揆之目前鲜活的现实以及一桩桩、一件件已经曝光
的官员腐败案，让人更印象深刻。其实，追溯历史，这种认识更让
人觉得是颠扑不破的真理。不是吗？请看鲁迅写清朝政权崩解，中
华民国初建时的官场。

上引一段文字，是鲁迅悼念逝世的好友范爱农而作的《范爱
农》一文中的片断，其中就写到民国初建、新旧体制转接时的官场
腐败情形。这段文字，总的意思是批评辛亥革命不彻底。末四句
"在衙门里的人物，穿布衣来的，不上十天也大概换上皮袍子了，
天气还并不冷"，则是揭露新政权初建时官场中人物普遍腐败的现
象。但是，鲁迅没有直接以愤激的文字予以谴责，而是以"折绕"
表达法，极尽讽刺之能事，在"不著一字"中揭示了"权力产生腐
败"的这一官场潜规则。

鲁迅以"折绕"表达法建构的修辞文本"在衙门里的人物，穿
布衣来的，不上十天也大概换上皮袍子了，天气还并不冷"，虽然
意在讽刺新政权的官员蜕化变质之快，但辞面上却没有明言，"而
是通过新政府官员服饰的变化来暗示，因此文本在表达上就显得相
当委婉含蓄，但讽刺意味一点没少；从接受上看，由于表达者文本
语意表达的曲里拐弯，所以接受者要破译其真实内涵，就必须费些

110

心力。而当他们经过努力破译出表达者所意欲表达的内涵后，便会自然从心底生发出一种文本解读成功的心理快慰，从而加深对修辞文本的印象和对文本主旨的理解认识——表达者对辛亥革命不彻底性的痛心疾首之情。同时，文本含义的深藏不露，也使接受者的文本接受有了咀嚼回味的空间，这在客观上也大大提升了修辞文本的审美情趣"①。

鲁迅的作品很多，但无论是批评政府，还是打笔墨官司骂人，都体现了一个共同的语言风格特征：含蓄深沉，讽味十足。这一风格的形成当然是有多方面的因素，但是，其中与他喜欢运用"折绕"表达法肯定干系甚大。

4. 梁实秋的幽默：那你就把下半杯干了！

> 1981 年，梁老八十诞辰，诗人痖弦请了一桌寿宴，我有幸忝列末席，但不幸的是平生酒量太差，只好向他告饶："梁老，我酒量太差，只能干半杯，您随意！"梁老面露诡谲的微笑："那你就把下半杯干了！"
>
> ——沈谦《梁实秋的流风余韵》

中国人爱喝酒，在全世界都是有名的。但是，很多人喝酒都是没有品位的。《水浒传》里的梁山英雄都是"大碗喝酒，大块吃肉"，十分豪放。所以，在中国北方某些地区，大家都是以"大碗"或"大杯"（至少是"大口"）喝酒为风尚。如果是喝"烧刀子"，大碗或大杯也就罢了，因为那种高粱酒也不值什么钱，喝得起，只要你有酒量。可是，有些人喝进口的葡萄酒，也是来大杯的。那种一瓶数千乃至上万元的洋酒，洋人是小口小杯一点一点啜，他们叫"品"。而我们有些中国人却以大杯牛饮，除了让洋人吃惊，暗叫"没品位"外，还会生出许多疑问来："难道中国人那么富？""难道花的不是自己的钱？"其实，洋人还真猜得对，掏自己的钱喝的人，

---

① 吴礼权：《修辞心理学》（修订版），暨南大学出版社 2013 年版，第 191～192 页。

是没文化没品位的暴发户，大口喝洋酒是显摆："俺有钱！"不掏钱喝酒者，是官员，用的是公帑，喝的是人民的血汗，价钱多少关他什么事？

不过，话又说回来，有些中国人虽然喝酒没品位，但却有酒文化。很多地方都有自己的劝酒令。如强劝他人喝酒时，有口号说："感情深，一口闷。"如果被劝者不一口喝干，那么就证明你跟敬酒者关系不好，他会质问你："大哥，你看不起俺？"话说得这么重，那被劝者只好闭上眼睛一口闷了。当然，也有巧舌如簧者，他另有说辞："感情好，能喝多少是多少"，巧妙地挡回敬酒者的强劝。但是，遇到那些把肉麻当有趣的人，再会说话的人也挡不住对方的劝酒。比方说，有人说"激动的心，颤抖的手，给您敬上一杯酒"，这时，你能不喝？

当然，这些都是俗人的酒文化，文人雅士的酒文化就有所不同了。例如，《红楼梦》与《品花宝鉴》中都有老爷或小姐行酒令的片段，那是用诗词行酒令。我们现代的文人，虽然不再用诗词行酒令了，但是喝酒还是有说辞的。比方说，上引一段文字写台湾学者沈谦给梁实秋先生敬酒的故事，就是文人间的喝酒佳话。

梁实秋先生是文学大师，在他八十大寿时，台湾艺文界摆酒为其庆贺，那是自然之事。既是庆贺，众人就要向寿星敬酒，那也是情理之中的事。文章作者沈谦当时还在师大读书，能参与作陪，向梁实秋先生敬酒以表达晚辈的敬意，更是情理之中的事。可是，敬酒者"心有余而力不足"，只得有言在先，以喝半杯告饶。对于后生沈谦的说辞，梁先生可以有两种响应：一是宽厚地同意，二是不同意，据礼说理，要求沈谦既然要敬酒就得干杯。但是，出人意料的是，这两种应对方法梁实秋先生都没有运用，而是轻描淡写地说了一句话，就让不胜酒力的敬酒者沈谦愉快地喝下了整杯酒。

那么，梁实秋先生的这句话何以有如此的表达力呢？

原来，他是运用了"折绕"表达法。

"那你就把下半杯干了"，这句话，表面好像是同意敬酒者沈谦喝半杯了事，实际则不然。因为它另藏玄机，是绕着弯子要沈谦喝完一整杯。"因为要喝'下半杯'自然要先喝掉'上半杯'，这是很简单的逻辑推理，没有人不懂，但是很少有人能想到这样折绕地表达，强人喝酒既婉转又幽默生动，令被强酒者沈谦哑口无言，只能喝下全杯，但是应该说是以愉快的心情喝下去的，酒宴也由此平添几多的情趣。如果梁先生用常规说法来表达，尽管沈谦也会喝，但总不会太愉快的。"①可见，梁实秋先生不仅创作的作品有魅力，就是喝酒"说酒话"，也是幽默而有创意的。

5. 台湾老太太的所有格："我们台湾的"水，"我们台湾的"蔬菜……

> 谁知道住着住着，老太太的毛病出来了。这一次不是风湿症，而是一种莫名其妙的过敏，发作时全身都痒，痒得受不了，看医生、打针、吃药，全不见效。
>
> 老太太嫌该处的水质太"硬"了，洗澡、洗衣服、烧饭、泡茶，全不对劲。虽不至于唠叨埋怨，但说话时却忽然多出了一些"所有格"："我们台湾的"水、"我们台湾的"蔬菜、"我们台湾的"……老先生听着听着，有一天忽然恍然大悟，问题就出在"水土"这两个字，于是二话不说，带着老伴就上飞机回台湾。
>
> ——日青《移民在他乡》载于台湾《联合报》1996年3月21日

上引文字，说的是"台湾一大批民众20世纪90年代中期因受时局动荡的影响而纷纷移民外国，以致出现了一系列移民不适的问题。这里所提到的那位老太太与他的老先生亦是这一股移民潮中移往国外的一员，结果导致了在美国生活不适的问题。尽管生活上出现了诸多不便与困境，但老太太心知怨不得他人，这是自己选择的结果，真是'哑巴吃黄连——有苦说不出'，所以只好在言语中婉

---

① 吴礼权：《语言策略秀》（修订版），暨南大学出版社2013年版，第77页。

约地表露出怀念台湾、讨厌美国的心绪"。不过，最终这位台湾老太太还是凭着自己的智慧，让老先生听懂了她的话，愉快地带着她回到了台湾。

那么，这位台湾老太太有什么样的智慧，使她的丈夫没有怨言地带她回了台湾呢？从上述故事中，我们不难发现，原来老太太发明了一种"所有格"："'我们台湾的'水、'我们台湾的'蔬菜，'我们台湾的'……"从修辞学的视角看，老太太发明的"所有格"，实际上就是我们经常所说的"折绕"修辞策略。所谓"'我们台湾的'水、'我们台湾的'蔬菜，'我们台湾的'……"实际要表达的语义是："还是我们台湾好，移民美国失误了。"但是，这层意思老太太不能这样直白地表达出来。因为移民美国肯定是与老太太本人有关，如果移民美国不是她的主意，而是老先生的意思，那么，老太太完全可以直接埋怨老先生，而不必藏着掖着，不肯将话挑明了说。正因为移民失策不能归咎于老先生，老太太就没理由在老先生面前啰唆了。否则，老先生听了肯定会产生抵触情绪，怨她出尔反尔，一会儿要移民，一会儿又想回台湾。这样，势必导致夫妻感情出现矛盾，使回台湾之事没有转圜的余地。所幸这位出尔反尔的台湾老太太非常有智慧，也非常善解人意，通过反复念叨"我们台湾的"什么什么，别出心裁地建构起上述"折绕"修辞文本，将想法不着痕迹地表达出来。由于老太太的"心灵独白"是以上述"折绕"修辞文本来表现的，"因而在表达上便显得婉约含蓄，怨而不怒地凸显出其怀念台湾、讨厌美国生活的真实情感。从接受上看，接受者（老先生）费了好多天才领悟出表达者（老太太）文本所欲表达的真实意蕴，当他一旦经由努力而解读出老伴的言外之意后，对其文本及其文本内涵的理解认识就显得特别深切，所以才有马上带老伴回台湾的行为"①。可见，夫妻之间说话也是需要讲究技巧的，否则感情交流就会不畅，进而影响到彼此关系与家庭的和谐稳定。

---

① 吴礼权：《现代汉语修辞学》（修订版），复旦大学出版社2012年版，第37页。

三、水中着盐，味在其中：双关的表达力

臻至"含不尽之意，见于言外"的表达境界，除了上述"留白"、"折绕"等表达法，日常语言表达最惯用的"双关"法的效果也是非常好的。

所谓"双关"表达法，是指"利用语音相同或相近的条件，或是利用词语的多义性、叙说对象在特定语境中语义的多解性来营构一语而有表里双层语义"①的一种语言表达法。"双关"表达法，一般说来可以分为三类：一是"谐音双关"，即利用汉语中声音相同或相近的字词，构成表里各不一致的两层语义。如唐人温庭筠《新添声杨柳枝词》："一尺深红蒙曲尘，天生旧物不如新。合欢桃核终堪恨，里许元来别有仁。"这首诗写的是一位女子抱怨情人背着自己另结新欢的事。诗的末句用的即是"谐音双关"表达法，通过"仁"与"人"声音相同的关系，表面是说桃核里面还有桃仁，暗里则说男人外面另有女人。表意婉转，体现了"怨而不怒"的诗风。二是"语义双关"。例如，上海《文汇报》曾登载一则广告："第一流产品，为足下增光"，是为鞋油所做的广告。其中"足下"一词，表面是说用了这个鞋油，皮鞋（足下）会很光亮；暗里是说，用了此鞋油，会给穿鞋者（"足下"是对人的敬称）形象增添光彩。一语双关，耐人寻味。三是"对象双关"。日常生活中我们常见人"指桑骂槐"的说话，用的正是"对象双关"法。如有人说："你这个不懂事的畜生！"表面是骂猪、狗等动物，实际是骂他所骂的人。这种表达，因为有特定的语境作背景，语义表达实际上非常清楚，听话人一听就明白，但却不会给别人留下把柄。

运用"双关"表达法建构的文本，我们称之为"双关"修辞文本。这种修辞文本的建构，由于"一语而具表层与深层两重意义，所以在表达上显得内涵丰富而婉转蕴藉，别有一种秘响旁通的独特

---

① 吴礼权：《现代汉语修辞学》（修订版），复旦大学出版社2012年版，第29页。

效果；在接受上，由于文本的一语双关，文本语义的深层与表层有一定的'距离'，所以给接受者的接受留足了回味咀嚼的空间，从而大大提高了接受者文本接受的兴味和文本的审美价值"①。

正因为"双关"表达法有较突出的表达力，所以自古及今，人们在表情达意时都会自觉或不自觉地运用这种表达法，以期使自己的情感表达更趋圆满，思想表达更趋稳密。

下面我们就从古今贤哲的语言实践中予以举例，并分析其表达效果。

1. 相君之背，贵乃不可言：蒯通为韩信相面

> 武涉已去，齐人蒯通知天下权在韩信，欲为奇策而感动之，以相人说韩信曰："仆尝受相人之术。"韩信曰："先生相人如何？"对曰："贵贱在于骨法，忧喜在于容色，成败在于决断，如此参之，万不失一。"韩信曰："善！先生相寡人何如？"对曰："愿少间。"信曰："左右去矣！"通曰："相君之面，不过封侯，又危不安；相君之背，贵乃不可言。"

——汉·司马迁《史记·淮阴侯列传》

上引这段文字，是记蒯通企图说服韩信自立而逐鹿天下之事。

蒯通，齐人。虽自称为相士，实则为策士，是战国时代的纵横家之类。在秦末乱世，他不仅抱有万丈雄心，而且腹有雄兵百万，计谋超人。秦二世元年（公元前 209 年）八月，大楚王陈涉授命武臣攻取赵地。蒯通游说范阳县令徐公投降武臣，使武臣不战而下三十余城。汉四年十月，韩信受刘邦之命攻伐齐国。然而，兵未发而闻郦食其已游说齐王投降。正当韩信犹豫不决之际，蒯通为韩信出谋划策，鼓动韩信出兵偷袭齐国，结果一举破齐，攻占了齐国之都临淄。有了齐地，韩信遂有了更大的政治资本，结果逼得刘邦不得

---

① 吴礼权：《修辞心理学》（修订版），暨南大学出版社 2013 年版，第 175 页。

不封之为齐王。上引一段文字所说的故事，发生在韩信被封为齐王之后。当时，汉王刘邦势力虽大，但项羽势力尚存。当刘邦被楚围困于荥阳，形势紧急时，项羽遣盱眙人武涉往说韩信："天下共苦秦久矣，相与戮力击秦。秦已破，计功割地，分土而王之，以休士卒。今汉王复兴兵而东，侵人之分，夺人之地，已破三秦，引兵出关，收诸侯之兵以东击楚，其意非尽吞天下者不休，其不知厌足如是甚也。且汉王不可必，身居项王掌握中数矣，项王怜而活之，然得脱，辄倍约，复击项王，其不可亲信如此。今足下虽自以与汉王为厚交，为之尽力用兵，终为之所禽矣。足下所以得须臾至今者，以项王尚存也。当今二王之事，权在足下。足下右投则汉王胜，左投则项王胜。项王今日亡，则次取足下。足下与项王有故，何不反汉与楚连和，参分天下王之？今释此时，而自必于汉以击楚，且为智者固若此乎！"武涉所说虽然句句在理，但韩信刚刚受过汉王刘邦之封，遂回绝武涉曰："臣事项王，官不过郎中，位不过执戟，言不听，画不用，故倍楚而归汉。汉王授我上将军印，予我数万众，解衣衣我，推食食我，言听计用，故吾得以至于此。夫人深亲信我，我倍之不祥，虽死不易。幸为信谢项王！"武涉无奈，只得怏怏而去。蒯通知天下情势尽在韩信掌握之中，遂在武涉离去后，立即设计策反韩信，意欲使韩信自立，既不从属于楚，也不隶属于汉。待楚汉相争两败俱伤之时，再一举而收其利，囊括天下而王之。蒯通此计，虽着眼于韩信前程，但也有自己个人的利益在其中。只要此计成功，韩信得天下，他便是一人之下、万人之上的开国之相了。

　　那么，怎样才能策反说服韩信呢？蒯通"为奇策而感动之"的"奇策"又是什么呢？读了太史公的记载，我们这才知道，蒯通的"奇策"不过是当时方术之士的老套：相面。但是，这个老套对韩信却很有效。韩信一听相面，立即听从蒯通之请，屏退所有侍从，让蒯通得以从容说出他的相面之辞："相君之面，不过封侯，又危不安；相君之背，贵乃不可言！"

　　这番相面说辞，表面看来好像并没有什么，实则暗藏玄机、意味深长。为什么这么说呢？因为它是一个运用了"双关"（语义双关）表达法的修辞文本，表层语义是说："根据您面相观察，您最多也只是个封侯的命，而且还危而不安；但是，从您的背部骨相观察，那就贵不可言了。"深层语义则是说："您听命于汉王，至多不过封侯，而且会因功高震主而有性命之虞；如果你背弃汉王而自立，那么您就是天下之至尊了。"可见，这番相面之辞的玄机和关键只在一个字"背"。因为在汉语里，"背"有两个语义：一是指"背部"，二是指"背弃"。蒯通的相面之辞，巧妙之处在于利用了汉语"背"字的二义，一语双关地道出了自己想要表达的意思。但是，却又不着痕迹，让人抓不住把柄。即使韩信翻脸不认人，不听他的策反建议，也无法治罪于他。因为届时他可以说自己所说的"背"是指"背部"，承前句所说"相君之面"的"面"而来，没有别的意思。事实上，韩信是个聪明人，他听出了蒯通的弦外之音，既没有怪罪蒯通的策反，也没有听从蒯通的建议。结果，没让蒯通做成大买卖，成为开国之相，他也因此错失了一次绝无仅有的历史机遇，以致"天与不取，反受其咎"，最终在刘邦坐稳天下后被吕后设计处死，应了那句"高鸟散，良弓藏，狡兔尽，走狗烹"的古语，良可叹也！

中国自古以来便有一种"以成败论英雄"的历史观，但是，对于蒯通的上述游说语我们不能以成败论之。因为就语言表达技巧来说，蒯通的游说语无疑是最高明的，其表达力也是最显著的。虽然表达者蒯通最终没能让接受者韩信接受自己的策反建议，但起码没让韩信因此而治罪于他。策反他人不成仍能全身而退，这何尝不是一种崇高的境界？

2. 东边日出西边雨，道是无晴却有晴：恋人间的心灵密码

杨柳青青江水平，闻郎江上踏歌声。

东边日出西边雨，道是无晴却有晴。

——唐·刘禹锡《竹枝词二首》之一

　　前文我们说过，中国人在情感展露方面显得比较内敛、克制，尤其是男女之情的展露则更显含蓄蕴藉。正因为如此，自古以来我们都能看到中国的青年男女在向对方表达情感时总是遮遮掩掩、羞羞答答的。即如上引刘禹锡所写唐代西南地区青年男女以唱歌来表达情感一样，也鲜明地凸显了这一心理。

　　男欢女爱，乃自然之事。既然爱上对方，就应该大胆地说出来。但是，诗中所写的那位女子与男子却没有这样。男的在河中撑船划桨，女的在河岸窥望。二人互不见面，心中却惦记着对方。那么，如何传情？唱歌。唱歌唱什么呢？唱"我爱你，我的心肝"，还是唱"冤家，你可知道俺想你"？诗人并没有安排男女主人公如此坦诚地表达，因为这种表达不符合中国人表情达意的传统习惯。为此，诗人除了以叙事写景来侧面铺写男女主人公的心理以外，还在末一句运用了"双关"表达法。"道是无晴却有晴"中的"晴"，从上下文语境看，它"一面关顾着上句'东边日出西边雨'，说晴雨的晴，意思是照言（就是语面的意思）陈说'道是无晴却有晴'，一面却又关顾着再上一句'闻郎江上踏歌声'，说情感的情，意思是照意（就是语底的意思）许说'道是无情却有情'。""眼前的事物'晴'实际是辅，心中所说的意思'情'实际是主。"① 也就是说，诗句中"晴"字之用，乃是通过汉语字词的谐音关系，既关合了阴晴之"晴"，又关合了感情之"情"，从而使一句诗同时兼具表里双层语义。"表层语义是写这样的一个场景：江边，杨柳青青，浓荫夹岸，一清纯美女子于江堤上边行进边歌唱；江中，波澜不惊，江面一平如镜，一英俊少年郎边撑船边歌唱。江面之东阳光灿烂，江面之西小雨如麻，让人分不清到底是晴天还是雨天。深层语义则是写了这样一个情景：一对有情青年男女，一个在江堤上，柳荫后，面不露，歌声扬；一个在江心，立船头，对江岸，高声唱。虽然不见面，彼此歌声诉衷肠：想你想得我癫狂，俏冤家，你为何

---

　　① 陈望道：《修辞学发凡》，上海教育出版社 1997 年版，第 96 页。

把哥（妹）折磨煞。"① 应该说，刘禹锡这首仿民歌的小诗之所以能够千百年来为人所传诵，当与末一句"双关"表达法的巧妙运用密不可分。经由语音上的相似关系，并借助语境，"晴"、"情"巧妙而自然地扭结搭挂到一起，从而使短短的七言诗句兼具表里双重语义，既丰富了诗句的内涵，又在"不著一字"中写尽了男女主人公相爱相恋而又羞羞答答的情态，让人不禁触发无尽的联想、想象，文本也顿添了一种"味之无穷"的审美价值。

3. 但问意如何，相知不在枣：相见恨晚的情话

于时五嫂遂向果子上作机警曰："但问意如何，相知不在枣。"

十娘曰："儿今正意蜜，不忍即分梨。"

下官曰："勿遇深恩，一生有杏。"

五嫂曰："当此之时，谁能忍柰！"

十娘曰："暂借少府刀子割梨。"

下官咏刀子曰："自怜胶漆重，相思意不穷。可惜尖头物，终日在皮中。"

十娘咏鞘曰："数捺皮应缓，频磨快转多。渠今拔出后，空鞘欲如何！"

……

下官咏酒杓子曰："尾动惟须急，头低则不平。渠今合把爵，深浅任君情。"

十娘咏盏曰："发初先向口，欲竟渐伸头。从君中道歇，到底即须休。"

——唐·张鷟《游仙窟》

上引一段文字，乃唐代才子张鷟（字文成）小说《游仙窟》中的片断。《游仙窟》一书，"采用第一人称叙事，记述张文成奉使河

---

① 吴礼权：《语言策略秀》（修订版），暨南大学出版社 2013 年版，第 67 页。

源，道中夜投一大宅，乃是仙窟，得逢二绝色女子十娘、五嫂，与之欢宴饮乐，以诗相调，止宿而别"。"由于《游仙窟》所描写的是人们所十分乐道的恋爱故事，加之张文成的优美文笔，使它成为一时传诵之作。两《唐书》记载'新罗、日本使至，必出金宝购其文'，以至《游仙窟》在唐开元年间就流传到日本，并且在古代日本文学界成为一本很流行的读物，甚至还出现了注释其文的著作。据日本人盐谷温所写的《中国文学概论讲话》，日本紫式部所创作的日本第一部小说《源氏物语》亦是受其影响而作的。可见，其在日本的影响之大。另外，在日本还有一种传说'言作者姿容清媚，好色多情，慕武则天后而无由通其情愫，乃为此文进之。'由于作者与武则天为同时代人，且作者与武后皆为当时风流人物，故中国古代亦多有谓此作是影射作者与武后恋爱的故事，帝后之尊犹若仙界，故托仙女以寄其情意。虽然我们目前还不能肯定《游仙窟》是否真是为影射作者与武后的恋爱故事而作的，但这确是一部颇为生动的'情怪'类小说。"①

其实，《游仙窟》不仅是一部生动的言情小说，更是中国文学史上较早的色情小说。其文笔的生动浮艳，由上引一段对话即可窥其全貌。不过，应该指出的是，小说虽然文笔浮艳，但在表达上尚有含蓄蕴藉之韵致。小说中的人物在以言语调情时，都没有直白本意，而是运用了"双关"（谐音双关）表达法。五嫂所说的"但问意如何，相知不在枣"，以"枣"谐"早"；十娘所说的"儿今正意蜜，不忍即分梨"，以"梨"谐"离"；作者的回答"勿遇深恩，一生有杏"，以"杏"谐"幸"。这些表里双关的表达的语义内涵并不难破解，但在表达上仍不失含蓄婉约的韵致，给读者的文本阅读解构留下了想象回味的空间。至于五嫂的收结语"当此之时，谁能忍奈"，虽然骨子里非常淫荡，但在表达上仍不失温文尔雅、深文隐蔚的风韵。"奈"是果实名（左思《蜀都赋》有"素奈夏成"之句，谓白奈果夏季成熟），但在五嫂的话中，"奈"明显不是指果实

---

① 吴礼权：《中国言情小说史》，台湾商务印书馆1995年版，第80~81页。

之"奈",而是指忍耐之"耐"。是利用"奈"、"耐"的谐音关系而作的表达,婉约地再现了五嫂那迫不及待的淫欲之情。但由于运用了双关表达,在表意上显得半遮半掩,犹如一个赤裸的美女披着一层薄纱,读之让人生出无限的遐想。

4. 向外飞则四国来朝,向里飞则加官进禄:优伶的双簧表演

> 元妃势位熏赫,与皇后侔矣。一日,章宗宴宫中,优人玳瑁头者戏于前。或问:"上国有何符瑞?"优曰:"汝不闻凤凰见乎?"其人曰:"知之,而未闻其详。"优曰:"其飞有四,所应亦异。若向上飞则风雨顺时,向下飞则五谷丰登,向外飞则四国来朝,向里飞则加官进禄。"上笑而罢。

——《金史·后妃传》

中国有句古话,叫做"英雄难过美人关"。

金章宗是皇上,当然是英雄。可是,因为他是男人,所以他也是难过美人关的。

上引一段文字,写金章宗被元妃迷惑,以致元妃恃宠横行,势位熏赫,大臣都要走元妃路线。这就说明,金章宗确实是没过美人关,这才出现元妃有势压皇后的局面。

众所周知,在中国封建时代,任何政权都是家天下。江山是皇上的,与他人无关。但是,皇上为了稳固自己的江山,需要有人给他帮忙,这就需要养一批大臣及各级官员。这些被养的大臣及各级官员,除了要帮皇上打理日常朝政和管理天下事务,还得给皇上提意见,让他时刻保持清醒的头脑。虽然政权的机制如此,但有时并不一定能顺利实施。因为皇上也是人,他有脾气,有普通人都有的人性弱点。如果他犯糊涂,那后果远比普通人严重得多,因为别人不敢说他。比方说,上引故事中的金章宗,就是这样的一个主儿。他宠爱元妃李氏,不按后宫规章制度办事,结果让李氏恃宠放纵,几乎使后宫纲纪荡然无存。按理说,出现了这种不正常的现象,朝廷大臣都应该及时谏止。可是，大臣们不仅不谏劝，反而迎合其意。大家为了升官发财，都纷纷走元妃路线。

大臣走元妃路线，罔顾朝廷纲纪，不是"处江湖之远"的普通官员所能知晓的，甚至"居庙堂之高"的朝廷大臣也未必人人都能洞悉内情。但是，后宫中的一切，却是瞒不过宫中一帮小人物的。这帮小人物就是在宫中从事娱乐事业，专为皇上服务的优伶。他们有"近水楼台先得月"的天然优势，朝中、宫中大小事项总会被他们洞悉。正因为如此，这才有了上引诸优伶智谏金章宗的故事。

那么，这些优伶是如何谏劝金章宗的呢？

按照封建等级制度，只有朝廷大臣才有向皇上谏议的权力，宫中优伶完全没有过问政治的资格，因此也就不可能有机会向皇帝提意见，指正其缺失。金章宗宫中的优伶，当然也是如此。他们既然供职于宫中，自然懂得宫中的规矩。不过，当他们看到别人都看不到的宫中内幕时，遂情不自禁地生发出"位卑未敢忘忧国"的责任感。于是，便借金章宗宫中宴乐之机，通过你唱我和的双簧形式，巧妙地表达了自己对于朝廷大事的意见。他们所谓的"凤凰四飞法"，其实并非事实，而是临时编造出来的一个故事，是运用"双关"表达法建构出来的一个修辞文本。

这个修辞文本建构的用意，重在批评与讽刺元妃李氏恃宠骄纵、干预朝政、败坏纲纪，而非为了逗乐金章宗。他们依次叙述凤凰"向上飞"、"向下飞"、"向外飞"三种祥瑞，意在水到渠成、不露痕迹地自然引渡到第四种祥瑞"向里飞"。由此通过"向里飞"与"向李妃"语音形式上的相谐关系，实现语义上的一语双关，即"讽刺李妃的恃宠骄纵和朝廷官员走李妃的'夫人路线'往上爬的不良风气"①。由于这层意思表达得婉约蕴藉，加上"向里飞"的寓意与前面所说"向上飞"、"向下飞"、"向外飞"明显不协调，这让听者金章宗大感意外，不禁为之莞尔一笑。也正因为有了金章宗的这一笑，优伶们的讽谏风险顿时化解。由此可见，优伶们越俎代

---

① 吴礼权：《语言策略秀》（修订版），暨南大学出版社2013年版，第69页。

庸的讽谏行为最终能以"笑而罢"收场，全靠优伶们语言表达的智慧，以及"双关"表达法运用得当。如果他们直言劝谏金章宗，那一定会落得个身首异处的下场，因为他们不具备谏议权，岂可僭越而干预朝政？

5. 老爷看小人是青白的，小人看老爷是糊涂的：劳动人民的语言智慧

> 一位青盲人涉讼，自诉眼瞎。官曰："一双青白眼，如何诈瞎？"答曰："老爷看小人是青白的，小人看老爷是糊涂的。"

——明·浮白斋主人《笑林》

一般人都有一种错觉，认为有表达智慧的、娴熟表达技巧的，总会是那些有文化的读书人或做官的老爷们。其实，情况并非如此。在中国社会底层的老百姓从来就不欠缺表达技巧，他们说话的表达力有时甚至远远胜过那些识文断字者与整天打官腔的大人、老爷们。

谓予不信，请看上引这则明代的民间故事。

在这则故事中，那位因眼疾而惹上官司的小百姓，就非常有表达的智慧。在被人带到衙门见老爷时，他首先坦然承认犯错，但是强调犯错的原因是因眼瞎而无意为之。应该说，他这样处理是非常恰当的。首先他给人的第一印象是态度较好，有错就承认，不推卸责任；其次，他强调眼瞎的事实，意在否认是"故意犯罪"，给自己争取了一个较为有利的免责条件。如果是头脑清醒的问案官，肯定会当场释放这位可怜的瞎眼人。但是，不巧的是，问案的大老爷是个糊涂蛋。他不懂"青盲症"（应该是今天我们所说的"青光眼"）是怎么回事，所以他看到那小民一双眼睛的眼珠黑白分明，便一口咬定他是使诈，有定性他为刁民之意。如果换成其他人，肯定立即磕头求饶，或是大声喊冤。但是，那位眼瞎小民则不然，他并不畏惧大老爷的权势，从容回敬道："老爷看小人是青白的，小人看老爷是糊涂的。"听了这话，大老爷还有什么话好说，除了释放他，别无办法。因为找不到法理依据。

那么，这位眼瞎小民的两句话何以有如此的表达力呢？

仔细分析一下，原来是得力于"双关"表达法运用得当。

瞎眼小民的前一句话"老爷看小人是青白的"，运用的是"双关"表达法中的"谐音双关"，利用"青白"与"清白"的谐音关系，一语而兼表二义。即表面是说："老爷您看我眼珠是黑白分明的"，深层则是说："老爷您也觉得我是清白的。"后一句"小人看老爷是糊涂的"，运用的则是"双关"表达法中的"语义双关"，利用"糊涂"一词兼有"模糊、看不清楚"和"是非不分、愚蠢"等语义，造就了一语而有表里双重语义的效果。表面是说："小人眼睛不好，看不清老爷的形象"，深层则是说："小人认为老爷是个糊涂蛋，是非不分。"这两句话虽然实际上是在为自己辩护并指责老爷，但是由于采用"双关"表达法，表意婉转含蓄，让接受者（问案老爷）可以意会其真实内涵，但却难以抓住其讽嘲意向的把柄。可见，浮白斋主人之所以要记录这则故事，就是因为他非常赞赏那位瞎眼小民的表达智慧。

6. 怎么他说了你就依，比圣旨还快呢：林黛玉的暗语

这里宝玉又说："不必烫暖了，我只爱喝冷的。"薛姨妈道："这可使不得，吃了冷酒，写字手打颤儿。"宝钗笑道："宝兄弟，亏你每日家杂学旁收的，难道就不知道酒性最热，要热吃下去，发散的就快，要冷吃下去，便凝结在内，拿五脏去暖他，岂不受害？从此还不改了呢。快别吃那冷的了。"宝玉听这话有理，便放下冷的，令人烫来方饮。黛玉嗑着瓜子儿，只管抿着嘴儿笑。可巧黛玉的小丫鬟雪雁走来给黛玉送小手炉儿，黛玉因含笑问他："谁叫你送来的？难为他费心，哪里就冷死我了呢！"雪雁道："紫鹃姐姐怕姑娘冷，叫我送来的。"黛玉接了，抱在怀中，笑道："也亏了你倒听他的话！我平日和你说的，全

当耳旁风，怎么他说了你就依，比圣旨还快呢！"

——清·曹雪芹《红楼梦》第八回

读过《红楼梦》，大家都知道，薛宝钗与林黛玉是一对竞争者。

众所周知，大凡要竞争，都是因为有利益。那么，薛宝钗与林黛玉竞争的利益何在？不是钱，也不是不动产，只是一个位置：贾宝玉的夫人，将来主宰贾府的女主人。

既然是竞争，那么必然就要斗。男人的斗，大多诉诸武力或智谋，如曹操、刘备、孙权之争天下，用的就是武力和智谋。至于女人的斗，则大多体现为斗嘴和争风吃醋。上引一段文字中薛、林二人的竞争，就是斗嘴与争风吃醋。贾宝玉要喝酒，薛宝钗出于关心，劝他别喝冷的，要温来喝。贾宝玉觉得说得有理，于是立即放下冷的，令人烫来喝。这个情节放在一般环境中，决不会引起什么人际纠纷。但是，贾宝玉喝酒时，正好薛、林二人都在场。她们竞争的目标是贾宝玉。既然贾宝玉听薛宝钗的话，那么就意味着薛宝钗赢得了贾宝玉之心，同时也就意味着另一个竞争者林黛玉是失败者。这对向来自尊心特强而又敏感的林黛玉来说，是一个很难接受的事实。正是基于这种不服输的心理，林黛玉便借丫鬟雪雁来送手炉的机会，说了上述那番话，结果让薛宝钗与贾宝玉都如骨鲠在喉，非常尴尬。

那么，林黛玉的这番话何以有如此的表达力呢？

原来，她是运用了"双关"表达法中的"对象双关"手法，一语双关，一箭双雕。

黛玉的第一句话："难为他费心，哪里就冷死我了呢"，表面上好像是说："难得紫娟为我操心，其实这么一会儿怎么就会冷死我呢？"实际上黛玉要表达的并不是这层意思，而是潜藏于辞面下的另一层含义："就你宝钗会疼人，宝玉喝点冷酒，至于那么大惊小怪，把后果说得那么严重吗？"虽然这层语义才是黛玉之言所表达的真意，但由于是采用"指此言彼"的"对象双关"表达法，因此其讽刺宝钗多情的语义深藏不露，让宝钗意会得到，但却抓不住反

126

击的把柄。

　　黛玉的第二句话："也亏了你倒听他的话！我平日和你说的，全当耳旁风，怎么他说了你就依，比圣旨还快呢！"这也是运用"对象双关"。"表面是说：亏你雪雁那么听紫娟的话，我平时跟你说的怎么都被当成了耳旁风，她说一句你就依，比领圣旨还快。实际上，这句话的深层语义则是说：亏你宝玉那么听宝钗的话，你怎么不听我的话，把我平时说的话当作耳边风。宝钗说的，你就听，还听得比领圣旨都快。很明显，黛玉这是在吃醋，在使小心眼儿，是绕着弯子挖苦宝玉对宝钗的百依百顺。"① 由于黛玉所要表达的讽意是深藏于批评雪雁话语的背面，表意非常含蓄，所以宝玉虽然也能意会得到，但同样无法指陈其表达真意而回击黛玉。可见，黛玉虽然是小心眼儿，性格中有很多弱点，但那张不饶人的嘴还真是厉害，即使是刻薄地讽刺人，也表现出婉约蕴藉的含蓄美。

　　7. 莲子心中苦，梨儿腹内酸：金圣叹父子的对话

　　　　莲子心中苦，梨儿腹内酸。

　　　　　　　　　　　　　　——清·金圣叹父子联语

　　这副联语，乃明末清初著名文学家与文学批评家金圣叹与其子所作。

　　金圣叹，清苏州吴县人。本姓张，名喟。后改名金采，字若采。明朝亡覆后，再次改名为金人瑞，字圣叹。为人疏放狂傲，但才气过人，诗文俱佳，在明末清初的文坛上都是有声望的。早年参加科考时因文章思想怪异而被黜革，后改名再考虽得第一名，但却从此绝意仕进，终生以读书著述为志。明亡清立，金圣叹更是不复有仕进之意。顺治十七年（1660），苏州府吴县来了一个新县令，名叫任维初。任氏上任后，对吴县欠税者课以重刑，但自己却又私盗公粮。第二年，顺治皇帝驾崩，苏州府设灵堂哀悼三日，众官云

---

　　① 吴礼权：《语言策略秀》（修订版），暨南大学出版社2013年版，第74页。

集。但是，包括金圣叹在内的百余名秀才却于第三日前往孔庙哭庙。之后，又向江苏巡抚朱国治呈状告发县令任维初。不意，朱国治、任维初勾结，以抗纳兵饷、聚众倡乱、震惊先帝之灵等为由，逮捕十八名秀才，并要求朝廷予以严惩。被捕的十八名秀才中就包括了金圣叹。后来，朝廷准奏，金圣叹等被处死刑。

上引联语，就是金圣叹在刑场上与其子诀别时二人联对而成的。金圣叹虽然英年被杀，只活了五十四岁，但是他与其子的联语却数百年来一直为人们所传播并津津乐道。

那么，这副联语何以会让人津津乐道呢？

对此，笔者曾经分析过其中的原因，认为"主要有三个原因。一是金圣叹视死如归，砍头只当风吹帽的凛然正气令人感佩；二是金圣叹临刑不惧，与子联语对句，从容优雅的文人风度令人绝倒；三是死别怜子之情表达得深沉婉约，哀而不伤，让人益发增其悲！"[1] 金圣叹所出的上联与其子所对的下联，"如果不是在金圣叹临刑的刑场上这一特定情境下所说，那么这只是一个古代常见的联语对句，不过是文人斗才的寻常事，我们只会赞叹他们对仗工整而已。而上述金圣叹父子的对句，明显不是父子比才或是父试子才的行为，而是别有寄托的。金圣叹的上句'莲子心中苦'，表层语义是陈述一个人人皆知的生活常识：莲子的心是苦的。实际上，这层语义不是金圣叹临刑前要对儿子说的，他要说的是：'怜子心中苦。'……他儿子的对句也不是那么简单的。'梨儿腹内酸'，表层语义也是陈述了一个生活常识：梨子的核是酸的。实际上，这层语义也不是他所要表达的。他真正要表达的是这样一个深层语义：'离儿腹内酸'，即：爸爸，您马上就要离开孩儿了，心里一定很辛酸。生离死别，是人生莫大的悲苦，呼天抢地，捶胸顿足，将自己心中的悲苦一股脑儿地倾泻出来，也是人之常情。而金圣叹为了保持一个士大夫的民族气节，并为尽可能多地消解儿子的悲痛，所以达观而从容优雅地对待离世别子的悲哀，以一语双义的联语'莲子

---

① 吴礼权：《语言策略秀》（修订版），暨南大学出版社2013年版，第65页。

心中苦'婉转地表达了自己别子的悲切之情；而他的儿子也善解人意，知道父亲的心中悲苦，也以同样的方法，用'梨儿腹内酸'一句对接，从父亲的角度着眼，婉转地表达了自己离父深切的悲痛。很明显，金圣叹父子的联语对句是极其高妙的，是一种深具魅力的表达策略，它既深切、深沉地表达了父子二人生离死别的无限悲痛之情，同时也鲜明地体现了金圣叹视死如归、不屈服于统治者的淫威，从容赴死、优雅辞世的风度"①。如果能理解到这一层，那么我们就不得不感佩金圣叹及其子的表达智慧，感叹其联语异乎寻常的表达力。

四、金玉其外，败絮其内：讳饰的表达力

中国是一个具有悠久历史的国度，中华文化源远流长。但是，也正因为这个原因，中国人背负了太多的精神负担，以至我们的说写表达也有很多禁忌。关于这一点，我们生活于中国社会，事实上都是深有体会的。比方说，在日常生活中我们跟人交谈，如果不了解对方的心理或背景，不经意间就可能犯了别人的忌讳。重则伤了别人的感情，从此结下怨恨；轻则不欢而散，朋友都做不成了。在此，我们想起了清人程世爵《笑林广记》中"说话不利"一则所讲的故事：

> 一家五十得子，三朝，人皆往贺。伊亦欲往。友人劝之曰："你说话不利，不去为佳。"其人曰："我与你同去，我一言不发何如？"友曰："你果不言，方可去得。"同到生子之家，入门叩喜，直到入席吃酒，始终不发一言，友甚悦之。临行，见主人致谢，曰："今日我可一句话也没说，我走后，娃娃要抽四六风死了，可不与我相干。"

---

① 吴礼权：《语言策略秀》（修订版），暨南大学出版社 2013 年版，第 66 页。

其实，我们大家都知道，语言跟客观实际是没有关系的。一个人是生是死，是吉是凶，并不与别人说什么有直接关系。但是，既然社会风俗如此，社会大众心理如此，我们就必须"从俗"、"从众"，在表情达意时巧妙地绕开禁忌，规避他人或社会习俗不愿触及的"难言之隐"，从而达到"含不尽之义，见于言外"的表达境界。

那么，如何达到这种表达境界呢？运用"讳饰"表达法就很有效。

所谓"讳饰"表达法，是指说写时"遇有犯忌触讳的事物，便不直说该事物，却用别的话来回避掩盖或者装饰美化的"① 一种修辞手法。运用这种表达手法建构的文本，我们称之为"讳饰"修辞文本。这种文本的建构，在表达上，有深文隐蔚、含蓄婉转的效果；在接受上，由于表达者在辞面上规避了敏感的禁忌概念或事物名称，因此就让接受者在心理上消除了抵触情绪，从而乐于接受表达者表达的意涵。同时，由于表达者辞面上的规避，让接受者有了凭借特定情境而自行解读语义的空间，在思而得之后，必然会产生一种解读成功的快慰感。

"讳饰"表达法的运用，表达上有"深文隐蔚"的特点，既符合中国人的习俗心理，又有密切人际关系，提升文本审美价值的作用，因此自古及今这一表达法的运用从未在人们的说写实践中缺席。下面我们就看看古圣今贤是如何运用这一表达法的。

1. 王衍清高不言钱：举却阿堵物

> （衍）口未尝言钱。（衍妻）欲试之，令婢以钱绕床使不得行。衍晨起，见钱阂行，谓婢曰："举却阿堵物！"
> ——《晋书·王衍传》

上引文字，是说王衍清高不言钱的故事。

王衍，是西晋权势显赫的大人物，曾官至尚书令等要职。他的

---

① 陈望道：《修辞学发凡》，上海教育出版社 1997 年版，第 137 页。

妻子郭氏，则是晋惠帝的皇后贾南风的亲戚，有左右朝廷人事的能力。除了权势，王衍还有清名，是当时声誉卓越的大名士。他外表俊朗，风姿绰约，才华横溢，又精通《老子》、《庄子》，擅长玄谈，因此成为当时朝野上下都热烈追捧的人物。据说，他跟人清谈玄理时，常手执一个白玉柄之麈尾，不仅风度倾人，而且素手与玉柄同色，让人绝倒。清谈间，遇有说得不妥处，他就立即改正过来。因此，时人称之为"口中雌黄"。他自我感觉良好，自恃聪明过人，常把自己比作子贡。他的从兄王戎，是"竹林七贤"之一，也是当时的名士，以善于品评人物闻名。一次，晋武帝问他，王衍名气那么大，能跟谁相比。王戎认为，当世之人无人可比，只能跟古人相比。其实，历史证明，王衍并没那么神，而只是一个徒有其名的公子哥儿，并非国家栋梁之材。晋武帝死后，惠帝即位，朝政即为皇后贾南风把持。贾氏为了巩固自己的权位，大量杀戮朝廷栋梁名臣。结果，惹得天怒人怨，加上皇室内部矛盾加剧，最后演变成一场长达 16 年之久的"八王之乱"，使西晋元气大伤。在国家内乱、生灵涂炭的关键时刻，王衍虽居权力中枢，但整日清谈玄理，置国家安危、人民疾苦于不顾，只为个人日后筹划万全之策。

　　因为是这样的一个背景，所以王衍一向自视清高。特别是在钱财方面，他表现得尤其清高，从不言钱。而他的妻子郭氏则跟他不同，她是个俗人，自恃皇后贾氏的权势，不仅喜欢干预他人之事，作威作福，而且为了搜刮钱财而无所不为。虽然王衍打心眼里看不起她，但她同样也看不起王衍，认为他是假清高。为了戳穿他假清高的面具，她便设计了上引故事中的情节，趁他晚上入睡之机，让家中婢女用钱把他的床围起来，使他早上下不了床，以此逼他说出"钱"字。可是，结果呢？王衍还是没说，只是命令婢女："举却阿堵物！"轻松地绕过了妻子郭氏设计的陷阱。

　　那么，王衍何以能避"钱"而不谈，从而维护了其"口不言钱"的清高本色呢？

　　其实，原因很简单，王衍只是巧妙地运用了"讳饰"表达法。

　　所谓"举却阿堵物"，意思就是"把这些个东西拿开"。"阿堵"是当时晋代方言，意思是"这"、"这个"之意，王家婢女谁都懂。虽然只是用了一个简单的方言词"阿堵"，但却巧妙地借此代词指代了眼前堆积如山的钱。真可谓"一字值千金"！因为短短五个字，以命令的口气从王衍的口中说出，既保持了他作为一家之主的威严，让她们顺从地搬走了床周围堆积如山的钱，从而使自己从钱堆中脱困。同时，也通过"阿堵"一词的指代作用巧妙地规避了他自己生平讳言的"钱"字，让他的妻子郭氏的伎俩无法得逞，从而维护了他作为一个封建士大夫所特有的清高脱俗的形象。前文我们虽说过王衍在治国才能与个人道德方面存在缺陷，但就语言表达来看，确有胜人一筹的才能。

2. 鲁迅的情爱论：时而"敦伦"者不失为圣贤

> 为了"雅"，本来不想说这些话的。后来一想，这于"雅"并无伤，不过是在证明我自己的"俗"。王夷甫口不言钱，还是一个不干不净人物，雅人打算盘，当然也无损其为雅人。不过他应该有时收起算盘，或者最妙是暂时忘却算盘，那么，那时的一言一笑，就都是灵机天成的一言一笑，如果念念不忘世间的利害，那可就成为"杭育杭育派"了。这关键，只在一者能够忽而放开，一者却是永远执着，因此也就大有了雅俗和高下之分。我想，这和时而"敦伦"者不失为圣贤，连白天也在想女人的就要被称为"登徒子"的道理，大概是一样的。
>
> ——鲁迅《且介亭杂文·病后杂谈》

上引这段文字，是鲁迅讽刺那些"口里说的是仁义道德，心里想的是男盗女娼"者心口不一的虚伪嘴脸。其中，有一句话特别耐人寻味："这和时而'敦伦'者不失为圣贤，连白天也在想女人的就要被称为'登徒子'的道理，大概是一样的。"

这句话，如果说得直白点，就是这样一个意思：夫妻之间不时亲热亲热，过过性生活，这都是人之常情，也无损于圣贤之本色；但是，如果一个人连大白天都在想女人，那么就要称之为色鬼了。

这和雅人时而打打算盘而不失为雅人，而始终不放下算盘的则就是俗人，两者的道理是一样的。

但是，鲁迅先生在表达这层意思时并没有这样直接而理性地表达，而是运用了"讳饰"表达法。虽然读者阅读起来有些绕口，但是，作为文学作品看，却增加了其解读的审美价值，让人有味之无穷的情趣。

众所周知，在中国古代有一句话，叫做"不孝有三，无后为大"。即认为传承香火、延续家族命脉乃是最大的人伦。所以，夫妇行房事不仅是为了生理上的快感，也是承担家族的重任，是"敦睦人伦"的表现。正因为如此，鲁迅有"时而'敦伦'不失为圣贤"的想法。但是，鲁迅在说到"夫妇同房"这个意思时，并没有直言其事，而是以"敦伦"来讳称，这就使表达显得婉转含蓄。而在说到那些整天想女人的人，鲁迅也没有直言斥之为"色鬼"，而是以"登徒子"来代称，让人由此及彼，想到了战国时代楚人宋玉的《登徒子好色赋》所写登徒子与邻家女之事。其实，"登徒子"开始并不是贬义词。"登徒"乃姓氏，"子"为古代对男子的敬称。宋玉赋中所写登徒子好邻女之美色，并没有指斥登徒子的意思，后代引申运用，遂将"登徒子"与"好色之徒"画上了等号。鲁迅这里所运用的"登徒子"，即是后来引申出来的语义，意指"好色之徒"。但是，由于鲁迅在文字表面没有以"色鬼"、"好色之徒"表现之，故在表达上就显得含蓄深沉，指斥论争对手也显得温文尔雅，不失君子风范。

其实，鲁迅说到男女之事，之所以要采用"讳饰"表达法，除了上述意欲表意婉转、彰显君子风范的原因外，还有一个深层的文化原因。因为对于男女之事，中国人一向讳莫如深。说到男女之事，中国人总是有一种羞于启齿的感觉。正因为如此，在汉语词汇库中有很多关于男女之情的委婉语。如男女性爱称之为"春风一度"、"颠鸾倒凤"、"衾枕之乐"、"衽席之好"、"握雨携云"、"雨爱云欢"、"枕席之事"等，夫妻性爱叫"行房"、"行事"、"同房"、"圆房"、"为人"、"房事"、"内事"等，私慕意中人叫"窥宋"、"窥玉"等，谈情说爱叫"调风弄月"、"咏月嘲风"等，幽会密约叫"桑中之约"、"待月西厢"等，男女调情叫"拨云撩雨"、"拨雨撩云"、"吊膀子"等，男女偷情叫"暗度陈仓"、"盗香"、"拈花弄柳"、"拈花惹草"、"窃玉偷花"、"窃玉偷香"、"通好"、"偷欢"、"偷鸡摸狗"、"招蜂引蝶"等，嫖娼叫"傍花随柳"、"串花家"、"打野鸡"（嫖低等妓女）、"买春"、"买欢"、"买笑"、"买笑追欢"、"觅柳寻花"、"眠花藉柳"、"眠花宿柳"、"攀花折柳"、"问柳评花"、"寻花问柳"等。这些委婉语的产生，正是汉民族羞于言情、羞于谈性的内向性民族心理特点的典型表现。

3. 梁实秋赞赏算命：老年人心里嘀咕的莫过于什么时候福寿全归

　　老年人心里嘀咕的莫过于什么时候福寿全归，因为眼看着大限将至而不能预测究竟在哪一天呼出最后一口气，以致许多事都不能做适当的安排，这是最尴尬的事。"死生有命"，正好请先生算一算命。先生干咳一声，清一清喉咙，眨一眨眼睛，按照出生的年月日时的干支八字，配合阴阳五行相生相克之理，掐指一算，口中念念有词，然后不惜泄露天机说明你的寿数。"六十六，不死掉块肉。过了这一关口，就要到七十三。七十三，过一关。这一关若是过得去，无灾无病一路往西行。"这几句话说得好，老人听得入耳。

　　　　　　　　　　　　　　　　　　——梁实秋《算命》

　　在汉语中，有两句人所皆知的俗语：一句是"好死不如赖活着"，另一句是"天有不测风云，人有旦夕祸福"。前一句反映了中国人的生命观，凸显了中国人普遍的畏死心理。后一句则是反映了中国人对于祸福包括生死的不确定性心态。正因为有这种心理与心态，中国人自古以来就很信奉算命。中国大陆在1949年以后，由于受意识形态的影响，算命这种职业几乎是不存在了。但在台湾与香港，算命活动仍然非常活跃。在台湾，不仅很多人信奉算命，而且还将算命视为一种非常正当的职业。如台北市的士林夜市就有命理一条街，算命者都是以命理师身份执业营生的。在香港，算命与看风水一样，同样也是一门正当的职业。

梁实秋《算命》一文，说的正是中国传统的算命文化。上引一段，则是专门谈中国人畏死而算命的心态，非常生动，也非常耐人寻味。读完，令人难忘。

那么，为什么会有这种独特的表达力呢？这主要是因为作者运用了"讳饰"修辞法建构了两个生动的修辞文本，一个是"老年人心里嘀咕的莫过于什么时候福寿全归，因为眼看着大限将至而不能预测究竟在哪一天呼出最后一口气"，二是算命先生的说辞："这一关若是过得去，无灾无病一路往西行。"前一个文本中所谓的"福寿全归"、"大限将至"、"呼出最后一口气"，后一个文本中所谓的"无灾无病一路往西行"，其实都是"死"的讳饰语或是美化的说法。这两个修辞文本的建构，"从表达上看，由于始终没有让'死'字露面，所以就显得含蓄婉转，同时也强烈地凸显出表达者（梁实秋和算命先生）对'死'之概念讳莫如深的心态。从接受上看，接受者经由上下文语境的帮助，不仅很容易了解表达者所说之真意，而且增加了咀嚼、回味的空间，调动了其文本解读的兴味，并深深地感佩表达者表达的婉转高妙，从而使文本解读成为一种愉悦的审美过程"①。

值得一提的是，由于人类对"死"有一种普遍的恐惧心理，而"中国人对'死'尤其不能达观地看待，所以有更多的忌讳。正因为如此，汉语词汇库里至今仍存有很多有关'死'的委婉语"②。比方说，"帝王之死，有'山陵崩'（用夸张的手法形容帝王之死对于国家损失的重大）、'驾崩'、'崩'、'崩逝'、'崩殂'、'宾天'、'大讳'、'大行'、'弃天下'、'弃群臣'之类的说法；士或做官人

---

① 吴礼权：《现代汉语修辞学》（修订版），复旦大学出版社2012年版，第40页。
② 吴礼权：《现代汉语修辞学》（修订版），复旦大学出版社2012年版，第40页。

之死，叫'不禄'（就是不拿朝廷俸禄了，用今天的话说，叫不拿工资或薪水了）、'弃禄'、'禄命终'等；文人或才子之死叫'玉楼赴召'、'埋玉树'、'埋玉'、'修文地下'等；年轻女子早死或少女夭折叫'蕙损兰摧'、'玉碎香埋'、'玉碎珠残'、'香消玉殒'等；一般人之死的普通说法如'走了'、'仙逝'、'归西'、'作古'、'永辞'、'永别'、'老了'等，不一而足。总之，不同身份的人、不同死法的人、不同年龄的人的死都有一套固定的避讳说法。现代也有一些新见的关于'死'的新避讳说法，如共产党人常说'见马克思'，音乐家之死叫'生命画上了休止符'，思想家之死叫'思想家停止了思想'，一般人普遍的说法有'心脏停止了跳动'等。此外，还有古今对自己死亡的谦称或对他人死亡的贬称说法，如'填沟壑'、'伸腿'、'翘辫子'等"。[1]

4. 台南的风俗：新厕所应该由自己人开张才有新气象

　　三年级放寒假的时候，爸和叔叔们合资盖了一间厕所。"落成"那天，我们几个小孩子热烈地讨论谁应该第一个使用。六叔把我们赶开，他说他是高中生，当然是第一。他进去了，一下子又走出来，很不高兴的样子，原来，有人先进去过了，六叔一口咬定是那个泥水匠，他嘀咕着说要找泥水匠算账，……那天晚上，爸和叔叔们在院子里聊天，聊到这件事，二叔说，新厕所有外来的"黄金"，大吉大利，六叔不同意，他认为新厕所应该由自己人开张，才有新气象，爸没有意见。

　　　　　　　　　　　　　　　——杨敏盛《厕所的故事》

　　这段写台南"厕所文化"与"厕所民俗"的文字，读来别有情趣。其中，"新厕所有外来的'黄金'"和"他认为新厕所应该由自己人开张，才有新气象"两句，读来尤其耐人寻味。

---

① 吴礼权：《语言策略秀》（修订版），暨南大学出版社2013年版，第78页。

那么，为什么写人们一向讳言忌说的厕所，也有如此的表达力呢？

这是因为作者运用了"讳饰"表达法，不仅将嫌忌讳说的不洁事物与不洁之事婉转地表达出来，而且还有化平淡为生动、化粗俗为典雅的表达效果，读来别有一种妙趣横生的韵味，给人的感觉不是心理与情绪上的不快，而是一种审美上的享受。作为文学作品看，这样的表达无疑极大地提升了文章的审美价值。另外，值得一提的是，"外来黄金"之说，不仅巧妙地回避了人们极不愿意提及的事物，而且还有化丑为美的效果，迎合了中国人喜欢发财的心理，有讨口彩的效果。假如不用"讳饰"表达法，而是直言其事，那么不仅文字上没有美感，而且还会因触犯人们的心理底线与禁忌习俗而引发读者情感的不快。

众所周知，人们对排泄物等不洁事物都有着天然的嫌恶之情，不愿提及。但是，排泄乃是人类正常的生理现象。因此，从情感上说，人们虽都不愿面对或提及排泄物等不洁事物及其相关概念，但却又不可回避。为此，人们便在语言中运用"讳饰"表达法，对之予以规避甚至予以美化。长此以往，其结果是在词汇库中逐渐积累了大批有关规避排泄物及其相关概念的委婉语。汉语是一种具有非常悠久历史的语言，因此在汉语词汇库中，这类委婉语就尤其丰富。如"大便"叫做"出恭"、"出大恭"、"大溲"、"起居"、"遗矢"等；"小便"叫做"便旋"、"出小恭"、"起夜"（夜间小便）、"小解"、"小溲"、"小遗"等；泛称"大小便"，原来有"解手"、"解溲"、"净手"、"更衣"、"如厕"、"登东"、"登坑"、"放水火"（狱中犯人大小便）等各种说法，现代则有"上洗手间"、"去盥洗室"、"上卫生间"或"上化妆间"等更婉转的说法；"粪便"，则称之为"大恭"、"大秽"、"涸汁"、"金汁"等；"放屁"叫做"放气"、"下气"、"泄气"等；形容女人"月经"的说法更多，如"潮信"、"程姬之疾"、"庚信"、"癸水"、"红"、"红潮"、"经信"、"例假"、"入月"、"身上"、"天癸"、"信水"、"月候"、"月脉"、"月事"、"月数"、"月水"、"月信"、"子孙瑞"等，上海方言中则有"老鬼三"、"老朋友"之说;"月经"用品则被称为"陈妈妈"、"夹布子"、"骑马布"(宋元以后俗称女阴为"马")、"骑马带子"、"卫生带"、"月事布"等;将男体分泌物叫做"阴精"等;"眼泪"叫"红冰"(指女子)、"目汁"、"玉汁"、"玉啼"、"玉箸"等;"唾液"叫"芳津"、"口泽"、"生津"、"玉泉"等;"鼻涕"叫"鼻龙"。如此等等,不一而足。

5. 棋迷心中的痛:副帅马晓春马失前蹄

世界围棋最强战弈罢九轮,副帅马晓春马失前蹄。
——《文汇报》1995 年 1 月 13 日一则体育新闻标题

上面这则新闻标题,报道的是大陆围棋高手马晓春在世界围棋赛中失利的事。

任何比赛都有输赢,这是正常的事。围棋只是娱乐,比赛中有输赢更是正常,是输是赢,其实也没有什么了不得的。但是,比赛者输不起,因为它关乎参赛者的名誉及面子,同时还涉及其职业生涯的发展。除此,既是比赛,那么就有观众,就有追捧的粉丝。因此,即使参赛者输得起,他们的粉丝们也输不起。

正因为如此,记者报道棋手马晓春在世界围棋比赛中失利的新闻时,就特别考虑到了这一点,故运用"讳饰"表达法,在据实报道马晓春输棋事实的同时,又巧妙地为马晓春的输棋作了回护。这便是通过"马晓春"姓氏之"马"与汉语成语"马失前蹄"之"马"作信手拈来的搭挂,不露痕迹地为马晓春的输棋作了开脱。因为"马失前蹄"本来就是一个委婉语,它不直说战将无能而失败,而归之于马失前蹄。正因为"马失前蹄"有此含义,故"马晓春马失前蹄"之语便有了言外之意。即马晓春是有赢棋能力的,只是由于意外的因素而失利。这样,就既让参赛者马晓春有了面子,也让马晓春的棋迷们心里感到舒服。

我们都知道,中国人最好面子。因此,在汉语中有关失利的表达,常常都用一定的委婉语代替。比方说,考试失利,古代有"榜上无名"、"落榜"、"落第"、"落名"、"名落孙山"、"失桂"、"失解"（不中乡榜）等，现代则有"吃鸭蛋"等说法；将领战场失败叫"马失前蹄"、"失事"，战败归降叫"束甲"；官员被解职或辞职，古代叫做"返初服"、"还笏"、"还篆"、"解绂"、"解冠"、"解龟"、"解朝簪"（不做京官）、"解甲"（指武将）、"解剑"（指武将）、"解弁"、"解绶"、"解印绶"、"解缨"、"解簪"、"解篆"、"解组"、"纳节"、"纳禄"、"歇马"（贬谪闲居）、"遗簪"（辞官）、"谪仙"（降职官员）、"青衫"、"青衫司马"（失意的官员）等，现代则叫"下野"、"下台"等。至于失业的说法则更多，如"炒鱿鱼"、"下岗"、"待业"、"待岗"、"卷铺盖"、"歇生意"、"砸饭碗"、"走路"等；还有说一个人处境困窘，也有专门的委婉语，如"傍人门户"（依附他人）、"别姬"（工作受挫或失利）、"菜色"（挨饿）、"触藩"（进退两难）、"怀璧"（怀才遭忌）、"焦拳"（生活困顿）、"露盖"（君王蒙尘受难）、"落马"（选举失败）、"落羽"（失意）、"蒙尘"（帝王逃亡在外）、"盆覆"（沉冤莫白）、"蓬梗"（漂泊流离）、"蓬转"（流离飘零）、"迫窄"（处境窘迫）、"秋士"（晚年不得志者）、"阮籍途"（穷途末路）、"阮途穷"（穷途末路）、"缩腹"（挨饿）、"讨针线"（依附他人过活）、"退鹢"（身处逆境）、"畏景"（身处困境）、"向隅而叹"（失意、孤独）、"屯剥"（遭遇不幸之境）、"屯坎"（遭遇困顿之境）、"屯否"（困顿不利）、"走背字"（运气不好）、"败走麦城"（陷入绝境）等，不一而足。

五、千呼万唤始出来，犹抱琵琶半遮面：藏词的表达力

众所周知，汉语有悠久的历史，其间所产生的有表达力的熟语（包括成语、谚语、惯用语、歇后语等）非常多。中国文学的发展也有着悠久的历史，其间所创造出来的具有表达力的名句也是不胜枚举的。这些丰富的语言资源的存在，既为人们的日常语言表达

（包括说话和写作）提供了信手拈来的资源，也为人们更为有效地、圆满地表情达意提供了必要条件。其中，最典型的是利用那些传播比较广泛的熟语或是知名度较高的文学名句，建构一种修辞文本，从而使我们的表达别具一种"含不尽之意，见于言外"的独特效果。建构这种修辞文本的表达法，叫做"藏词"表达法。

所谓"藏词"表达法，是一种"将人们惯用或熟知的成语或名句的某一部分藏却，而以其中的另一部分来替代说出"① 的语言表达方式。运用这种表达法建构的文本，我们称之为"藏词"修辞文本。一般说来，这种文本的建构，"由于情意展露的半遮半掩，所以表达上显得婉约蕴藉；在接受上，因为表达者用藏词的手段故意在自己的表达与接受者的接受之间制造了'距离'，所以接受者必须依靠自己的知识经验去补足表达者所留下的表达空间，才能破解表达者真实的语意指向。尽管这给接受者的文本接受带来了障碍，但一旦接受者破除了这一障碍，就会自然生发出一种解读成功的心理快慰，获得一种文本接受解读中的审美享受"②。

正因为"藏词"表达法有较好的表达力，所以在古今人们的语言实践中，运用这种表达法表情达意的并不少。

1. 以彼行媒，同之抱布：沈约奏弹王源

　　臣谨案：南郡丞王源，忝藉世资，得参缨冕，同人者貌，异人者心，以彼行媒，同之抱布。且非我族类，往哲格言；薰莸不杂，闻之前典。岂有六卿之胄，纳女于管库之人；宋子河鲂，同穴于舆台之鬼。高门降衡，虽自己作；蔑祖辱亲，于事为甚。此风弗剪，其源遂开，点世尘家，将被比屋。宜置以明科，黜之流伍。使已污之族，永愧于昔辰；方媾之党，革心于来日。臣等参议，请以见事免源所居官，禁锢终身，辄下禁止视事如故。源官品应黄

---

① 吴礼权：《修辞心理学》（修订版），暨南大学出版社 2013 年版，第 169 页。
② 吴礼权：《修辞心理学》（修订版），暨南大学出版社 2013 年版，第 169 页。

纸，臣辄奉白简以闻。臣约诚惶诚恐，云云。

——南朝·梁·沈约《奏弹王源》

上引这段文字，乃南朝梁著名文学家沈约向梁武帝弹劾当朝大臣王源奏章的末一段。

众所周知，"魏晋南北朝时期，是士族统治的时代，因而也是最讲门阀制度的时代。王源乃南郡丞，又是出身世代为宦的望门高族，其曾祖王雅曾'位登八命'（即位列三公），其祖父王少卿、其父王睿亦'位居清要'。可是王源为了钱财竟然不顾门阀制度，也全然不顾自己显宦的体面，而嫁女于'管库之人'。获得巨额聘礼后，又以此为资，为自己纳妾。为此，沈约作为梁武帝时代的朝廷重臣，官拜尚书令，爵封建昌县侯，自然要为朝廷的体面，为封建的礼制而担起'卫道'的责任，遂上书弹劾王源"[①]。

细读这段弹劾王源的奏章文字，虽然明显都在指斥王源为人的不堪，但字面上却是温文尔雅。特别是"以彼行媒，同之抱布"一句，表意更是温婉蕴藉，既表现了士大夫儒雅的风度，又展露了才学。

那么，这句话何以有如此独特的表达效果呢？这是因为作者运用了"藏词"表达法。

"以彼行媒，同之抱布"，这句话的高妙之处，在于借引中国古代读书人都熟悉的《诗经·卫风·氓》中的名句"氓之蚩蚩，抱布贸丝"，进行掐头去尾的改造，断取"抱布"二字入句，从而建构出"以彼行媒，同之抱布"这一文本。这一文本虽然仅有八字，但却言简意丰，含而不露地指斥了王源为人之不齿。因为"氓之蚩蚩，抱布贸丝"二句的含义谁都清楚，它"说的是一个叫氓的青年笑嘻嘻地抱着钱到集市上买丝（'抱布贸丝'就是持钱买布之意。'布'即'布泉'，古代用作货币），以作婚娶准备。娶回他心爱的

---

① 吴礼权：《委婉修辞研究》，山东文艺出版社2008年版，第56页。

姑娘后，这个笑嘻嘻的氓若干年后又忍抛发妻，移情别恋了"①。了解到这一层，那么"以彼行媒，同之抱布"一句所要表达的真意也就昭然若揭了。尽管如此，由于作者所要表达的真实含义并未写在字面上，这就使文本在表达上显得婉转典雅，"在接受上也较易为局外人所认同，不至于落得个言辞过分刻薄的话柄。尽管文本的接受者（读奏章的皇帝）对其攻击王源的真实文本内涵心知肚明，但也不会觉得太过分，更不至于激起义愤，反而会觉得沈约有涵养，话说得婉转含蓄，耐人寻味，骂人也有水平，从而在文本解读接受中获取快慰和审美情趣"②。如果不运用"藏词"表达法，而是以大白话直接表达："王源娶妾，行媒一如商贾。"那样，不仅让读书人的斯文荡然无存，而且还会引起读奏章的梁武帝的反感，认为这样激烈的言辞，不是大臣上书弹劾同僚的风范。如果梁武帝一赌气，索性不办王源，那沈约上书弹劾的目的岂不就落空了？他要为封建礼法卫道的目标岂不无由实现？

沈约建构的修辞文本除了上述独特的表达效果外，还有一个高妙之处，便是他虽指斥王源以金钱行媒，但却没让金钱二字露面。之所以如此，一是为了表意的婉约含蓄，二是表现封建士大夫与读书人"重义轻利"、"口不言钱"的清高形象。汉语中之所以有很多关于"钱"的委婉语，实际上正是中国自古及今知识分子"羞于言利"心理的表现。如古代说到"钱"，有"白水真人"（泛指钱或钱币）、"阿堵"、"阿堵君"、"阿堵物"（泛指钱或钱币）、"方兄"、"孔方兄"（泛指钱或钱币）、"蚨母"（泛指钱或钱币）、"青蚨"、"青凫"、"青奴"（泛指钱或钱币）等说法。近现代则有"白物"（银子）、"雪花"（银子）、"佛饼"（银圆）、"干货"（泛指钱或钱币）、"钢洋"（银圆）、"官板儿"（铜钱）、"花边"（银圆）、"黄货"（黄金）、"黄鱼"（金条）、"辉煌"（金银珠宝）、"大头龙"（银圆）、"龙洋"（银圆）、"蒙古儿"（银子）、"银大头"（银

① 吴礼权：《委婉修辞研究》，山东文艺出版社 2008 年版，第 57 页。
② 吴礼权：《修辞心理学》（修订版），暨南大学出版社 2013 年版，第 170 页。

圆）、"银花边"（银圆）、"袁大头"（银圆）、"袁世凯"（银圆）
等说法。除此之外，给人的酬劳也不说钱，而是另有说法。如诗文
书画之酬叫"润笔"或"笔润"、"濡润"、"润毫"等，赏妓之钱
叫"缠头锦"、"缠头资"、"花粉钱"等，谢媒钱叫"花封"，请人
办事之酬叫"开手"，给医生出诊费叫"看封"，送人财礼叫"片
芹"、"芹献"，求情送礼叫"烧路头"、"烧香"等。如此等等，不
一而足。

　　其实，这些有关金钱的委婉语不仅为广大中国知识分子使用，
普通人实际上也在使用。这说明知识分子作为民众思想的指导人，
在价值观与语言观上都是对全民有示范作用的。

　　2. 卢之诗何太春日：卢思道被嘲太笨

　　　隋卢思道尝共寿阳庚知礼作诗，已成而思道未就。礼
　曰："卢之诗何太春日？"

　　　　　　　　　　　　　　——隋·侯白《启颜录·卢思道》

　　上引文字是叙述卢思道与朋友庚知礼作诗竞赛而被嘲的故事。
　　这位被嘲弄的诗人卢思道，其实并不是笨蛋，而是一个在中国
文学史上非常了不得的大作家。史载，卢思道，字子行，范阳人，
是"北朝三才"之一邢劭的弟子，北齐天保年间即有文名。一生历
仕北齐、北周、隋三朝，在北齐官任给事黄门侍郎，在北周官至仪
同三司，迁武阳太守，隋初在文帝朝为散骑侍郎。卒于隋初（具体
年代不可考）。虽然仕途颇是平顺，但卢思道一生的成就并不在治
国安邦方面，而是在文学方面。文学史家多认为，卢思道的七言
诗，在对仗上已相当工整精切，而且善于用典，语言生动流畅，已
为初唐七言歌行开了先河。其代表作《听鸣蝉篇》、《从军行》，在
中国文学史上都是相当有分量的名篇。前者抒写羁旅乡思之情深切
感人，讥嘲达官贵人的笔触辛辣而不失蕴藉之韵致，曾受北朝文坛
宿将庚信的高度赞赏。后者写征人思妇之苦情，同时揭露了战争的
残酷以及军旅生活的艰苦，是一首寄意深远的边塞诗，对唐代边塞

诗的发展不无深刻影响。除了诗,卢思道的文也非常有名。《劳生论》、《北齐兴亡论》、《后周兴亡论》等,都是其代表作。前者写北齐、北周官场人物的丑态栩栩如生、真切传神,钱钟书先生曾称之为北朝文的"压卷之作"。后二者论北齐、北周二朝灭亡之因由,不乏史家之灼见。

虽说卢思道是个了不得的诗人,但他的诗思却并不敏捷。上引故事就说明了这点。他与朋友庾知礼作诗比赛,庾知礼已经一首诗作好,他却迟迟没有写出,结果被庾知礼嘲笑。不过,庾知礼嘲笑卢思道却相当有水平,既调侃了朋友,却又不伤和气,同时还显示了自己的才学。

那么,庾知礼何来如此的表达力呢?

无他。乃是借力于"藏词"表达法也。

庾知礼所说的"卢之诗何太春日",表面看来不合汉语句法,有点令人费解。但是,仔细一看,由"春日"二字联想到古代读书人都熟悉的《诗经·豳风·七月》的"春日迟迟"一句,便会恍然大悟,原来它是借引《诗经》中的句子来作文章,是一个运用了"藏词"表达法的修辞文本,属于"藏词"法中的"藏尾"式。因为它借引"春日迟迟"一句的目的不是要说"春日",而是让接受者由"春日"联想到其后的"迟迟"二字。虽然作者表意的取向是要用"迟迟"二字,但为了表意的婉转,故将实际所要表达的语意"迟迟"藏去。让接受者经由"春日"而进行由此及彼的联想,进而解读出其真实意义所在。很明显,庾知礼的表达是成功的。虽然他取"春日迟迟"句的目的"是要取'迟迟'来嘲讽卢思道诗思太慢,但字面上却不让'迟迟'二字露面。这样,表达就显得婉约含蓄,既达到了讽笑卢思道的目的,又不至于太露骨,同时还借此显示了自己的才华与博学,可谓是一箭双雕。从接受上看,尽管卢思道肯定是能破译表达者庾知礼文本的讽笑内涵的,但要稍作回味才能达到。同时由于表达者是以藏词的手法来表意的,戏而不俗,调侃而不刻薄,所以读者还是乐意接受的,而且文本接受中仍不失有一种心理快慰在"①。庾知礼虽然在中国文学史上不像卢思道那样有名，但其诗思敏捷超过卢思道却是不争的事实，其说笑的表达力也不输给卢思道。由此，我们是否可以推想，历史上的庾知礼是否也是当时文坛的一位风云人物。不然，他何曾有机会与号称"八米卢郎"的卢思道唱和，并且还敢嘲笑他呢？

3. 君子之交淡如，醉翁之意不在：朋友间的暗语

　　一士人家贫，欲与其友上寿，无从得酒，乃持水一瓶，称觞曰："君子之交淡如。"友应声曰："醉翁之意不在。"

——明·冯梦龙《古今谭概·巧言》

　　读书人在任何时代都不会是富人。所以，自古及今，中国的读书人都标榜自己"安贫乐道"。意思是说自己追求的是崇高的"道"，视钱财如浮云，甚至不屑一顾。其实，这并不是真心话，而是"吃不到葡萄说葡萄酸"的心理。事实上，不管是古代还是现代，读书人一旦做了官，有了生财之道，恐怕很少人会拒绝金钱。不过，真正的读书人能够做到大官，有生财机会者则并不多。因此，绝大多数不得不"安贫乐道"，过着清苦的生活。所以，日常生活中总有"穷书生"的说法。

　　上引故事中的那个士人就是这样一个穷书生。他的好友过生日，作为好友，他总得有所表示。可是拿什么表示呢？读书人都崇拜李白"斗酒诗百篇"，喜欢喝几口小酒，作几句破诗。所以，他自然而然地想到要送朋友一瓶酒作为贺寿之礼。可是，家里连沽一瓶酒的钱也拿不出。思来想去，他灵机一动，最后想到了一个好主意：造假，用一个酒瓶装一瓶水。不过，这个主意虽好，但结果恐怕是"医得眼前疮，剜却心头肉"。祝寿的当日可以以水充酒糊弄过去，但事后朋友开瓶喝酒发现是水，那岂不是连朋友都没得做

---

① 吴礼权：《修辞心理学》（修订版），广州：暨南大学出版社 2013 年版，第 171 页。

了？还好，毕竟是读书人，虽然没有挣钱的智慧，却不乏耍贫嘴的智慧。到了祝寿那天，他坦然地向朋友送上了这瓶假酒，并说了半句话，结果让朋友非常感动。

那么，这位造假书生的半句话何以能有如此巨大的能量呢？

无他。乃是"藏词"表达法运用得好。

那位造假书生所说的"君子之交淡如"，虽是没说完的半截话，但对读书人来说，却并不难懂，因为它是《庄子·山木》篇中的名句。完整地说，它由两句构成："君子之交淡如水，小人之交甘如醴。"这两句是通过对比的方式说明君子之交与小人之交的不同境界。送酒书生说的是前半句，而且还藏掉了末一字"水"。这是运用"藏词"表达法中的"藏尾"法，目的是要规避他难以启齿的真相：瓶中装的不是酒，而是"水"。由于书生巧妙地通过"藏词"法，在引经据典中暗示出了事实的真相，同时又借此经典名句所包含的语义表达了自己的心意，说明了朋友关系的境界。结果，表达效果自然出乎意料的好，朋友不仅欣然接受了他的这瓶假酒，而且诚恳地表达了自己的感激之情："醉翁之意不在。"

做寿朋友的这句答谢之语，其实也是非常巧妙的，它同样运用了"藏词"法，将宋人欧阳修《醉翁亭记》中的名句"醉翁之意不在酒，在乎山水之间也"的后半句藏掉，并将前半句的关键词"酒"字也一并藏掉，从而在儒雅的谈笑与酬答中不露痕迹地消解了朋友的尴尬，并巧妙地传达出这样一番弦外之音："你我是君子之交，贺礼只是表达心意而已，送什么并不重要，重要的是朋友的情谊。"试想，本来已经非常尴尬的朋友，能听到如此体己贴心的话，岂能不为之深深感动吗？可见，表情达意并不简单，在特定情境下甚至需要有特别的语言修养与高超的表达技巧。

如果那位送假酒的书生不是巧妙地运用"藏词"表达法，而是实话实说："你我是好友，请原谅我的大不敬，无钱买酒，权且以水代之，以表一片心意。"那么结果会如何？不言而喻，不仅那书生没面子，他的朋友也很没面子，甚至全体到场祝寿的宾客都会因此而感到很尴尬，祝寿的气氛肯定会被破坏。又假如那位做寿的朋友不运用"藏词"表达法，也是直言其事："我们是朋友，你能光临就是给我面子了，送不送礼，送酒还是送什么，都不重要，情谊比天高。"那么结果又会如何？不言而喻，那位送假酒的朋友大概只有找个地缝钻进去了。两相比较，我们对于这对朋友的酬答智慧与语言表达力就更清楚了。

4. 至于释迦牟尼，可更与文艺界"风马牛"了：鲁迅批评"含泪"的批评家

> 胡君因为诗里有"一个和尚悔出家"的话，便说是诬蔑了普天下的和尚，而且大呼释迦牟尼佛：这是近于宗教家而且援引多数来恫吓，失了批评的态度的。其实一个和尚悔出家，并不是怪事，若普天下的和尚没有一个悔出家的，那倒是大怪事。中国岂不是常有酒肉和尚，还俗和尚么？非"悔出家"而何？倘说那些是坏和尚，则那诗里的便是坏和尚之一，又何至诬蔑了普天下的和尚呢？这正如胡君说一本诗集是不道德，并不算诬蔑了普天下的诗人。至于释迦牟尼，可更与文艺界"风马牛"了，据他老先生的教训，则作诗便犯了"绮语戒"，无论道德或不道德，都不免受些孽报，可怕得很的！
>
> ——鲁迅《反对"含泪"的批评家》

上引这段文字，是鲁迅"批评胡梦华在批评诗人汪静之《蕙的风》一诗之时乱攀不相干的事来指责别人的不良作风"[1]。其中，"至于释迦牟尼，可更与文艺界'风马牛'了"一句，说得更是耐人寻味，大有"余味曲包"之妙，既批评了争论对手，又展示了自己温文尔雅、学识渊博的文人形象。

那么，这句话何以有如此好的表达效果呢？

原来，乃得力于"藏词"表达法的运用。

---

① 吴礼权：《委婉修辞研究》，山东文艺出版社 2008 年版，第 61 页。

鲁迅这里所说的"至于释迦牟尼，可更与文艺界'风马牛'了"，说白了，就是这样一句话："释迦牟尼跟文艺界没有关系，文艺批评只应关注文艺作品本身，不能乱攀不相干的事。"但是，鲁迅没有这样直白地表达，而是借引"风马牛不相及"一语来表达。我们知道，"风马牛不相及"是一个成语，出自《左传·僖公四年》："四年春，齐侯以诸侯之师侵蔡。蔡溃，遂伐楚。楚子使与师言曰：'君处北海，寡人处南海，唯是风马牛不相及也。'"楚王派使者传达给齐桓公的这句话，意思是说，齐楚相隔甚远，本无山水相邻，你们齐国为什么要越过我们之间的诸多国家而南侵我们楚国呢？这是楚王对齐桓公纠合诸侯国借伐蔡为名南侵楚国的严重抗议。这句抗议，楚王运用的是"比喻"表达法，将齐楚二国比作牛马，即使发情（服虔注：牝牡相诱谓之风），也不会发生关系，以此形象地说明了两国不应该有兵戎相见的理由。因为"风马牛不相及"这个成语的典故及其含义在中国人人都懂，为了使这层意思表达得婉转，作者就没有将"风马牛不相及"全部引出，而是断取前一部分，将实际想表达的关键成分"不相及"藏掉。这样，就创造出了一个"藏词"修辞文本。这一文本的创造，使本来火药味很浓的文人论争顿时变得温婉儒雅。因为它既批评了论敌胡梦华的所作所为，又彰显了文艺批评与反批评应该平心静气进行的宗旨，同时又显示了文人论争应有的君子风范：温文尔雅地待人、平心静气地说理。

我们都知道，鲁迅是现代作家中喜欢与人论争的作家之一，但是看他与人论争的文章则又不失温婉的风格，这恐怕是与他善于运用"藏词"等相关表达法有关吧。

5. 腾出位子给别人尝尝人之患的滋味：梁实秋有退休的自知之明

> 如今退休制度不限于仕宦一途，坐拥皋比的人到了粉
> 笔屑快要塞满他的气管的时候也要引退。不一定是怕他春
> 风风人之际忽然一口气上不来，是要他腾出位子给别人尝

尝人之患的滋味。

——梁实秋《退休》

孟子曰："君子有三乐，而王天下不与存焉。父母俱存，兄弟无故，一乐也。仰不愧于天，俯不怍于人，二乐也；得天下英才而教育之，三乐也。"（《孟子·尽心上》）意思是说，做大王，一统天下，虽然能够耀武扬威，能够纵心所欲，但并不是人生最高的快乐境界。对于君子来说，最高的快乐境界只有三种：一是父母健康，自己有尽孝的机会，兄弟和睦相处；二是一辈子不做伤天害理之事，仰天俯地，心中坦然；三是收天下英才于门下，按照自己的理念培养之，使之成为社会的栋梁。

可见，在孟子眼里，做大王都没有做老师好。很明显，孟子确实是有教训人的嗜好。不过，他也认识到好为人师是人的一个毛病。《孟子·离娄上》有云："人之患在好为人师。"这说明他还有自知之明，脑子非常清楚。

其实，"好为人师"也并不是什么坏事。因为将自己所知道的知识无私地传授给别人，别人做错了什么，给指出来让其改正，这都是有益的。只是有一点，如果将"为人师"作为职业，那么就要有个时限问题了，不能"生命不息，教训不止"。也就是说，做教师得有个退出讲台的时候，不能老是占据杏坛，不给年轻人"为人师"的机会。因为"衣服会破旧，知识也会折旧"，必须让掌握更新知识的"人师"站上讲台教书育人，这样社会才能一代更比一代进步。这个道理虽然简单，但并不是所有人都明白。比方说，在许多大学，都存在着一种普遍的现象，许多到了退休年龄的教授都会想方设法以各种理由或利用权力不退休。像这种情况，恐怕就不是孟子"好为人师"的本意了。因为他占据讲台的目的不是为了教育学生，传授知识，而是为了自己的利益。说白了，或是为了要拿全额薪水，不想拿打了折扣的退休金；或是怕退休了生活空虚，有不甘寂寞之意。这些人应该好好读读梁实秋先生的《退休》一文，特别是要好好领会一下上引一段文字中的最后一句："是要他腾出位子给别人尝尝人之患的滋味。"

梁实秋先生的这句话虽然是明确倡言"教师到了一定年纪必须退休",但是,他却没有如此直白地表达,而是运用了"藏词"表达法,婉转地宣达了这层意思。

那么,这是为什么呢?

无他。他是想通过借引孟子之语指明"好为人师"乃是"人之患"的道理。但是,为了表意的婉转,他在借引孟子之语时故意运用"藏词"法,将"人之患在好为人师"的后半截藏去。这样,一来可以使表达显得含蓄蕴藉,对于那些"好为人师"者少些情感上的刺激;二来只取"人之患",而不谈及后半的"好为人师",还有强调"人之患"的意味,告诫那些不愿退休的"人师"要有自知之明。可见,梁实秋先生这句话并不是随便写的,它是有着深刻含义的。

六、草泽藏珠:镶嵌的表达力

臻至"含不尽之意,见于言外"的境界,除了上述"留白"、"折绕"、"双关"、"讳饰"等诸种表达法以外,还有一种表达法,也能企及这种表达境界。这种表达法便是"镶嵌"。

所谓"镶嵌"表达法,"是一种为着表意的婉转含蓄或是耐人寻味的机趣而有意将某些特定的字词镶嵌于语句之中"①,让人通过文本分析寻而觅之、思而得之的语言表达方式。以"镶嵌"表达法建构的文本,我们称之为"镶嵌"修辞文本。这种修辞文本的建构,在表达上有一种"余味曲包"的韵致,在接受上有一种耐人寻味的机趣。

正因为如此,古往今来的许多文人在说写实践中都喜欢运用这种表达法。虽然有些不乏文字游戏的意味,但却都有"含不尽之意,见于言外"的表达效果。

---

① 吴礼权:《语言策略秀》(修订版),暨南大学出版社 2013 年版,第 87 页。

1. 从此南徐，良夜清风月满湖：苏东坡为妓女脱籍

　　东坡集中有《减字木兰花》词云："郑庄好客，容我樽前先堕帻。落笔生风，籍甚声名独我公。高山白早，莹雪肌肤那解老，从此南徐，良夜清风月满湖。"人多不晓其意。或云：坡昔过京口，官妓郑容、高莹二人尝侍宴，坡喜之。二妓间请于坡，欲为脱籍。坡许之而终不为言。及临别，二妓复之船所恳之，坡曰："尔但持我此词以往，太守一见，便知其意。"盖是"郑容落籍，高莹从良"八字也。此老真尔狡狯耶。

　　——宋·陈善《扪虱新话》下集卷九《东坡为郑容落籍高莹从良》条

这则故事，述说的是宋代大文豪苏轼与两位官妓的故事。

了解历史者皆知，中国古代很多朝代都有蓄养官妓的风气。官妓的来源不一，不同朝代有不同情况。有些朝代的官妓就是一般民女，有些朝代的官妓则是由犯罪官员的妻女充任的。但不管是以什么途径进入官妓行列，只要入了籍，一般就很难脱籍从良。上引故事中的京口名妓郑容和高莹，就是这样的官妓。她们花容月貌，才华横溢，所以深得苏轼喜爱。虽然她们在风月场上常与达官贵人相处，朝朝笙歌，夜夜浪漫，但她们都想脱离这种风花雪月的场所，脱籍从良，过上正常良家妇女的平淡生活。可是，既已入籍，就难以脱身了。为此，她们感到苦闷、痛苦。还好，终于有一天，她们感到有了一线希望。一次大文豪苏轼路过京口，二位小姐陪侍学士喝酒聊天，热情服务，谈诗论文。二位小姐出众的才貌，让苏学士印象非常深刻。得到苏学士的垂青，二位小姐就动了念头，想请苏学士帮忙，注销她们的官妓户籍，以便趁着年轻从良，找个好人家结婚生子，过正常人的生活。二位小姐将想法委婉地说了一下，苏学士就爽快地答应了。可是，过了好久，注销户口的事却一直没有落实。这时，郑、高二位小姐就着急了，因为再办不下来，那就没

机会了。因为苏学士马上就要离开京口了。想着自己的前途就在此一举，二位小姐遂又硬着头皮再次找上苏学士。苏学士这时突然想起，二位小姐托办的事情还没办呢，于是立即提笔写了一张纸条，递给二位小姐。二位小姐接纸一看，发现这并不是让太守放人的函件，而是一首词，顿时现出了绝望之情。苏学士见此，莞尔一笑道："尔但持我此词以往，太守一见，便知其意。"意思是说，你们别管那么多，拿着这首词去找你们领导（太守），他一看就知道我的意思了。结果，当然如二位小姐所希望的那样了。

那么，苏轼的这首词何以如此法力无边呢？

原来，苏轼的这首词就是一张替人求情的请托信函。他所请托太守的事就写在词里，但是一般人是读不出来的，因为它是运用了"镶嵌"表达法。这首词所要表达的实质内容，其实只有八个字："郑容落籍，高莹从良。"但是，苏轼并没有直接而简单地把这八个字写出来。因为他知道，虽然自己文名很盛，但毕竟不是主管京口事务的官员，自己不能也没权利下令让太守落实"郑容落籍，高莹从良"之事，而只能凭自己的名望，还有与太守的个人交情去说说情，求托求托。但是，求托之事能否办成，他自己也没有把握。再说，他自己是个风雅文人，为两个官妓请托事情，总是不好意思直说。于是，便选择了当时文人们都喜爱的"镶嵌"表达法，将所要请托之事（郑容落籍，高莹从良），以"嵌字"之法镶嵌于词中。太守当然也是风雅文士，"能够得到东坡的赠词，那是无上光荣的事。当然他更能解读得出东坡词中所嘱托的事。如果能办，太守自然就爽快地办了；如果实在为难，太守权限不及，不能办，可以理解为太守不解词作用意，也可以理解为东坡仅是赠词，没有求托太守什么事，双方都不尴尬"①。可见，苏轼真是一个智慧超群、语言表达力超群的文人。宋人陈善如此津津乐道地记述他为官妓脱籍之事，正是基于对他处事智慧与语言表达力的钦佩。同时，由此例我们也能清楚地见出"镶嵌"表达法独特的表达效果，运用得当，确

---

① 吴礼权：《语言策略秀》（修订版），暨南大学出版社 2013 年版，第 88 页。

有异乎寻常的表达力。

2. 家居青山绿水畔，人在春风和气中：杨南峰笑里藏刀

家居青山绿水畔，人在春风和气中。

——清·褚人获《坚瓠集》载杨南峰联语

这副对联是明人杨南峰所作。

杨南峰，即杨循吉，明代吴县（今江苏苏州）人。字君谦，一作君卿，号雁村居士。成化二十年（1484）甲辰科进士，授礼部主事。未久，因病南归，结庐支硎山下，以读书著述为乐。正德十五年（1520），明武宗南巡。驻跸南京时，曾召杨循吉晋见，令其作《打虎曲》，又作乐府、小令等。杨循吉见正德皇帝并无授官之意，只以俳优视之，深以为耻，遂辞归。嘉靖中，曾献《九庙颂》和《华阳求嗣斋仪》。晚年落寞，但更洁身自好。杨循吉既是明代著名的文学家，也是著名的藏书家。史载，杨氏性喜藏书，闻人家有异本，则必购求缮写之。早年家境殷实，因常以巨资求书，晚年家赤贫。生平所藏书籍达十万余卷。弘治元年（1488），建"雁荡村舍"，辟专楼藏书，号为"卧读斋"，日在楼中读经史。曾自作诗文描述自己的生活道："沈疾已在躬，嗜书犹不废。每闻有奇籍，多方必罗致。手录兼贸人，恒辍衣食费。"自称藏书"小者虽未备，大者亦略全"。除了藏书，杨氏也著书立说，所著有《南峰乐府》、《东窗末艺》、《菊花百咏》、《攒眉集》、《奚囊手镜》、《松筹堂集》等十余种。

杨循吉不仅是饱学之士，亦是才华横溢的文学家，但是为人"性狷隘，好持人长短"。上引那副对联，其实就是他"好持人长短"，嘲讽他人之笔。当时，吴中乡间有一富翁，性喜附庸风雅，慕循吉之文名，遂求其为新落成的宅第写一副对联。循吉提笔一挥而就，富翁得之欣喜异常。后来经人指点，才知循吉骂他。

那么，为什么说"家居青山绿水畔，人在春风和气中"这副对联是骂人的呢？

　　原来，杨循吉是运用了"镶嵌"表达法中的"嵌字"，将"家"、"人"二字分别置于上下二句的开头，不露痕迹地嘲讽富翁是"仆人家风"（"家人"即"仆人"），暗指他的宅第再豪华，也只是"家人"的住所。应该说，这层意思是非常刻薄的。但是，由于杨循吉运用了"镶嵌"表达法，所以要解读出这层意思并不容易。因为在一般人看来，这副对联在形式上对仗工整，在内容上意境优美，既表现了宅第优美的环境，又赞美了宅中人幸福和乐的生活，可谓是寓意非常好的对联。那富翁得联之所以欣喜异常，也正是因为他也是这样理解的。而那个看出对联骂人寓意者，了解那富翁的祖父曾为人仆的历史，于是联系那富翁的家世，才得以破解了杨氏联语的奥秘。虽然我们并不赞成杨氏"持人长短"那刻薄的为人作风，但是就事论事，从语言表达的角度看，我们不得不佩服他创意造言的智慧，不得不佩服他骂人高妙的表达技巧。

3. 总而言之，统而言之，不是东西：章太炎骂人天下无双

> 民犹是也，国犹是也，何分南北？
> 总而言之，统而言之，不是东西！
>
> ——章太炎联语

　　上引联语是章太炎讽刺曹锟在总统选举中贿买国会议员的无耻行径。

　　选总统，在中国数千年的历史上，那是稀罕事。因为中国自夏禹开始，便是"家天下"，从来不搞选举（尧舜时代叫"推举"，由部落联盟会议推荐）。清亡，中华民国建立，才开始学习西方，搞民主选举这一套。也许是独裁专制统治的时间久了，中国人有些不习惯搞选举，那些封建思想严重的当权者更是不习惯。因为想当选，就要有民意基础；即使选举当选了，那还得有民主监督，做起事来，特别是做起坏事来就不自由了。所以，袁世凯白捡了一个中华民国大总统，非要冒天下之大不韪，恢复帝制，做起了皇帝。

　　其实，西方人搞的选举，也不是什么新鲜玩意，中国古代就

有。撇开传说中的尧舜时代不说，就拿汉代来说，就有这种玩意。只是那时不是人人都有权参与投票，而是由上层人士举荐贤良方正之士出来做官，类同于今天有些国家搞的间接选举。比方说，日本人在众议院由众议员投票选举首相，就是这种性质。只是中国那时的间接选举太腐败，操作不透明，官职的安排实际上都是统治阶层内部的分赃。所以，那时有民谣说："举秀才，不知书；举孝廉，父别居。"可见，这种选举黑暗到了什么程度。正因为选举不公正，所以，唐代就正式将开科取士作为选拔官员的途径。任何人都可以做官，只要你有本事在考试中发挥出色，诗文写得好，得到主考官和皇上的赏识，就有机会做官。真可谓是"朝为田舍郎，暮登天子堂"。这种选拔官员的制度，虽然与现代西方的民主选举有些不同，不是由老百姓投票选举，但在公正性上则是一致的。也幸亏发明了这种选举人才的制度，中国数千年的封建统治才能稳定地维持下来。

也许是因为中国的这种选举制度实行太久，中国人已经习惯了。因此，当西方的民主选举制度引进中国并实行之，中国人就有些不适应了。因为中国以前开科取士，虽与西方选举官员类似（因为考上就有官做），但什么人做什么官，则是由一个不需要参加科考的皇帝（中国历朝历代的皇位都是靠杀人的本事得来的）来任命的。因此，到了连类似于皇帝的"天下之主"（总统）也要选的时候，中国人就不习惯了，特别是那些想当"天下之主"（总统）的人就更不习惯了。于是，这就出现了前有袁世凯的武力取之、后有曹锟的贿买得之的怪现象。

虽说中国有中国的国情，但既已实行西方的民主制度而票选总统，那么就应该按民主制度的游戏规则进行。因此，当北洋军阀曹锟公开贿赂国会议员而当选中华民国总统后，朝野上下就沸腾了，全国舆论一片哗然，真可谓是人神共愤。

上引章太炎《讽曹锟》的联语，正是出现于这一特定的历史背景下。

被鲁迅誉为"革命的先驱，小学的大师"的章太炎，对于曹锟这种赤裸裸的无耻行径已经不是愤怒，而是不屑了。所以，他没有愤激地发表檄文讨伐曹锟，而是作了一副对联送给曹锟。这副对联看似轻描淡写，但实际上比挖了曹氏祖坟还要让曹氏耿耿于怀。

那么，章太炎的这副对联何以有如此的表达力呢？

无他。乃因章太炎"镶嵌"表达法运用得好。他是用"镶嵌"表达法中的"嵌字"手段，将"民国总统"四字嵌入对联上下句的每个小句的开头，巧妙地组接出"民国总统"这个短语，并自然与其后的"不是东西"对接，从而不露痕迹地嘲讽"曹锟不是东西"。如果章太炎不以"镶嵌"表达法，而是直言"曹锟不是东西"，那么就形同泼妇骂街，既失了文人风范，又减弱了攻击的火力，同时也不易引起全国人民的兴趣和更广泛的情感共鸣。

由此可见，骂人也是不容易的。骂人要骂得好，骂得有水平，那是需要有语言修养，有表达技巧的。

4. 芦花滩上有扁舟，俊杰黄昏独自游：陷卢俊义于不义的反诗

> 芦花滩上有扁舟，俊杰黄昏独自游。义到尽头原是命，反躬逃难必无忧。
>
> ——《水浒传》第六十回

上引这首诗，读过《水浒传》的人都很熟悉，是梁山泊军师吴用所写的，意在设计陷害卢俊义，逼卢走向梁山。小说原文是这样叙述其前后经过的：

> 吴用转过前来向卢员外施礼。卢俊义欠身答着，问道："先生贵乡何处，尊姓高名？"吴用答道："小生姓张，名用，别号天口：祖贯山东人氏。能算皇极先天神数，知人生死贵贱。卦金白银一两，方才排算。"卢俊义请入后堂小阁儿里，分宾坐定；茶汤已罢，叫当值的取过白银一两，奉作命金。"烦先生看贱造则个。"吴用道："请贵庚月日下算。"卢俊义道："先生，君子问灾不问福；不必道在下豪富，只求推算下行藏。在下今年三十二岁。甲子

年，乙丑月，丙寅日，丁卯时。"吴用取出一把铁算子来，搭了一回，拿起算子一拍，大叫一声"怪哉！"卢俊义失惊问道："贱造主何吉凶？"吴用道："员外必当见怪。岂可直言！"卢俊义道："正要先生与迷人指路，但说不妨。"吴用道："员外这命，目下不出百日之内必有血光之灾；家私不能保守，死于刀剑之下。"卢俊义笑道："先生差矣。卢某生于北京，长在豪富；祖宗无犯法之男，亲族无再婚之女；更兼俊义作事谨慎，非理不为，非财不取：如何能有血光之灾？"吴用改容变色，急取原银付还，起身便走，嗟叹而言："天下原来都要阿谀谄妄！罢！罢！分明指与平川路，却把忠言当恶言。小生告退。"卢俊义道："先生息怒。卢某偶然戏言，愿得终听指教。"吴用道："从来直言，原不易信。"卢俊义道："卢某专听，愿勿隐匿。"吴用道："员外贵造，一切都行好运；独今年时犯岁星，正交恶限；恰在百日之内，要见身首异处。此乃生来分定，不可逃也。"卢俊义道："可以回避否？"吴用再把铁算子搭了一回，沉吟自语，道："只除非去东南方巽地一千里之外，可以免此大难；然亦还有惊恐，却不伤大体。"卢俊义道："若是免得此难，当以厚报。"吴用道："贵造有四句卦歌，小生说与员外写于壁上；日后应验，方知小生妙处。"卢俊义叫取笔砚来，便去白壁上平头自写。吴用口歌四句道："卢花滩上有扁舟，俊杰黄昏独自游。义到尽头原是命，反躬逃难必无忧。"当时卢俊义写罢，吴用收拾算子，作揖便行。卢俊义留道："先生少坐，过午了去。"吴用答道："多蒙员外厚意，小生恐误卖卦，改日有处拜会。"抽身便起。

　　结果，大家都知道，就因为这四句写在白壁上的诗，精明而谨慎的卢俊义最终被官府逼得走投无路，只得放弃万贯家财，不情不愿地上梁山入了伙。由此，吴用的如意算盘终于打着，梁山泊又多了一员大将。

那么，吴用的这四句诗何以有如此的力量呢？

原来，他运用了"镶嵌"表达法，将卢俊义之名分嵌于诗的前三句的开头，并在第四句的开头嵌一个"反"字，这就成了表明卢俊义要造反的反诗"卢俊义反"。试想，在北宋末期那种社会矛盾严重、盗匪满天下的情况下，公开宣言要造反，这还了得？白壁黑字，写得明明白白，纵使卢俊义如何了得，也是百口莫辩了。最终除了上梁山，就再无活路了。我们都知道，在中国数千年的历史上，通过栽赃陷害别人的事，那是不胜枚举的。但是，通过题诗而陷人于不义，逼人走上造反的道路的，还真是少见。可是，梁山泊上的军师吴用做到了。可见，草寇的智慧也是不容小觑的，草寇中也有妙笔生花的文胆。

5. 雪山压垮望夫崖，飞狐踹倒张三丰：电视台收视率的比拼

> 昨天，台视举行《雪山飞狐》试片会，会场高挂两标语："雪山压垮望夫崖，飞狐踹倒张三丰"，足可见台视企图借《雪山飞狐》重拾八点档威风的决心。
> ——台湾《中国时报》1991年3月14日一则新闻报道

现代社会，干哪一个行业都有竞争。商业上的竞争，则是无所不用其极，所以人们常说"商场如战场"。

也许有人会说，电视台是搞文化的，是生产精神产品的，即使有竞争，大概也不会像生意场上那样充斥着铜臭味吧。其实，这种观念是错误的。开办电视台的人也不是不食人间烟火的神仙，他们也要吃饭，所以他们必然要想着如何赚钱。那么，电视台怎么赚钱呢？只要你看过电视，你就知道，电视台是最赚钱的机构，赚钱最直接而有效的方法就是做广告。现在，不仅播放故事性较强的电视连续剧要大量投放广告，就是收视率较高的新闻档节目或有人气的谈话节目，同样也大量插播广告。记得早些年，我和很多人一样，对电视节目正常播放中突然插进的广告大为反感。后来，看了

梁实秋先生写电视的一篇短文，才彻底转变了态度。梁先生在那篇短文中说，我们不应该反感电视节目插播广告，因为我们没有反对的权利，是电视台请我们看电视。如果没有广告，也就没有电视台的存在，没有电视台，也就没人免费招待我们看电视了。看到梁先生对于电视节目中插播广告持如此达观的态度，我就彻底改变了对电视台播放广告的态度，甚至还喜欢上那些制作得很有艺术性的广告。

上引新闻中，说到台湾三大电视台为播放黄金时间电视剧而做广告，其实大家争的不是各自播映的电视剧的精彩程度，而是争夺观众收视率。而争夺观众收视率，也就是争夺商业利益。因为收视率越高，商业广告的投放量就越大，电视台的获利就越多。当时中视正热播电视剧《望夫崖》，华视则热播《张三丰》。台视为了争夺电视观众，因此在即将播映电视剧《雪山飞狐》的试片会上打出了广告："雪山压垮望夫崖，飞狐踹倒张三丰"，其"企图借《雪山飞狐》重拾八点档威风的决心"昭然若揭。

最后，台视是否真的打败中视与华视，《雪山飞狐》的收视率是否真的盖过中视的《望夫崖》和华视的《张三丰》，我们不知道。但是，我们知道的是，台视的这则试片广告是非常成功的，不然《中国时报》也不会专门为此作报道。

那么，这则广告的成功之处在哪里呢？

无他，全在于"镶嵌"表达法运用得自然而巧妙。它将中视和华视播映的电视剧名称嵌入广告语中，将"雪山"与"望夫崖"配对，让"飞狐"与"张三丰"比拼，表达上既显得生动形象，妙趣横生，又不露痕迹地压了中视与华视一头，提升了自己电视台即将播映的《雪山飞狐》的可看性，可谓吊足了观众的胃口，煽起了观众的万丈热情。

七、点画之间有文章：析字的表达力

我们都知道，文字是记录语言的符号。但是，在世界众多语言中，汉语的记录符号——汉字，却与其他任何语言的记录符号都不同。因为汉字不是拼音文字，而是表意文字，它是由一个个偏旁部首组合而成。正因为如此，汉字可以通过偏旁分拆或笔画组合，产生另一个新的汉字。由此，可以表达不同的语义。因为汉字的这个特点，汉语中便有一个很特别的表达法"析字"。

所谓"析字"表达法，是一种"利用文字的组成部件的特点，分离、组合、增损，寄意寓理"[①] 的语言表达方式。以这种表达法建构的文本，我们称之为"析字"修辞文本。一般说来，这种修辞文本的建构，"在表达上，显得婉约含蓄，表意深沉；在接受上，因有表达者所制造的表达与接受之间的距离，易于调动接受者文本接受解读的积极性，从而获取文本接受解读中的心理快慰和美感享受"。[②] 正因为如此，这种表达法的运用，也能臻至"含不尽之意，见于言外"的境界，故而为古往今来的许多表达者所喜用。

1. 欲知圣人姓，田八二十一：皮日休鼓动革命的造反诗

> 欲知圣人姓，田八二十一。
>
> 欲知圣人名，果头三屈律。
>
> ——唐·皮日休《打油诗》

在中国历史上，但凡要改朝换代，以一个利益集团替代另一个利益集团时，新的利益集团都会制造舆论，从而确立造反或起事的正当性。如东汉末年张角领导的黄巾军，他的口号是"苍天已死，黄天当立，岁在甲子，天下大吉"。元末刘福通起义，鼓动天下人造蒙古人的反，提出的口号是"石人一只眼，挑动黄河天下反"。

纵览中国历史，似乎起事造反者都会用这套伎俩。其目的就是争取民心，争取天下民众的支持，策动天下对旧政权有怨恨者跟进，从而壮大造反的声势，为推翻旧政权增添生力军。与其他造反

---

① 谭永祥：《汉语修辞美学》，北京语言学院出版社 1992 年版，第 420 页。
② 吴礼权：《修辞心理学》（修订版），暨南大学出版社 2013 年版，第 173 页。

者一样，唐末的黄巢造反，也是有口号的。众所周知，在中国文学史上，黄巢的两首诗最为有名，一是《题菊花》："飒飒西风满院栽，蕊寒香冷蝶难来。他年我若为青帝，报与桃花一处开。"二是《菊花》（又题作《不第后赋菊》）："待到秋来九月八，我花开后百花杀。冲天香阵透长安，满城尽带黄金甲。"这两首诗既可以说是黄巢久蓄于胸的造反之志的表露，也是他造反的宣言与口号。只是唐朝的皇帝们没有解读出来，否则，或是让他中进士、做朝官以羁縻他，或是早早扑杀他，那么唐朝的劫难就可避免或推迟了。

如果说黄巢自己的诗还不能算是他造反（或曰革命）的宣传口号，而只是"诗言志"的心声的话，那上引皮日休的《打油诗》："欲知圣人姓，田八二十一，欲知圣人名，果头三屈律"，则就是典型的革命口号了。

不要以为写打油诗的人都是三家村学究，是上不了台面的人。像皮日休这样写打油诗的诗人，就不是这样的。说起这个皮日休，他可不是一般人。他的学问要比黄巢好，他是考取过唐朝进士的，而黄巢则是因为没有考中进士心中积满怨恨才造反的。史载，皮日休，唐末襄阳人，字逸少，后改袭美，自号醉吟先生、鹿门子等。懿宗咸通七年（866）应进士第落榜，第二年及第，名列进士榜末。他曾任著作佐郎、太常博士。僖宗乾符二年（875）出为毗陵副使。后来因同情人民疾苦，追随黄巢造反，在新朝大齐任翰林学士。黄巢造反失败，皮日休不知所终。所作诗文自编为《皮子文薮》，内容多抨击时弊。另有与陆龟蒙唱和的集子《松陵集》。

从上述皮日休的生平，我们就能清楚知道，皮日休是唐朝的进士，做过李家的朝廷命官，他之所以追随黄巢造反，是因为痛恨朝廷腐败，同情人民疾苦。当黄巢揭竿而起，啸聚山林时，他就自告奋勇地充当起黄巢的文胆，发挥自己的专业才干，创作《打油诗》，为黄巢起事造反进行舆论宣传。

那么，为什么说皮日休的这首《打油诗》是为黄巢造反而作宣传的呢？

我们仔细读一下这首诗，就能发现问题。它运用了中国古已有之的"析字"表达法，吹捧黄巢是圣人，鼓动天下人追随黄巢造反。诗的第二句"田八二十一"，是析分"黄"字而成的。读诗人经由"田八二十一"的笔画组合，就能还原出"黄"字的本相。诗的第四句"果头三屈律"，则是由"巢"字拆解而成的。读诗人通过逆向还原，便知其要表达的本意是说"巢"。当读者解读出诗的第二、四两句后，结合诗的第一、三两句，便清楚明白了全诗的寓意："黄巢是圣人。"既然黄巢是圣人，我们大家跟着他造反，那就没错了。因为圣人起事，乃是替天行道的行为，是服从天命的。由于这一宣传口号是通过打油诗的形式表现，这就容易为普通老百姓所了解，迎合草根阶层的心理。因此，这首打油诗不简单，它对于黄巢在短时间内啸聚数十万民众，成为反抗唐朝政府的生力军，从而迅速横扫大半个中国，建立大齐政权，那是为功不小的。大家都知道枪杆子厉害，殊不知有时笔杆子的作用可能更大。皮日休的《打油诗》是这样，汉末民谣"千里草，何青青。十日卜，不得生"（寓意：董卓不得生）也是这样。

2. 五人张伞，四人全仗大人遮：才女作奸犯科的辩护词

> 有三女而通于一人者，色美而才。事发到官，出一对云："三女为奸，二女皆从长女起。"一女对云："五人张伞，四人全仗大人遮。"官薄惩之。
> ——清·褚人获《坚瓠首集》卷二《巧对》

中国自古以来就有"男才女貌"之说。意思是说，男人要有才气，女人要有美貌。有才气的男人配有美貌的女人，就是中国古代戏曲和小说不断搬演的"才子佳人"了。

其实，男人爱女人之貌，女人爱男人之才，乃出于本性，自古皆然。当然，在女人中，也不乏现实主义者，爱有贝之"财"者大有人在。不过，在读书人眼里，爱才的女人是比较可爱的，而爱财的女人则是比较俗的，读书人对之深恶痛绝。

上引故事中的三个女人，因为爱一个男子之才，一改女人好争

风吃醋的本性，三人共享一个男人。这种事，即使放到现代，也算是出格的了。在中国古代，那简直是大逆不道，伤风败俗到了极点，按照古代的伦理观念，是碎尸万段也不为过的。可是，事发见官后，大老爷却并没有把她们碎尸万段，而只是略略地将她们教训了一顿就放了。

那么，这是为什么呢？

无他。大老爷是男人，也是读书人，他爱惜她们三人的才华，赞赏她们不贪财而爱才的人生态度。正因为如此，当三个女子事发见官后，大老爷不是将惊堂木拍得山响，喝令三位作奸犯科的淫妇从实招来，而是和颜悦色地给她们出了一个上联："三女为奸，二女皆从长女起。"那三个女子见大老爷如此好作对联，遂投桃报李地对上了一个下联："五人张伞，四人全仗大人遮。"结果，大老爷大为高兴，决定立马放人。只是为掩人耳目，不给人留下"人治"而不是"法治"的把柄，将三位女子略略教训了一顿，相当于今日官场上的申戒。

那么，这大老爷的上联有什么奥妙呢？三位女子的下联为什么能有如此神奇的效果呢？

仔细分析一下这副对联，我们便会发现，其实这副对联也没有什么特别的语言技巧，只是运用"析字"表达法自然而巧妙，这才产生了异乎寻常的表达力。大老爷的上联"三女为奸，二女皆从长女起"，经由"析字"表达法，将"奸"字拆分为三个"女"字，然后组成一句话，表面好像是在做拆字游戏，实际上却是在问案："你们三位贱人与人通奸，是谁领的头？"很明显，这样的问案方式是亘古未见的，新颖别致，而且表意含蓄深沉，既照顾了三个年轻女子的面子，又展露了自己的才学。这样的表达力，无疑是异乎寻常的。可是，出人意料的是，三位女子中的一位却在"析字"方面更胜一筹。她的下联"五人张伞，四人全仗大人遮"，通过相同的"析字"表达法，拆"伞"（傘）为五人，通过"伞"字的字体形象，巧妙地构建了一个文本，既按要求对上了大老爷所出的上联，又不着痕迹地向大老爷求情："老爷是大人，我们是小女子，就请老爷大人不计小人过，放我们一马吧。"由于这层语义的表达是通过"析字"的方式婉转地表达出来的，因此在接受上就显得含蓄蕴藉，达到了包括大老爷在内所有封建文人所极力推崇的"不著一字，尽得风流"的境界，同时还表现了封建时代女子羞羞答答的娇羞情态，这更是讨大老爷欢心了。试想，有这样的才女当前，老爷在情感上如何能把持得住？所以，早就把王法抛到九霄云外，一高兴就"人治"了——放人。

由此可见，"析字"表达法在中国古代虽是寻常人都会的文字游戏，但想很好地运用，产生奇效，也不是那么容易的，没有一定的智慧和深厚的语言修养，恐怕也是难以用好这一表达法的。

3. **脱去凡心一点，了却俗身半边：僧人修行的境界**

> 旧时镇江焦山有僧人名几谷，或赠联曰："脱去凡心一点，了却俗身半边。"
>
> ——刘叶秋《再谈对联》

我们日常生活中，常听到有人赞扬某人高风亮节，说他"超凡脱俗"。

其实，要一个人做到"超凡脱俗"，谈何容易？特别是现代社会，不要说普通人做不到"超凡脱俗"，就是出家人也难以做到。《水浒传》的鲁智深虽然在五台山剃度出家，但仍改不了吃肉喝酒的嗜好，结果变成了一个花和尚。古代物质条件相对贫乏，诱惑也没有那么多，出家人尚且还把持不住，不仅喝酒吃肉，还容留女人在寺中，日夜宣淫，明清通俗小说中有很多这种描写。那么，现代呢？众所周知，现在的诱惑真是太多了。做和尚的不想堕落，有"超凡脱俗"之志，也是很难实现的。

正因为古今中外的出家人都做不到"超凡脱俗"，因此自古以来，做和尚的人或对和尚寄予希望的人，都努力宣扬"超凡脱俗"的理念。上引故事中的那位为几谷和尚题联语的人，就是对出家人寄予厚望的人。

这副联语写得非常高妙，其妙处就在于运用了"析字"表达法，利用僧人的法号做文章，从而既赞扬了几谷和尚超凡脱俗的人格，同时又寄予天下所有出家人以厚望：希望所有出家人都能修炼到"脱去凡心，了却俗身"的境界。这副对联的上句"脱去凡心一点"，看上去表意就如谜语的谜面，实际上不是，它是"析字"。它是利用"几"字与"凡"字形体的细微区别，以"脱去一点"相系联，从而还原了"几"字本相，赞扬了几谷僧人"超凡"的人格魅力。下联"了却俗身半边"，看上去也像是谜语的谜面，实际上也是利用"析字"创造的修辞文本，通过"俗"字与"谷"字形体上的细微差别，婉转含蓄地传达了一个言外之意：做和尚要与正常人有所区别。由此，在文字游戏中既表彰了几谷僧人的脱俗品格，又向天下僧人提出了希望。

4. 父进士，子进士，父子皆进士：吃酸文人的机巧

父进士，子进士，父子皆进士。

婆夫人，媳夫人，婆媳皆夫人。

——古代一对父子同中进士后的联语

父进土，子进土，父子皆进土。

婆失人，媳失人，婆媳皆失人。

——被改后的联语

在中国古代，读书人要想飞黄腾达，改变自己的命运，唯一的出路便是参加科考。有些人考了一辈子，还是名落孙山。清代曾有一个嘲弄此类情况的笑话，说一个读书人，从满头青丝的少年考到白发苍苍的老翁，都未能考中，最后回家都不好意思了，乃将胡须剃掉，深夜潜入家中，将老妻吓了一跳，简直认不出了。于是，有人便改唐人贺知章《回乡偶书》诗而嘲之曰："老大离乡少小回，乡音未改鬓毛无。老妻相见不相识，笑问儿从何处来。"这虽是一个笑话，却让人从笑声中看到落第读书人无尽的悲哀。如果有幸能够考中,那就前程无忧了,人生的轨迹从此改变,其中的快乐也是难以言表的。关于这一点,唐代大诗人孟郊在《登科后》一诗中作了淋漓尽致的描写:"昔日龌龊不足夸,今朝旷荡思无涯。春风得意马蹄疾,一日看尽长安花。"

正因为进士意味着荣耀,其社会影响极大,以至于古代有的皇帝也想抛弃皇帝不做而宁愿去考进士。不过,因为进士名额有限,能够考中的毕竟是少数,考试时还有偶然因素,因此即使平时满腹经纶的才子也未必一定能考中。可以说,考进士对于古代读书人来说,那也是"几家欢乐几家愁"的事。上引两副对联,说的正是与此相关的故事。

这个故事说的是,有一户人家,父子二人都参加科考,多年不中。但是,突然有一年时来运转,父子二人同时考中。这在古代可了不得,父子二人为此激动万分。手舞足蹈之余,欣然命笔,写了一副对联:"父进士,子进士,父子皆进士。婆夫人,媳夫人,婆媳皆夫人。"以此抒发那难以名状的喜悦之情。可是,对联贴出去之后,就出事了。原来,同乡有一个落第的读书人,看了这家父子张扬的行为而吃酸,遂在月朗风清之夜,提笔在原对联上动了点手脚,将原联改成:"父进土,子进土,父子皆进土。婆失人,媳失人,婆媳皆失人。"第二天,父子二人一早起来,开门一看,原来的对联变了味。顿时,情绪一下从九天之上掉到了九地之下。

那么,这改过的对联何以有如此的表达力呢?

原来,这副改联的独特效果就在于"析字"法的巧妙运用。

我们都知道,"进士"与"进土",虽然只是一字之差,"土"与"士",最后一横的笔划在长短上有异,但是含义却有天壤之别。前者是古代读书人梦寐以求的头衔,令人羡慕不已,而后者则是骂人之语。"夫人"与"失人",也只是一字之差,"失"字只比"夫"字在形体上多了一撇,但含义的褒贬却更明显。前者是对人的尊称,后者则是说别人死了丈夫,是恶毒的诅咒。虽然我们并不赞成诅咒别人,但对于这位读书人的修辞技巧则不得不佩服。他表达对他人的不满,并没费太多笔墨,只是利用汉字的特点,巧妙地运用增损笔画的手段，在相关字词上略作改动，便将所要表达的语义含蓄婉约地表达出来，可谓骂人不费力，诅人不费辞。

5. 或在园中，拖出老袁还我国：中国人民愤怒的吼声

> 或在园中，拖出老袁还我国；
>
> 余临道上，不堪回首问前途。
>
> ——民国初期讽嘲袁世凯称帝的联语

中国有几千年的封建专制制度，皇帝有生杀予夺的权力。所以，中国历朝历代之所以有那么多人觊觎皇位而不惜天下生灵涂炭，就是因为做皇帝感觉太好了，不仅可以享有三宫六院，而且想干什么都行。而总统因为有制度的限制，有国会和民众的监督，他自由不了，不仅不能有三宫六院，就是多纳一个妾也不行。这多憋屈啊！所以，当中华民国建立起来后，袁世凯虽然不费吹灰之力就窃取了辛亥革命的胜利果实，做了中华民国大总统，但他总觉得国会碍手碍脚，让他做起事来不爽。于是，天人交战之后，他最终还是冒天下之大不韪，恢复了帝制，做起了洪宪皇帝。

但是，民智已开，袁世凯要开历史的倒车，中国人民是不会答应的。袁世凯称帝后，举国上下一致声讨，文人口诛笔伐，武人举兵起义。结果，袁世凯在做了83天皇帝后就在全国人民的唾骂声中死去了。上引这副对联，说的正是这一历史背景下的小插曲。当时，有文人出了一个上联："或在园中，拖出老袁还我国。"但是想不出合适的下联，遂登报求取下联。结果，据说是一个船夫对上了下联："余临道上，不堪回首问前途。"当时这副对联被传为佳话。

那么，这副对联为什么会被传为佳话呢？

原来这副对联运用了"析字"表达法，它表达了全国人民对袁世凯倒行逆施行为的无比愤慨之情，以及对国家前途的深切忧虑。由于联语采用了"析字"表达法，表意就显得含蓄而耐人寻味。上联"或在园中，拖出老袁还我国"，将"国"析为"或"和"口"，"园"析为"袁"和"口"，然后再组配成句，委婉地表达出这样

一层意思："袁世凯称帝躲进紫禁城，我们要把他拖出来，重新恢复中华民国国体。"这层意思如果就这样直接地表达出来，那么就没有让人寻思与回味的余地了。而采用"析字"表达法，则使联语平添了耐人寻味的魅力。接受者在解读中虽然会费点心力，但一旦解读成功，便会自然生发出解读成功的快慰，领略到文本创造者创意造言的智慧。下联"余临道上，不堪回首问前途"，意思是说："中国正处于走回千年封建老路的危险境地，中华民国的前途令人担忧。"由于这层意思没有这样直白地表达，而是通过"析字"的方式，将"途"析为"余"与"辶"，巧妙地将个人（"余"）与国家前途联系起来，体现了表达者忧国忧民的主人公态度，因此读之让人备受感动，并深受鼓舞：有如此国民，中华民国的前途一定是光明的。

第四章　给你一个难忘的印象

日常生活中，我们都会有这样的经验，有些人说出的话让人毫无印象，而有些人说出的话则让人终生难忘。比方说，一个人小气，很多人都会这样表达："这个人小气得要命。"但是，上海人可能不这样说，而会说"这个人一分钱看得比人民广场还要大"。两相比较，很明显，后者给人的印象要深刻得多。

说话是这样，写作也是这样。比方描写贪小利者，古今中外文学作品中都不乏妙笔，但是，真正能给我们永世难忘印象的，莫过于元代无名氏的一首散曲《醉太平·讥贪小利者》：

> 夺泥燕口，削铁针头，刮金佛面细搜求，无中觅有。鹌鹑嗉里寻豌豆，鹭鸶腿上劈精肉。蚊子腹内刳脂油，亏老先生下手。

那么，上举二例为什么能够让人一听或一读就有终生难忘的深刻印象呢？这是因为它们都运用了特定的表达法，因而才能臻至让人过目或过耳而难忘的境界。

下面我们就介绍几种"给你一个深刻印象"的表达法，希望通过古今相关修辞文本范例的解析，让大家了解如何说写才能使人有一个深刻印象，从而有效提升说写的表达力。

一、不尽长江滚滚来：排比的表达力

站在大江大河面前，我们常会为其浩浩荡荡、一泻千里的气势而震撼。而读《庄子》、《孟子》之文，我们也会有这种震撼。那么，这是为什么呢？仔细分析一下，我们便会明白，庄、孟之文之所以读之会让人产生汪洋恣肆、纵横捭阖的浩荡感与震撼力，原因就在于其常运用"排比"表达法。

所谓"排比"表达法，是将"同范围"、"同性质"的事象，用两个或三个及三个以上的结构相同或相似的句子铺排表出的一种语言表达方式。以这种表达法建构的文本，我们称之为"排比"修辞文本。这种文本的建构，从表达上看，"除了表意上有充足酣畅的气势外，还使视听觉形象上有齐整、平衡、和谐（两项的排比在美学上属于'简单的平衡'，三项的排比则属于'代替的平衡'）的显著效果"①；接受上看，"由于修辞文本中多个相同相似结构形式的句子的并置，不仅易于引发接受者文本接受中的'不随意注意'和'随意注意'，而且还会因整齐的文本形式格局引发接受者生理上左右平衡的身心律动，产生一种快感，从而提升了文本接受解读的兴味，加深对表达者所建构的修辞文本用意内涵的理解把握"。②

正因为"排比"表达法有"壮文势，广文义"③的效果与视觉上的均衡整齐美，因此能给人以强烈的印象。下面我们略举数例，以见其表达力。

1. 使秃者御秃者，使眇者御眇者，使跛者御跛者：齐国的外交方略

> 冬，十月。季孙行父秃，晋郤克眇，卫孙良夫跛，曹公子手偻，同时而聘于齐。齐使秃者御秃者，使眇者御眇者，使跛者御跛者，使偻者御偻者。萧同侄子处台上而笑之。闻于客，客不说而去。相与立胥闾而语，移日不解。齐人有知之者，曰："齐之患，必自此始矣！"
>
> ——《谷梁传·成公元年》

---

① 吴礼权：《现代汉语修辞学》（修订版），复旦大学出版社2012年版，第137页。
② 吴礼权：《现代汉语修辞学》（修订版），复旦大学出版社2012年版，第137～138页。
③ （宋）陈骙：《文则庚一》。

　　上引这段文字，记录的是这样一个史实：鲁成公元年十月，鲁、晋、卫、曹四国派往齐国朝聘的使者同时到达齐国。鲁国使者季孙行父是个秃头，晋国使者郤克是个瞎子，卫国使者孙良夫是个瘸子，曹国使者曹公子是个手残者。四国派出的使者"尽管形体上皆有不同程度的缺陷，但却是各国外交的最高人才"[1]。面对这一形势，齐国执政者如法炮制，立即"派出了与其有对应生理缺陷的四个外交高手与之周旋"[2]，以此向诸侯各国表明，齐国乃当今大国和强国，什么样的外交人才都有。史官为了真实地再现春秋时代的齐国"外交人才之多和外交上之强势的情形"[3]，在记载这一外交史上的盛事时，有意创意造言，留下了这样一段史笔："齐使秃者御秃者，使眇者御眇者，使跛者御跛者，使偻者御偻者。"

　　按照史书记事的规范，行文措辞应该力求简洁，惜墨如金，这是古代史官都懂的基本原则。像上述这样不嫌费辞的写法，乍一看确实是有些令人困惑不解。但是，自古以来，这一史笔都是备受史家极力称道的。这是为什么呢？仔细分析一下，我们不难发现，原来这是史官运用"排比"表达法所建构的一个修辞文本。

　　这一修辞文本的建构，"从表达上看，除了表意上的充足酣畅感外，四个结构形式相同的分句的并置，使修辞文本在表现形式上呈现出鲜明的齐整、平衡、和谐的视听觉美感效果；从接受上看，修辞文本中四个结构形式相同的分句的并置和'秃者'、'眇者'、'跛者'、'偻者'在四个分句内的'故意'反复，自然会引发接受者文本接受、解读中的'不随意注意'和'随意注意'，同时他们也会受文本齐整的形式格局的影响而诱发生理上的一种左右平衡的身心律动，产生一种快感，从而提升文本接受、解读的兴味，加深对表达者所建构的修辞文本用意——凸显齐国的外交人才之众的理解把握"[4]。如果不以"齐使秃者御秃者，使眇者御眇者，使跛者御跛者御

① 吴礼权：《修辞心理学》（修订版），暨南大学出版社2013年版，第158页。
② 吴礼权：《修辞心理学》（修订版），暨南大学出版社2013年版，第158页。
③ 吴礼权：《修辞心理学》（修订版），暨南大学出版社2013年版，第158页。
④ 吴礼权：《修辞心理学》（修订版），暨南大学出版社2013年版，第158页。

跛者，使偻者御偻者"这一"排比"表达法呈现，而是像唐人刘知几所主张的那样，将四句合并起来，写成"各以其类逆之"①，那么"简则简矣，但却正如清人魏际瑞所指出的那样，不仅已非《谷梁》之文"②，且"又于神情特不生动"③。因为"各以其类逆之"这样的表述，"不仅不能凸显表达者（作者）对齐国外交人才之众和外交强势的赞叹之情，而且也没有文本齐整格局所带来的平衡、和谐的视听觉审美享受了"④。可见，史书记事若是不嫌费辞，而以"排比"修辞文本的形式呈现，一定是有其修辞追求的。上述《谷梁传》记齐国执政者的外交大手笔，记事不嫌费辞，正是这种情况。而这也是它数千年来广为古今文人与史家称道的原因。

2. 将不仁，则三军不亲；将不勇，则三军不锐：为将者的资质

> 不知战攻之策，不可以语敌；不能分移，不可以语奇；不通治乱，不可以语变。故曰，将不仁，则三军不亲；将不勇，则三军不锐；将不智，则三军大疑；将不明，则三军大倾；将不精微，则三军失其机；将不常戒，则三军失其备；将不强力，则三军失其职。故将者，人之司命，三军与之俱治，与之俱乱。得贤将者兵强国昌，不得贤将者兵弱国亡。
>
> ——周·姜尚《六韬·龙韬·奇兵第二十七》

上引这段文字，是周武王向姜尚（即姜子牙）问治国用兵之法时，姜尚所做的回答。这番话的意思是说：为将者如果不懂作战的攻守策略，那么就不能跟他谈论如何御敌；为将者如果不能灵活用兵，那么就难于跟他讨论出奇制胜之策；为将者如果不了解治乱之道，那么就无法跟他说什么兵法谋略的变化。所以说，为将者若无

---

① （唐）刘知几：《史通·叙事》。

② 吴礼权：《修辞心理学》（修订版），暨南大学出版社2013年版，第158~159页。

③ （清）魏际瑞：《伯子论文》。

④ 吴礼权：《修辞心理学》（修订版），暨南大学出版社2013年版，第159页。

仁爱之心，那么他所统率的三军就不会有什么凝聚力；为将者若无勇冠三军的气概，那么他所统率的三军就不会成为精锐之师；为将者若无过人的智略，那么他所统率的三军就会怀疑是否有取胜的把握；为将者若无先见之明，那么他所统率的三军就会混乱而大败；为将者若无明察秋毫的眼光，那么他所统率的三军就会错失取胜的良机；为将者若无常备不懈之心，那么他所统率的三军就会军纪松散而无御敌之备；为将者若无铁腕手段，那么他所统率的三军就会渎职失守。所以说，为将者乃三军命运的掌握者。三军可能因他而得治，也可能因他而乱败。一国之君，若得贤将，则会兵强国昌；若不得贤将，则将兵弱国亡。

　　姜尚跟周武王所说的上述这番话，如果概括一下，就是这样两句话："良将必须具备一定的资质，良将关乎国家安危。"但是，姜尚没有将这层意思简单而直白地表达出来，而是建构了两个"排比"修辞文本。第一个文本是："不知战攻之策，不可以语敌；不能分移，不可以语奇；不通治乱，不可以语变。"以两个结构相同的语句连续铺排，强调了为将者必须懂得战略战术，并有出奇制胜的谋略。第二个文本是："将不仁，则三军不亲；将不勇，则三军不锐；将不智，则三军大疑；将不明，则三军大倾；将不精微，则三军失其机；将不常戒，则三军失其备；将不强力，则三军失其职。"以七个结构相同的语句连续铺排，强调了为将必须具备的七个具体资质："仁"、"勇"、"智"、"明"、"精微"、"常戒"、"强力"。由于表意是以"排比"文本的形式呈现的，不仅阐明观点时显得语意充足，而且别具磅礴浩荡的气势，最易使接受者周武王深受感染，不得不信服其所论，进而清醒地认识到"得贤将者兵强国昌，不得贤将者兵弱国亡"的治国之道。

　　3. 我走向田畦，就以为自己是一株恬然的菜花：张晓风的田野情怀

　　　　我起来，走下台阶，独自微笑着、欢喜着。四下一个人也没有，我就觉得自己也没有了。天地间只有一团喜

悦、一腔温柔，一片勃勃然的生气。我走向田畦，就以为
自己是一株恬然的菜花。我举袂迎风，就觉得自己是一缕
宛转的气流。我抬头望天，却又把自己误为明灿的阳
光。……

——张晓风《画晴》

上引文字，是写作者融入大自然的快乐之情。为了将其个人的
情感体验真切地叙写出来，让广大读者也能从中感受到走进田野、
融入大自然的那份喜悦，作者运用"排比"表达法建构了两个修辞
文本：一是"天地间只有一团喜悦、一腔温柔，一片勃勃然的生
气"，一是"我走向田畦，就以为自己是一株恬然的菜花。我举袂
迎风，就觉得自己是一缕宛转的气流。我抬头望天，却又把自己误
为明灿的阳光"。前一个"排比"文本，是以结构相同的三个名词
短语连续铺排，充当动词"有"的宾语而构成的。三个名词短语
"一团喜悦"、"一腔温柔"、"一片勃勃然的生气"，结构相同，但
长短则有异，不仅在整体上有"壮文势，广文义"的效果，而且在
视觉上还有一种整中见散的美感效果，从而暗中契合了作者崇拜自
然的内在精神，让读者也深受感染，与之产生了情感共鸣，情不自
禁地产生了一种走出大都市的樊笼，走进田野，融入大自然的情感
冲动。后一个"排比"文本，则是以三个结构相同的句子并列配置
而构成的，不仅充足酣畅地抒发了作者走进田野、融入大自然的无
比愉悦之情，而且生动形象地再现了作者沉醉于大自然之中，化身
菜花、气流、阳光的忘情心态（因为连续铺排的三个句子本身都各
是一个"比喻"文本），读之让人深受感动，情不自禁间就与作者
产生了情感的共鸣，仿佛自己也化身成了"一株恬然的菜花"、"一
缕宛转的气流"和"一缕明灿的阳光"。除了意象上的效果外，这
两个"排比"修辞文本在形式上的美感效果也是非常明显的。两个
"排比"文本，都各以三个结构相同、长短不一的语言单位并置铺
排而成，这就自然形成了一种整而不滞的形式格局，因而便"造就

出了修辞文本在视听觉形象上的对称、平衡、和谐的美感效果"①，极易"迅速激发接受者的'不随意注意'和'随意注意'，并引发其生理上不自觉地左右平衡的身心律动，使其产生一种接受的快感，进而加强了其文本解读接受的兴味，使接受者融入表达者忘情于自然的快乐情境中，在文本解读接受中获取另一种审美享受"②。

4. 投身教育英勇无畏，西装革履貌似尊贵，其实生活极其乏味：教授内心的痛

> 投身教育英勇无畏，西装革履貌似尊贵。其实生活极其乏味，为了教学吃苦受累。争取立项终日疲惫，专家评审就差下跪。撰写论著夜不能寐，领导一叫立即到位。一年到头吃苦受累，劳动法规统统作废。身心憔悴暗自垂泪，学科建设反复开会。迎接评估让人崩溃，工资不高自己纳税。走亲访友还得破费，抛家舍业愧对长辈。身在其中方知其味，教授哪有社会地位？疯疯傻傻自我陶醉，过节还得互相安慰。
>
> ——调侃教授生活的手机短信段子

近些年来，中国大陆在连续多年经济持续高速发展之后，后劲不足的弊端逐渐显现出来。随着全球化趋势的迅猛发展，随着与世界各国经济、政治、文化交流的不断加深，政府逐渐认识到了经济发展的后劲不足的深层次原因是科技创造力的不足，而科技创造力的不足则又是源于大学教育的落后。

认识到问题的症结所在后，教育部门及各高校开始考察世界一流大学的办学经验。走马观花一番，游山玩水一通。教育部门的各级官员以及各大学的管理者（校长和党委书记）开始高调提出口号，有的说要在十五年内创建世界一流大学，有的说要在二十年或

---

① 吴礼权：《现代汉语修辞学》（修订版），复旦大学出版社 2012 年版，第 139 页。
② 吴礼权：《现代汉语修辞学》（修订版），复旦大学出版社 2012 年版，第 140 页。

三十年内赶上哈佛大学等。为了实现他们所提出的办学目标（更确切地说，是为了实现自己升官的目标）而制定了一系列折腾教师与科研人员的政策，比方说，规定教师晋升教授或副教授，在规定的核心期刊上发表多少篇学术论文，出版几部学术著作，主持几项国家或省部级科研项目。至于要成为各个学科的博士生指导教师（有专门名称曰"博导"），则又需要什么条件。高校的行政管理者，就这样根据他们制定的政策，并对照他们制定的升等或考核标准，让教师或科研人员每年填表申报，逐项打分，然后确定每个教师或科研人员的薪酬等次和行政等级。在这种情形下，原本应该是治校与治学主体的大学教师和科研人员成了大学里的弱势群体，而为教学科研人员服务的大学行政人员则成了大学的主宰者。中国人向来都是非常聪明的，上有政策，下有对策。迫于种种压力，许多大学教师或科研人员为了实现升职升等的目标，开始弄虚作假，拉关系、走门路，在规定的核心期刊上发表论文，后来更直接发展到用钱解决问题。争取研究项目立项，则更是无所不用其极。至于学术论文造假抄袭、学术著作粗制滥造等现象，则更是层出不穷，成为世界大学界的一大奇观。

上引手机短信段子，正是对上述大学怪现象的总结概括，是大学教授生存状态的真实写照，读之不禁让人唏嘘感叹，感慨万千。

那么，这则手机短信段子何以有如此的表达力呢？

无他。乃因这则手机短信段子以"排比"表达法，全面地概括了大学教授生活窘迫的方方面面，让象牙塔内的种种内幕与怪状淋漓尽致地抖落在世人面前。这则短信段子，所表达的意思是说："大学教授看似优雅清高，是社会的上层阶级，实际并不像外界想象的那么风光，反而是一个非常压抑无奈的群体，他们内心的痛不足为外人道也。"但是，这层意思，作者并没有这样表达，而是将20个结构相同或相似的主谓结构形态的小句分为10组，一字铺开来，以排山倒海之势，将教授种种窘迫的生存现状以及内心的苦痛一股脑儿地表现出来，仿佛要将他们的苦水一口吐尽。特别是末四句："身在其中方知其味，教授哪有社会地位？疯疯傻傻自我陶醉，过节还得互相安慰。"一把撕掉知识分子清高的面纱，以裸露无掩的心灵独白方式，道尽了他们的心酸与委屈。让"身在其中方知其味"的同仁们读之，更是心有戚戚，黯然神伤。

二、发蕴飞滞，披瞽骇聋：夸张的表达力

说写中，最能给人留下深刻印象的，最常用的方法就是"夸张"表达法。

所谓"夸张"表达法，是一种"说写表达时重在主观情意的畅发而故意违背客观事实和逻辑，对所叙说的内容进行张皇夸大"①的语言表达方法。"夸张"表达法，大体上可分为"直接夸张"和"间接夸张"两种类型。所谓"直接夸张"，就是"交际者所欲表达的思想或感情，受交际者经由辞面一览便知，不必思而得之"②。"直接夸张"，又可细分为"扩大式"和"缩小式"两类。所谓"扩大式"夸张，是指"将所说写的事象往大的、高的等方面夸说"③。所谓"缩小式"夸张，就是"将所要说写的事象往小的、低的、弱的等方面描写"④。所谓"间接夸张"，是指"交际者所欲表达的思想或感情，受交际者一般情况下不能从辞面上直接看出，而是必须寻思一番，然后方可知交际者的真意之所在"⑤。若细分，"间接夸张"又可细分为"折绕式"、"比喻式"、"排比式"、"用典式"、"超前式"等小类。⑥ 以"夸张"表达法建构的文本，我们称之为"夸张"修辞文本。这种文本的建构，"在表达上有突出强调某种情感或意旨的效果；在接受上有强化接受者注意而引发其与表

---

① 吴礼权：《现代汉语修辞学》（修订版），复旦大学出版社 2012 年版，第 162 页。
② 童山东、吴礼权：《阐释修辞论》，首都师范大学出版社 1998 年版，第 169 页。
③ 吴礼权：《现代汉语修辞学》（修订版），复旦大学出版社 2012 年版，第 162 页。
④ 吴礼权：《现代汉语修辞学》（修订版），复旦大学出版社 2012 年版，第 163 页。
⑤ 童山东、吴礼权：《阐释修辞论》，首都师范大学出版社 1998 年版，第 170 页。
⑥ 吴礼权：《现代汉语修辞学》（修订版），复旦大学出版社 2012 年版，第 164 页。

达者的思想或情感的共鸣和沟通的独特效果"①。

正因为如此，古今中外，人们的说写中总是少不了要运用到"夸张"表达法。但是，运用之妙，存乎一心。下面我们就从古今作家作品中举例，通过分析，以期让大家明白"夸张"的表达力究竟如何。

1. 增之一分则太长，减之一分则太短：宋玉的美人

> 东家之子增之一分则太长，减之一分则太短；着粉则
> 太白，施朱则太赤。
>
> ——战国·宋玉《登徒子好色赋》

美女是男人的最爱，特别是文人骚客，对美人更是梦寐以求。正因为如此，自古及今，在文人笔下都少不了歌之咏之的作品。《诗经·卫风·硕人》写卫庄公夫人庄姜之美，有云："手如柔荑，肤如凝脂，领如蝤蛴，齿如瓠犀。螓首蛾眉，巧笑倩兮，美目盼兮。"汉乐府古辞《陌上桑》写罗敷之美，有"行者见罗敷，下担捋髭须；少年见罗敷，脱帽着帩头；耕者忘其犁，锄者忘其锄；来归相怨怒，但坐观罗敷"等句。汉无名氏写刘兰芝之美，则有"指如削葱根，口如含朱丹。纤纤作细步，精妙世无双"之说（《孔雀东南飞》）。汉人李延年向汉武帝吹嘘其妹之美，有"北方有佳人，绝世而独立。一顾倾人城，再顾倾人国"之辞（《佳人歌》）。三国魏曹植《美女篇》写他心目中的美人是："顾盼遗光彩，长啸气若兰。行徒用息驾，休者以忘餐。"诗仙李白吹拍杨贵妃之美说："云想衣裳花想容，春风拂槛露华浓。若非群玉山头见，会向瑶台月下逢。"（《清平调》三首之一）白居易《长恨歌》写杨贵妃之美的句子亦不比李白逊色："玉容寂寞泪阑干，梨花一枝春带雨。"连杨贵妃的哭也是那么美，至于"回眸一笑百媚生，六宫粉黛无颜色"二句，则更是对杨贵妃之美推崇备至矣。其他如唐人杜牧写他扬州小

---

① 吴礼权：《现代汉语修辞学》（修订版），复旦大学出版社 2012 年版，第 169 页。

情人之美也很有名："娉娉袅袅十三余，豆蔻梢头二月初。春风十里扬州路，卷上珠帘总不如。"（《赠别》二首之一）白居易写妓女之美，亦令人回味无穷，遐思无涯："千呼万唤始出来，犹抱琵琶半遮面。转轴拨弦三两声，未成曲调先有情。"读之让人如见其人，如闻其声。

虽然上述诸家所写的美女都很让人动心，但相比之下，统统盖不过宋玉的美人。

那么，宋玉所写的美人何以那么美呢？

原来，他是运用了"夸张"表达法。但是，他运用的不是"夸张"表达法中的"直接夸张"，把对"东邻之子"的美写在辞面上，说她"其美无比"、"天下无双"，而是用"间接夸张"中的"折绕"式，从她的身材与肤色着笔，说她身材的长短不可增减一分，说她的肤色不可作任何的更改，由此拐弯抹角地夸说了"东邻之子"无与伦比的美。由于是以"折绕"的方式迂回表意，这就给人以更多想象的空间，读者可以经由自己的生活经验与自己的想象力展开丰富的联想，想象"东邻之子"的美貌。这一点，就是宋玉夸美人的独到之处，也是他运用"夸张"表达法的独到之处。

2. 力拔山兮气盖世：项羽的不平

> 项王军壁垓下，兵少食尽。汉军及诸侯兵围之数重。夜闻汉军四面皆楚歌，项王乃大惊，曰："汉皆已得楚乎？是何楚人之多也！"项王则夜起，饮帐中。有美人名虞，常幸从；骏马名骓，常骑之。于是项王乃悲歌慷慨，自为诗曰："力拔山兮气盖世，时不利兮骓不逝。骓不逝兮可奈何，虞兮虞兮奈若何！"歌数阕，美人和之。项王泣数行下，左右皆泣，莫能仰视。
>
> ——汉·司马迁《史记·项羽本纪》

上引这段文字，说的是中国历史上妇孺皆知的"霸王别姬"的故事。

　　楚霸王项羽，是楚国名将之后。论武功，论胆略，在中国历史上没有一位将领能出其右。灭秦之后，天下本来已在他的手里。但是，"沐猴而冠"的楚霸王，还都徐州后，因错失良机，形势直转而下。"加上他性格上的弱点，自恃其勇，刚愎自用，逐渐由强变弱，最终到了垓下被围、徒唤奈何的悲惨境地。应该说，这种结果是项羽自己造成的。然而项羽自己没有认识到，却怨天尤人，认为上天不公，才让他有此下场。由此，他发出了'力拔山兮气盖世，时不利兮骓不逝'的慨叹。虽然从历史的角度看，项羽的这种慨叹是没有道理的，是他自己的错误造成了他的彻底失败，怨不得天，怨不得地，更怨不得人！"① 但是，从表达的角度看，项羽的这首《垓下歌》却是非常成功的。古往今来，无数读过《史记·项羽本纪》的人，都会记住这首诗，并为之感动，情不自禁地为项羽掬一把同情的泪。

　　那么，这首《垓下歌》何以有如此独特的表达力呢？

　　无他。端赖"力拔山兮气盖世"一句，运用了"夸张"表达法，产生了撼动人心的力量。

　　关于这一点，笔者曾作过详尽的解析："世界上的任何人都不可能有'力拔山'、'气盖世'的力量。项羽这样夸说自己的本事，明显是有悖逻辑和事理的'无理之辞'。但是，作为一个修辞文本，这一'无理之辞'却是很有表现力和艺术感染力的修辞范本。从表达的角度看，这一'言过其实'的'无理之辞'强烈地凸现了表达者项羽那种有旷世之才却终不得伸展其旷世大志，有旷世之勇却终落得旷世惨境的旷世愤激之情，满足了表达者项羽在怀才不遇而极端愤激的激情状态下释放影响其心理平衡的能量以获得心理平衡和情感纾解的需要；从接受的角度看，由于表达者在表达其情感时，用了'力拔山'、'气盖世'的夸大失实之词，自然而然地会引发接受者的'不随意注意'，从而对表达者在表情达意时'言过其实'、违背事理与逻辑的原因进行深究。而当接受者在洞悉了表达者建构

①　吴礼权：《修辞心理学》（修订版），暨南大学出版社2013年版，第80页。

这一夸张修辞文本的深层原因——表达者项羽深感上天对他不公的怨情难以抑制而不得不借言语的违背事理和逻辑来宣泄以求心理能量的释放、获取暂时的心理平衡和情感纾解时，接受者就不能不在表达者所建构的夸张修辞文本的感动下与表达者发生情感的共鸣，为表达者的悲而悲，为表达者的苦而苦，为表达者的不平而不平，为表达者项羽这位旷世奇才的旷世悲情结局而痛洒同情的泪水。"[1]明白了这一层，我们则不得不对这位失败者另眼相看，毕竟能博得天下那么多人同情的眼泪，也是一种本事。有人说"女人的武器是眼泪"，而项羽作为一个男人，竟然也能以眼泪击倒古往今来那么多的人，这何尝不是一个奇迹呢！

3. 白发三千丈：李白的忧愁

> 白发三千丈，缘愁似个长。
>
> 不知明镜里，何处得秋霜。
>
> ——唐·李白《秋浦歌》第十五首

李白作诗好用"夸张"之法，这在唐代诗人中是出了名的。比方说，他写蜀道之难有"蜀道之难，难于上青天"、"尔来四万八千岁，不与秦塞通人烟。西当太白有鸟道，可以横绝峨眉巅。地崩山摧壮士死，然后天梯石栈相钩连。上有六龙回日之高标，下有冲波逆折之回川。黄鹤之飞尚不得过，猿猱欲度愁攀援"之句（《蜀道难》），读来让人有一种惊心动魄之感。又如他写庐山瀑布有云："日照香炉生紫烟，遥看瀑布挂前川。飞流直下三千尺，疑是银河落九天。"（《望庐山瀑布》）写黄河源远流长，有"君不见黄河之水天上来，奔流到海不复回"（《将进酒》）。除了在写山川等自然界的景象时好用"夸张"表达法，李白写情感的诗作中也有很多"夸张"之笔。如"君不见高堂明镜悲白发，朝如青丝暮成雪"、"五花马，千金裘，呼儿将出换美酒，与尔同销万古愁"（《将进酒》），都

---

① 吴礼权：《修辞心理学》（修订版），暨南大学出版社 2013 年版，第 80 页。

是写悲伤与哀愁之深。"桃花潭水深千尺，不及汪伦送我情"（《赠汪伦》），是写朋友之谊。甚至写喝酒，也好用"夸张"表达法，如《将进酒》有云："烹羊宰牛且为乐，会须一饮三百杯。"

在众多用"夸张"表达法所写的诗句中，写怀才不遇之情的尤其多。例如，"吟诗作赋北窗里，万言不直一杯水"（《答王十二寒夜独酌有怀》），就是写旷世才情不得发挥的无限怨情。上引一首《秋浦歌》，其中"白发三千丈，缘愁似个长"二句，表面虽是写忧愁，实际也是写怀才不遇之情的。古往今来，凡是说到李白忧愁的人，无不首先想到他这两句诗，并为之深深打动，为他一生不得志的遭际而不平。

那么，这两句何以有如此的表达力呢？

无他。"夸张"表达法用得极好极到位。

我们都知道，李白非常自信，认为自己有治国安邦、经天纬地之才，因此一心想进入官场，一展拳脚，实现自己的政治理想。可是，他始终没能得到机会，抱负没有实现。所以，他就开始怨天尤人，整天发牢骚。其实，平心而论，他只是一个书生，并非经天纬地之才。如果他真是旷世奇才，他足可以在平定"安史之乱"的过程中让永王胜出。只要永王登基，他自然就能位居宰执，实现治国安邦的理想。可惜，事实证明，他没有这个能力，结果还搞得自己差点被杀头，最后侥幸被改为流放夜郎。虽然后人从历史的角度可以这样冷静地观察，但李白自己并不这样认为，他始终认为他有经天纬地之才，即使是在助永王失败而被流放夜郎之后，终其一生，他始终认为自己是壮志未酬的大英雄。正因为如此，他的牢骚也发了一辈子。上引"白发三千丈，缘愁似个长"二句，正是最大的牢骚，是其怀才不遇心境的最好写照。我们都知道，忧愁可能使人早生华发，甚至可能让人的头发在一夜之间变成满头白雪。但是，无论怎样忧愁，也愁不出"三千丈"的白发。很明显，这是语言表达上的"夸张"法，不能坐实。诗人这样写，并非他不懂生活的逻辑，而是有意为之。从心理学的角度看，他是有意以"无理之辞"引发接受者的注意，让他们由此"无理之辞"进行逆向反思，从而了解他如此表达的真意："我虽有旷世之才，却不为世用，时不我待，这如何让我不忧愁？"因为诗人没有将这层真意以直接的方式表达出来，而是用了"夸张"表达法，这就易于引发接受者的注意，给人以极深的印象，从而让人对他的遭遇产生同情。这便是这二句诗"无理而妙"的关键所在。

4. 二人愈添豪兴，酒到杯干：贾雨村与甄士隐对饮

雨村吟罢，因又思及平生抱负，苦未逢时，乃又搔首对天长叹，复高吟一联曰："玉在椟中求善价，钗于奁内待时飞。"

恰值士隐走来听见，笑道："雨村兄真抱负不凡也！"

雨村忙笑道："不敢，不过偶吟前人之句，何期过誉如此。"

因问："老先生何兴至此？"

士隐笑道："今夜中秋，俗谓'团圆之节'，想尊兄旅寄僧房，不无寂寥之感，故特具小酌，邀兄到敝斋一饮，不知可纳芹意否？"

雨村听了，并不推辞，便笑道："既蒙谬爱，何敢拂此盛情。"

说着，便同士隐复过这边书院中来了。

须臾茶毕，早已设下杯盘，那美酒佳肴自不必说。二人归坐，先是款酌慢饮，渐交谈至兴浓，不觉飞觥献斝起来。当时街坊上家家箫管，户户弦歌，当头一轮明月，飞彩凝辉，二人愈添豪兴，酒到杯干。

雨村此时已有七八分酒意，狂兴不禁，乃对月寓怀，口号一绝云："时逢三五便团圆，满把清光护玉栏。天上一轮才捧出，人间万姓仰头看。"

士隐听了，大叫："妙极！吾每谓兄必非久居人下者，今所吟之句，飞腾之兆已见，不日可接履于云霓之上矣。可贺，可贺！"

乃亲斟一斗为贺。

——清·曹雪芹《红楼梦》第一回

上引文字，是写湖州没落潦倒士子贾雨村欲进京求取功名，因囊中羞涩，淹塞于姑苏葫芦庙内，每日靠卖文作字为生。中秋节时，姑苏望族乡宦甄士隐有感贾雨村异乡孤寂，又同为士林中人，遂相邀饮酒。谈至兴浓，彼此不禁有相见恨晚之情，遂引为知己。其中，写到二人听乐赏月，酒兴大增的情节时，作者有一段文字描写："当时街坊上家家箫管，户户弦歌，当头一轮明月，飞彩凝辉，二人愈添豪兴，酒到杯干。"读之令人不禁豪兴万丈，大有引觞与之同饮的情感冲动。

那么，这段文字何以有如此的表达力呢？这主要是因为作者运用了"夸张"修辞策略。所谓"酒到杯干"，并非是说甄士隐与贾雨村二人喝酒是不通过嘴，而是作者意在通过"喝"与"杯干"之间逻辑关系的错置，将"杯干"的结果放于"喝酒"这一动作之前予以强调。这属于"夸张"表达法中的"超前夸张"。这种超前夸张的说法，虽然与逻辑事理不合，但是可以凸显甄士隐与贾雨村二人喝酒速度之快、兴致之高。我们都知道，喝酒是喝兴致，与喝酒人的心情有关。心情越好，兴致越高，喝酒的速度就会越快。俗话说"酒逢知己千杯少"，说的正是这种喝酒的兴致。《红楼梦》第一回之所以能给读者留下深刻印象，与甄士隐和贾雨村二人喝酒的情节描写不无关系。而甄士隐与贾雨村二人喝酒的情节描写之所以令人印象深刻，实际上又与上述"超前夸张"文本的建构分不开。因为"超前夸张"与其他"夸张"形式一样，都是一种违背逻辑事理的语言表达，极易因其与众不同的特质而成为吸引接受者注意力的"新异刺激物"，从而引发接受者的思考，并加深其接受印象。

正因为"超前夸张"有此独特的效果，所以古今很多作家都喜欢在作品中运用。如老舍在《代语堂先生拟赴美宣传大纲》一文中就建构了一个非常生动的"超前夸张"的修辞文本：

譬若老婆发了命令，穿大衫之丈夫可漫应之，yes, dear；而许久不动，直至对方把命令改成央求，乃徐徐起立。穿西服之丈夫鲜能为此：洋服表示干净利落之精神，一闻令下，必须疾驱而前，显出敏捷脆快：yes, dear. 未及说完，早已一道闪光而去，脸上笑容充满了宇宙。久之，夫人并发令之劳且厌之，而眉指颐使，丈夫遂成了专看眼神的动物！这还了得，西洋男子必须革命！

上引文字中，其中"未及说完，早已一道闪光而去，脸上笑容充满了宇宙"一句，即是"超前夸张"的表达方式，是以调侃与幽默的口吻极写"穿西服的丈夫对于太太之命应之遵之的迅速"[1]。我们都知道，"一般说来，听从别人吩咐或命令，总是先听完后再行动的。这里作者为了极写穿洋服丈夫对太太唯命是从的情状，故意让其后一个动作'去'快于前一个动作'听'。很明显，这里作者是通过句际关系，让一前一后两个行动在逻辑事理上呈现出悖逆反差，从而凸显出穿洋服丈夫对太太之命奉若神明的生动情状。辞面上未及一字，但意思尽现其中了"[2]。

其实，在文学作品中，诸如此类的"超前夸张"的表达方式并不少见。现代文学是这样，古代文学也是如此。如果我们稍微留意一下中国古代文学作品，就会发现除了像《红楼梦》这样的小说中有"超前夸张"表达法的运用，诗、词、文中也都在运用。如晋人陶渊明《拟古》诗（九首其一）有曰："出门万里客，中道逢嘉友。未言心先醉，不在接杯酒。"就是写他乡遇故知的惊喜之情，将"接杯酒"与"心先醉"的逻辑顺序颠倒，即强调"心先醉"（即惊喜）的"超前夸张"。又如宋人范仲淹《御街行》词："愁肠已断无由醉，酒未到，先成泪。"也是"超前夸张"文本。因为"'酒到'与'成泪'有一个先后次序，这里词人为了强调愁之深重，将

---

① 吴礼权：《现代汉语修辞学》（修订版），复旦大学出版社 2012 年版，第 167 页。
② 吴礼权：《现代汉语修辞学》（修订版），复旦大学出版社 2012 年版，第167～168 页。

逻辑顺序颠倒，让'成泪'发生于'酒到'之前"①，以此强调守边将士强烈的思乡之情。再如汉人陈琳《檄吴将校部曲文》一文，有云："元戎启行，未鼓而破，伏尸千万，流血漂橹。"其中，"未鼓而破"，亦为"超前夸张"文本。因为"古代作战，必要先击鼓，然后进军作战。这里是强调结果，将后发生的结果置于导致结果的行为之前，意在强调战斗力之不凡"②。

5. 一个公园两只猴，一条马路两个楼，一个警察看两头：银川城的简陋

> 银川变得美丽多了，平添了好多现代建筑。习习晚风中徜徉于新扩建的"步行街"，有种身在高原的抬升之感，如踩高跷一般。前些年我曾第一次匆匆到银川，只记得灰蒙蒙的天底下，矮平房密麻麻挤成一簇，只有海宝塔和承天寺塔一西一北高耸云中，遂显得塔愈高而房愈矮。不知那天是我心情不好，还是天阴得重，竟觉得银川老城如一座萧瑟的大村寨。我听人说，昔日银川民谣曰："一个公园两只猴，一条马路两个楼，一个警察看两头。"极言其小而寒伧，现在自然不可同日而语了。
>
> ——雷达《走宁夏》

上引一段文字，是写宁夏首府银川的城市变迁情形。

众所周知，银川自古便有"塞上明珠"之称。据相关史料记载，早在西汉时期，在现今银川东郊就建有北典农城。北周武帝（宇文邕）建德三年（574）置怀远郡、怀远县，今银川所在地乃为县治所在地。唐高宗（李治）仪凤三年（678），在被黄河水冲毁的旧怀远县城之西（今银川城区）筑怀远新城。到宋代，则改怀远县为怀远镇，是当时著名的"河外五镇"之一，已经是相当繁华的西北大镇了。宋真宗（赵恒）咸平四年（1001），怀远镇被党项人所

---

① 吴礼权：《现代汉语修辞学》（修订版），复旦大学出版社 2012 年版，第 168 页。
② 吴礼权：《现代汉语修辞学》（修订版），复旦大学出版社 2012 年版，第 168 页。

攻占，并先后改置为兴州、兴庆府。宋仁宗（赵祯）宝元元年（1038）党项人李元昊在兴庆称帝，建立政权，国号大夏。并在宋怀远镇的基础上扩建城市，以之为西夏都城，历时189年。可以想象，在西夏时，今银川所在地应该是一个非常繁华的大都市。元朝时，在此置中兴路，后改为宁夏府路，府治仍在此。明代设宁夏府，清沿明制，仍为宁夏府，府治仍在今银川所在地。民国十八年（1929）成立宁夏省，银川为省会，时称宁夏省城。民国三十三年（1944）四月宁夏省城乃定名为银川，沿袭至今。城区内有很多伊斯兰风格的建筑物，以鼓楼为中心，城南有大型的清真寺和承天寺塔等著名古迹，城西则有著名的西夏王陵。

虽然与中国东部其他省会相比，银川显得比较偏僻，不够繁华，但毕竟也算西部重镇，决不至于像作家雷达所引民谣所说的那样，是"一个公园两只猴，一条马路两个楼，一个警察看两头"。既然如此，那么作家雷达为什么要引这个民谣呢？

原来，这个民谣是运用了"夸张"表达法，属于"缩小式夸张"。它通过极言公园之小（两只猴）、城区之陋（一条马路、两幢楼）、街道之短（一个警察看两头），从而以偏概全，生动形象地再现银川旧城区的狭小与简陋。由此，给人留下极深刻的印象。

与此相类的还有徐孝鱼《盗墓者的足迹》一文所记的民谣："小小大同县，三爿豆腐店。城里打屁股，城外听得见"，也是运用了"缩小式夸张"，以此极言大同县城之狭小。

三、人面桃花相映红：映衬的表达力

我们常常听人说这样一句话："有比较才有鉴别。"意思是说，通过对比或比较，相对两方的特点或高下优劣等，才能显现得很清楚。

语言表达也是这样，通过"映衬"表达法，往往就有这种效果，能给人留下深刻的印象。

所谓"映衬"表达法，是指一种"说写中将相反、相对的两种

事象组合于一处，从而互相映照、互相衬托"① 的语言表达方式。以"映衬"表达法建构的文本，我们称之为"映衬"修辞文本。这种文本的建构，"一般多是基于对比联想的心理机制的。修辞者（表达者）在表情达意或叙事写景时之所以会将相反、相对的两种事象组合到一处，是因为修辞者在经验中和观念上把握了以往经历过的事物和当前事物的差异性、对立性而产生了联想的缘故"②。一般说来，这种文本"在表达上都有形象性、鲜明性、深邃性的特点和效果；在接受上都能使接受者有更多的回味、思索的空间"③，因此能给人留下较深刻的印象。

下面我们就来看看几例运用"映衬"表达法的文本，分析一下其表达力源自何处。

1. 举秀才，不知书。举孝廉，父别居：选举制度的不公

举秀才，不知书。举孝廉，父别居。

——逸文所记东汉民谣

中国大陆前些年一直有人鼓吹要废除高考（台湾称之为"联考"），其理由是说这种考试制度只能产生"高分低能"的人才，不利于培养有创造性的人才。只是因为事涉亿万老百姓的切身利益，不宜轻易更动。于是，就有一些所谓的"局部改革"，如优秀高中生免试直升名牌大学，体育运动员免试直升名牌大学。结果，事实证明这全是为特权阶层所开的方便之门，是一种公开的利益分赃。因为得到免试直升的学生都是有权贵背景的纨绔子弟或是与推荐者有利益交换的特殊人士子女。后来，大家终于明白，原来鼓吹废除高考制度的所谓"教育家"，都是特权利益集团的代言人。真相大白后，高中生免试升入名牌大学的制度终于在强大的社会舆论压力下被取消了。但是，体育运动员免试升入大学的制度还存在，这等

① 吴礼权：《现代汉语修辞学》（修订版），复旦大学出版社 2012 年版，第 255 页。
② 吴礼权：《现代汉语修辞学》（修订版），复旦大学出版社 2012 年版，第 255 页。
③ 吴礼权：《现代汉语修辞学》（修订版），复旦大学出版社 2012 年版，第 255 页。

于给特权阶层留下了一个另类的方便之门。因为事实证明，直升大学的所谓运动员不少是各地造假的结果。权贵子女不肯读书，就送到体校，然后采取"曲线救国"方式，免试升入名牌大学。而那些大学，又为这些体育生提供方便，让他们能够突破规定顺利毕业。最后，这些升学前没资格，不能从大学正常毕业的特权阶层子女堂而皇之地从各名牌大学大门走出去，然后堂而皇之地占据好职位。

众所周知，中国自古以来就是一个缺乏法律制度约束的国度。如果我们的古人不发明"科举取士"的制度，那么中国数千年的封建统治就不可能得以维系。今天若不是还有高考制度，那么必然会出现类似于魏晋时代的"士族"阶层天下通吃的局面，清寒人家的子弟永无出头之日。这种局面之所以没有完全出现，是因为有考试制度。如果这种制度被废除，采用所谓的举荐制度，那必是汉代"举孝廉"、"举秀才"制度的翻版，结果必然是社会正义荡然无存。

上引汉末民谣，说的正是汉代举荐制度的弊端。"举秀才、孝廉是汉武帝时代开始实行的一种选拔官吏的制度，州举秀才，郡举孝廉。所举秀才，当然要才学好；所举孝廉，当然要善孝父母、清正廉洁。《汉书·武帝纪》颜师古注云：'孝谓善事父母者，廉谓清洁有廉隅者。'由于举秀才与孝廉是汉代求仕者主要的晋升之路，后来多被世族大家所操纵，成为他们互相吹捧、弄虚作假而自利的途径，贫寒之士无仕进之途。所以，西汉后期老百姓就造出了这样具有讽刺意味的民谣。"[①] 读后让人不禁为之义愤填膺，扼腕叹息。

那么，这首民谣何以有这等独特的表达力呢？

这是因为它运用了"映衬"表达法，通过"举秀才"与"不知书"、"举孝廉"与"父别居"的两两对比映照，让人一望而知汉代这种举荐制度的荒唐可笑。虽然民谣本身对这种制度未置一字评论，但其贬斥之意则尽在其中，可谓绵里藏针，给人的印象极深。

类似于此的，还有《后汉书·五行志》所记汉顺帝末年的一首

---

① 吴礼权：《委婉修辞研究》，山东文艺出版社 2008 年版，第 144 页。

童谣："直如弦，死道边，曲如钩，反封侯。"说的也是用人制度的不公，运用的同样也是"映衬"表达法，因此给人的印象同样非常深刻。

2. 陶尽门前土，屋上无片瓦：社会正义的缺失

陶尽门前土，屋上无片瓦。十指不沾泥，鳞鳞居大厦。

——宋·梅尧臣《陶者》

人生在世，其实只有四件事：衣、食、住、行。

这四件事，对任何一个人来说，都是非常重要的。就现代而言，衣、食、行，对于一般老百姓还不是最头痛的问题。最头痛而又最让他们闹心的，就是"住"的问题。即如当今中国的现状而言，就是最好的见证。在北京、上海、广州、深圳、香港、台北，凡是大都市，都是寸土寸金。之所以如此，是因为达官贵人、大商巨贾从中推波助澜。他们或是通过权力运作积累财富，或是靠金融操作累积资金，一套又一套地购进豪宅，并不断买进卖出，由此将房价不断往上抬升。结果，升斗小民只能望房兴叹，乃至小白领也只能徒唤奈何。一直飙涨的房价已经逼得升斗小民无法过活了，所以政府出手打压房价。其意是想以此抑制房价，让社会底层人民也能买得起房，实现"居者有其屋"的基本目标。其实，这一目标的实现又谈何容易呢？自古以来，事实上就没有实现过。正因为如此，唐代大诗人杜甫才有"安得广厦千万间，大庇天下寒士俱欢颜"的深切呼唤。

上引宋人所描写的"居者无其屋"的情景，与现今我们所处的社会现实是何等的相似？都是社会不公的典型表现。在对这种社会不公现象进行批判时，诗人并没有直言批评说："社会不公，劳者无其获，不劳而有获。"而是通过"陶尽门前土，屋上无片瓦"与"十指不沾泥，鳞鳞居大厦"两组情景的对比映衬，让人经由两种截然不同的境遇的比较，从而深刻体会诗人的用意，使接受者与诗人达成情感与思想的共鸣——对社会不公的强烈谴责和对劳而无获

的弱势族群的同情。

批判社会不公的作品，在中国古代其实很多，所采用的表达法也是一样的，多是以"映衬"形式呈现。如唐代诗人李绅的《悯农》诗："春种一粒粟，秋收万颗子。四海无闲田，农夫犹饿死。"也是采用"映衬"表达法批判"耕者无其食"的社会不公现象。又如《水浒传》中白日鼠白胜在上黄泥冈时所唱的歌："赤日炎炎似火烧，野田禾稻半枯焦。农夫内心如汤煮，公子王孙把扇摇。"运用的也是"映衬"表达法，批判的也是社会不公现象。

用"映衬"表达法表达对社会制度不公的愤怒之情的，在古代文学作品与民歌民谣中有很多。现代社会，除了继续运用这一表达法对社会不公予以批判外，还运用此法揭示当今社会的种种怪状。通过其所罗列的社会现状，人们自然会在映衬对比中明白其真实含义。由于表意含蓄而幽默，因此更是耐人寻味，给人的印象远比直白的表达要深刻得多。

3. 外国用火药制造子弹御敌，中国却用它做爆竹敬神：近代中国落伍的原因

> 外国用火药制造子弹御敌，中国却用它做爆竹敬神；
> 外国用罗盘针航海，中国却用它看风水；外国用鸦片医病，中国却拿来当饭吃。
>
> ——鲁迅《电的利弊》

众所周知，中国人是聪明的，中国人也是勤奋的。不然，中国古代就没有走在世界科技前列的"四大发明"了。但是，中国的科技发明没有被统治者好好利用，比如：利用火药大力发展枪炮等热兵器对付入侵者，或是进攻敌国；利用罗盘针航海，为中国开拓海外领地，寻求资源等。相反，中国的统治者倒是善于对内镇压人民，甚至利用最新科技手段疯狂迫害人民。

上引一段文字，说的便是此事。此段文字"是鲁迅发表于1923年的一篇文章中的一段，旨在批判当时的北洋军阀政府用现代科学技术制造新式武器，发明比外国和古代更残酷的刑法来迫害进步人士"①。读来令人既愤慨又感慨，为中国近代的落伍而痛心，为中国人民的命运而悲哀。

那么，这段文字何以有如此的表达力呢？

无他。作者在表达其对北洋军阀政府的批判和揭示中国近代以来之所以落后挨打的原因时，没有直言其事，而是运用"映衬"表达法，将中国对火药、罗盘针、鸦片三物的运用与西方国家进行对比，让接受者经由这三组事项的对比，深刻了解中国与西方在利用科技成果方面的态度，并由两者的差异性、对立性唤起接受者的对比联想。虽然这一文本在字面上"没有对所两相对照的三组事物作出任何的评价，但却因三组事物具象本身而形象、鲜明地凸显出了文本所要表达的内涵——愚昧、迷信、封建专制是中国近代之所以政治黑暗、国家一直处于落后和贫弱状态的根本原因，中国要想政治进步并使国力赶上世界先进国家，不被列强欺凌，就要向西方学习，要致力于发展科学，且要将科学用于正途。由于这一文本内涵深蕴于文本所两两对照的三组具象之中，这就使修辞文本在语言表达上不仅具有形象性、鲜明性，而且还别添了一种深邃性。从接受上看，由于上述修辞文本所提供的三组互相映衬的具象还比较抽象、含糊，究竟外国人用火药制造出的子弹如何在战场上大显神威、使敌方如何溃不成军、闻风丧胆；究竟中国人用火药制作爆竹如何跪拜求神，卑恭虔诚得令人可笑；究竟外国人如何用罗盘针扬帆远航、经商贸易、开拓殖民地等；究竟中国人如何用罗盘针在建房、造坟中看风水，煞费苦心；究竟外国人如何用鸦片制药给病人麻醉，起死回生，造福苍生；究竟中国人如何吸鸦片，醉生梦死，卖儿典妻，家破人亡。这些具体的情形，接受者都不能从表达者所给定的文本中看出，但是接受者却可以根据自己已有的经验进行更多的再造性想象或创造性想象，丰富文本所展示的内容，深刻体认

① 吴礼权：《现代汉语修辞学》（修订版），复旦大学出版社2012年版，第256页。

192

文本所蕴含的深意"①。如果作者不是采用"映衬"表达法，而是直接、理性地说："外国的强大就在于崇尚科学，中国之所以落后就在于愚昧、迷信、封建专制；中国要想富强，就应该向西方学习，学习他们的政治民主，学习他们走科学发展之路。"虽然这样表意非常清楚，但却没有给人留下回味咀嚼的空间，作为文学作品来阅读，能给接受者留下多少印象？恐怕是非常有限的。两相比较，很明显，作者采用"映衬"表达法是成功的，其效果明显更胜一筹。

鲁迅运用"映衬"表达法批评北洋军阀政府，当然是一种高明的手段，效果也很好。但是，要是鲁迅还健在，看到现在大陆民众利用"映衬"表达法所创造的手机短信段子，恐怕就要自叹弗如了。谓予不信，请看如下一则手机短信段子：

没钱的时候养猪，有钱的时候养狗；没钱的时候在家里吃野菜，有钱的时候在酒店吃野菜；没钱的时候在马路上骑自行车，有钱的时候在健身房骑自行车；没钱的时候想结婚，有钱的时候想离婚；没钱的时候老婆兼秘书，有钱的时候秘书兼老婆；没钱的时候假装有钱，有钱的时候假装没钱。人啊，都不说实话，说股票是毒品，都在玩；说金钱是恶源，都在捞；说美女是祸水，都想要；说高处不胜寒，都在爬；说烟酒伤身体，就不戒；说天堂最美好，都不去！

这则感叹当今社会怪状的手机短信段子，全部采用"映衬"表达法，读之让人浮想联翩，更是感慨万千，相信给人留下的印象也是深刻难忘的。

---

① 吴礼权：《现代汉语修辞学》（修订版），复旦大学出版社 2012 年版，第256~257 页。

4. 这两天的会议，蒙各位踊跃发言：官僚的心声

这两天的会议，蒙各位踊跃发言（烦死人了，从来没看过发表欲那么强的人），提出了许多宝贵的意见（还不是那些陈腔烂调，说了又说，也不嫌烦）。至于赵爱说先生的宝贵意见（这种不切实际的书生之见有个屁用），钱乱讲先生的卓识（这人牙都老掉了，怎么舌头还如此灵活），孙贪话先生的十项原则（这人年纪轻轻就大放厥词，三五年后还得了?），李胡说女士的书面报告（唉，女人！你唠叨你丈夫一人也就罢了，跑到这里来烦我们干什么?），将来会印成专册，以供各单位保留（那也是各位的意见寿终正寝的时辰啦!）。

——张晓风《答词表里》

早些年，在大陆流传一句话，叫做："国民党税多，共产党会多。"意思是说，国民党在大陆执政时，治国靠收税；共产党执政，治国靠开会。其实，现在台湾、大陆都一样了，两党执政的法宝都是一样的：既收税，也开会。

开会，在大陆已然成为日常生活的一部分。而对于政府官员乃至学校之类的事业单位的领导，开会几乎就是他们日常工作的全部。有些人一天要赶很多场子，而且逢会必讲话，结果造就了大陆官场的一种普遍现象：讲假话，讲套话，讲废话。会讲这"三话"，就能做官了。从上引的张晓风《答词表里》所述的官员讲话中，我们约略知道，在台湾官场，官员也是讲"三话"的。张晓风所描述的台湾官员的讲话，讲的既是假话，也是套话。当然，这个讲话是张晓风虚拟的。只是由于张晓风虚拟得好，表述得也生动，因此读来觉得这个讲话的官僚的形象非常逼真，让人有如见其人、如闻其声的亲历感，讽刺力极强，因此给人留下的印象也极其深刻。

那么，张晓风所拟的这个领导的致辞何以有如此的表达魅力呢？无他，乃因作者是以"映衬"表达法来表现的。主持人所讲的

七句话都是表面文章，是言不由衷的官话、套话。而每句话后面括号内的注解，则是主持人的心里话。在括号内外，形成主持人表里两种声音，这便是一种特殊的"映衬"表达形式。因此，上述主持人的一段话也是典型的"映衬"表达法。这一文本得以建构，乃因作者张晓风"在虚拟会议主持人的讲话时，由于在经验中和观念上把握了以往经历过的事物——会议主持者口是心非的讲话惯例甚或自己主持会议时难免的同样经验——的缘故，遂由两者的差异性、对立性唤起了对比心理联想，从而建构起上述的"映衬"表达法①。这一文本的建构，"从表达上看，虽然字面上没有一个字批评会议主持人的口是心非，但却因正文与括号内两组文字所呈现的主持人嘴上与内心截然相反的情感语意，形象、鲜明地再现了一个官僚政客的形象，这就使此文本在语言表达上不仅具有形象性、鲜明性，而且还别添了一种深邃性。从接受上看，由于此文本是以两两对立的表里两种语意并列组合在一起，未清楚地点明表达的用意，这就给接受者自己留下了更多回味咀嚼的空间，让接受者可以根据自己已有的经验进行更多的再造性想象或创造性想象，丰富文本所展示的内容，深刻体认文本所蕴含的深意"②。因此，它比直言批评官僚主持会议说假话、套话与废话，给人留下的印象要深刻得多，而且也显得更加幽默。

四、山外青山楼外楼：层递的表达力

在说写表达上，要想给接受者留下深刻印象，除了运用"排比"、"夸张"、"映衬"等表达法外，还可以运用"层递"表达法，也能达到强化接受者印象的效果。

所谓"层递"表达法，是指"一种说写中将两个或两个以上的

---

① 吴礼权：《现代汉语修辞学》（修订版），复旦大学出版社 2012 年版，第 257～258 页。

② 吴礼权：《现代汉语修辞学》（修订版），复旦大学出版社 2012 年版，第 258 页。

语言单位依某种意义或逻辑上的顺序进行排列"①，以期突出强调某种语义的语言表达方式。"层递"作为一种特定的语言表达方式，一般说来，可以分为"递升式"和"递降式"两类。"递升式"又称"顺层递"或"阶升"，是指"根据一定的逻辑将两个或两个以上的语句依照由小到大、由低到高、由少到多、由轻到重、由浅到深等顺序进行排列的层递"②。"递降式"又称"倒层递"或"趋下"，是指"根据一定的逻辑将两个或两个以上的语句依照由大到小、由高到低、由多到少、由重到轻、由深到浅等顺序进行排列的层递"③。但是，不管是"递升式"还是"递降式"，都是语义上的逐层推进。因此，以"层递"表达法建构的文本，一般说来，"在表达上有步步深入、层次分明、强化语势的效果；在接受上易于牢牢抓住接受者的注意力，引发其思索并深入把握表达者所建构的文本的内涵意旨"④。

正因为"层递"表达法有逐层推进语义、强化接受者印象的效果，因此在推阐某种思想理念，或是说理、辩论时，常常受到表达者的青睐。

1. 天下之佳人，莫若楚国：天下女人谁最美

> 天下之佳人，莫若楚国；楚国之丽者，莫若臣里；臣里之美者，莫若臣东家之子。
>
> ——战国·宋玉《登徒子好色赋》

上引这段文字，是宋玉向楚襄王夸说其东邻之女美貌无双的话。

宋玉之所以要向楚襄王这样夸说东邻之女，是事出有因的。当时，与宋玉同朝为官的登徒子向楚襄王进谗言，说宋玉为人英俊优雅，能说会道，又生性好色，希望襄王不要让他出入楚王后宫。襄

---

① 吴礼权：《现代汉语修辞学》（修订版），复旦大学出版社2012年版，第193页。
② 吴礼权：《现代汉语修辞学》（修订版），复旦大学出版社2012年版，第193页。
③ 吴礼权：《现代汉语修辞学》（修订版），复旦大学出版社2012年版，第193页。
④ 吴礼权：《现代汉语修辞学》（修订版），复旦大学出版社2012年版，第195～196页。

王觉得登徒子的话也有些道理，于是就拿登徒子的话来问宋玉。宋玉一听，便知这是登徒子故意在谗害自己，遂辩解说，自己英俊的体貌乃是天生的，能说会道，乃是学之于师。这些都是事实，但好色之事，却是完全没有的事。楚襄王说，你不好色，有什么证明？你能证明自己不好色就可以留在宫里，否则就得离开王宫。宋玉明白襄王之意，遂从容说道："天下之佳人，莫若楚国；楚国之丽者，莫若臣里；臣里之美者，莫若臣东家之子。东家之子，增之一分则太长，减之一分则太短；着粉则太白，施朱则太赤。眉如翠羽，肌如白雪，腰如束素，齿如含贝；嫣然一笑，惑阳城，迷下蔡。然此女登墙窥臣三年，至今未许也。"夸完东邻女之美和自己意志坚定后，宋玉话锋一转，说道："登徒子则不然：其妻蓬头挛耳，龂唇历齿，旁行踽偻，又疥且痔。登徒子悦之，使有五子。王孰察之，谁为好色者矣？"说完，在楚襄王之侧的秦华大夫也陈说了自己对于女色的态度，认为自己在"守德"方面不及宋玉。最终，楚襄王被宋玉说服，不仅没有听信登徒子之谗言，而且对宋玉大为赞赏。而宋玉也因之能继续在朝为官，得以在楚王宫中行走。

那么，宋玉的这一番话何以有如此大的力量呢？

仔细分析一下，其中最重要的是他夸说东邻之女美貌的那段文字最具魅力，最能让楚王相信他并非好色之徒，而是一个守志不移的君子。为了强调东邻之女的美貌，他没有直言"东邻之子美若天仙"或"东邻之女美貌无比"，而是运用"层递"表达法，依地域范围的大小，采取从大到小的次序排列，层层推进，逐渐道出天下最美的女人——东邻之子。由此，通过证实东邻之女是天下至美无比的女人，不着痕迹地凸显自己是天下意志最为坚强、守德不移的完美君子，从而让登徒子的谗言不攻自破。如果宋玉直接说："我家东邻之子可谓天下最美的女人了，她诱惑我多年，我都不为所动，怎么能说我是好色之徒呢？"虽然表意非常直接，也简洁明了，但东邻之女的美给楚襄王的印象不深，自己守德不移的意志之坚也不能强烈凸显出来，那么辩白也就显得苍白无力，要想让楚襄王相信自己不是好色之徒恐怕很难，要想还自己一个清白恐怕也很难。

2. 少年听雨歌楼上，红烛昏罗帐：文人的生存状态与心境

少年听雨歌楼上，红烛昏罗帐。壮年听雨客舟中，江阔云低，断雁叫西风。

而今听雨僧庐下，鬓已星星也。悲欢离合总无情，一任阶前，点滴到天明。

——宋·蒋捷《虞美人》

上引这首词，作者蒋捷写于宋亡元初，表现的是其人生三个阶段的际遇，抒发的是生逢乱世、饱经忧患的无奈之情。

词分上下二阕，上阕写的是词人的少年时代与壮年时期，下阕写的是暮年时期。"少年听雨歌楼上，红烛昏罗帐"二句，通过"听雨歌楼"与"红烛罗帐"两个特定的场景，生动地再现了词人少年时代放浪形骸、优游浪漫的快乐经历，特定的意象让人遐思无尽，情不自禁地生出无限的艳羡之情。"壮年听雨客舟中，江阔云低，断雁叫西风"三句，所写的是壮年时代的往事。通过"客舟听雨"、"江阔云低"、"断雁西风"三种特定的意象，有声、有色、有象，生动地再现了词人壮年时代颠沛流离、饱经忧患的生活状态，读之让人感慨不已。下阕五句则全写暮年境遇。其中，前二句"而今听雨僧庐下，鬓已星星也"，是意象呈现。通过"僧庐听雨"、"鬓已星星"两种景象，既形象地再现了词人饱经沧桑、老态龙钟的形象，又真切地表现了词人天涯飘零、孤苦无依的境况。后三句"悲欢离合总无情，一任阶前，点滴到天明"，则是紧接前二句而作的议论。虽然从诗词的角度看，如此直白地抒情冲淡了诗词"不著一字，尽得风流"的韵味，但读来却有直抒胸臆、情真意切的感染力，仿佛让人听到一个仰天俯地的老人孤苦无助的苍凉悲叹之声。虽然这两句与唐人温庭筠《更漏子》下阕"梧桐树，三更雨，不道离情正苦。一叶叶，一声声，空阶滴到明"所写的境界相似，也与北宋末、南宋初词人万俟咏《长相思》"一声声，一更更。窗外芭蕉窗里灯，此时无限情。梦难成，恨难平。不道愁人不喜听，空阶

滴到明"的景象有异曲同工之处，但是相比而言，"温词和万俟词的辞意比较浅露，词中人也只是为离情所苦而已；蒋捷的这首词，则内容包涵较广，感情蕴藏较深。这首词写他一生的遭遇，最后写到寄居僧庐、鬓发星星，已经写到了痛苦的顶点，而结尾两句更越过这一顶点，展现了一个新的感情境界。温词和万俟词的'空阶滴到明'句，只作了客观的叙述，而蒋捷在这五个字前加上'一任'两个字，就表达了听雨人的心情。这种心情，看似冷漠，近乎决绝，但并不是痛苦的解脱，而是痛苦的深化。这两个字，在感情上有千斤分量，而其中蕴含的味外之味是在终篇处留待读者仔细咀嚼的"①。

　　以上是分开分析，如果我们将整首词作为一个整体来看，则会发现，这首词其实就是一个"层递"的表达法。"时间上是三层：少年、壮年、晚年，循序渐进。心境上也是三层：浪漫、漂泊、凄凉。层层递进。"②通过"年龄由少年到壮年再到老年的递升，与心境由浪漫到漂泊再到凄凉的递降相形对比，凸显出这样一种语意重点：听雨的感觉与年龄、情境密切相关，不同情境和不同年龄感觉大不一样"③，从而突出表现了词人由少年到壮年再到暮年生存状态的不断恶化，以及心境每况愈下的凄凉感。读之不禁让人为之唏嘘再三，心情久久难以平静。

3. 一朝登了金銮殿，却慕神仙下象棋：人心不足蛇吞象

　　　秦中旧有民歌《十不足》唱道："终日奔忙为了饥，才得饱食又思衣；冬穿绫罗夏穿纱，堂前缺少美貌妻；娶下三妻并四妾，又怕无官受人欺；四品三品嫌官小，又想面南做皇帝；一朝登了金銮殿，却慕神仙下象棋；洞宾与他把棋下，更问哪有上天梯？若非此人大限到，上到九天

---

　　①　周汝昌、缪钺、叶嘉莹等编：《唐宋词鉴赏辞典》，上海辞书出版社1988年版，第2280页。

　　②　沈谦：《修辞学》，台湾空中大学印行1995年版，第511页。

　　③　吴礼权：《语言策略秀》（修订版），暨南大学出版社2013年版，第113页。

还嫌低！"

——任喜民《说牢骚》

　　记得少年时代，曾听韩宝仪唱过一首歌，歌名曰《你潇洒我漂亮》。虽然已过几十年，但还依稀记得歌词：

> 女人爱潇洒，男人爱漂亮。
> 不知地不觉地就迷上你。
> 我说你潇洒，你说我漂亮，
> 谈恋爱说情话的甜言蜜语。
> 现代人条件好，
> 爱情更能抓得牢，
> 谈到终身大事就有烦恼。
> 有爱情还要面包，
> 有房子还要珠宝，
> 潇洒漂亮怎能吃得饱？
> 女人爱潇洒，男人爱漂亮，
> 潇洒漂亮怎能吃得饱？
>
> 女人爱潇洒，男人爱漂亮。
> 不注意糊涂地就迷上你，
> 我说你潇洒，你说我漂亮，
> 结了婚就从来不再提起。
> 现代人不知道为什么这么多烦恼，
> 深情深意不容易看到。
> 有老婆还要风骚，
> 有魅力还要怕老，
> 潇洒漂亮有时不可靠。
> 女人爱潇洒，男人爱漂亮，
> 潇洒漂亮怎可靠？

现代人不知道为什么这么多烦恼，

深情深意不容易看到。

有老婆还要风骚，

有魅力还要怕老，

潇洒漂亮有时不可靠。

女人爱潇洒，男人爱漂亮，

潇洒漂亮怎可靠？

这首歌在当时之所以能够广泛流传，大概就是因为它深刻地揭示了人类在情感与物质两个层面都有贪心不足的毛病，根究了现代人婚姻关系之所以不稳定的本质原因。

其实，人类欲壑难填，并不仅限于情感与物质两个方面，还有其他方面。上引秦中民歌《十不足》，则是对人类欲壑难填的方方面面进行了全面揭示。读之不仅让人印象非常深刻，而且会情不自禁地反思人类欲壑难填的深层次原因。

那么，为什么这首民歌有如此的表达力呢？

原来，这首民歌在表达其中心主旨时，没有直接地说："人的欲望是无尽的，有了这样想那样。"而是运用"层递"表达法，依人类生存需求由低到高逐级提升的逻辑顺序（食—衣—性—位—寿），依次展示，一步步将"人类欲壑难填"的主旨渐次道出，由此让人经由这一"层递"文本而反躬自省，从而深刻认识人类自身的劣根性，思索人类社会为何会上演一幕幕自相残杀的惨剧，为什么有那么多人不能挣脱名缰利锁而陷入痛苦深渊甚至万劫不复，为什么会出现红男绿女"有老婆还要风骚，有魅力还要怕老"等现象。如果不是以"层递"表达法表而出之，而是用直白的语言说理，那么肯定不能臻至上述表达效果，也很难给人留下深刻的印象。

4. 一个女人上了男人的当，就该死：女人如何跟男人相处

流苏勾搭上了范柳原，无非是图他的钱。真弄到了钱，也不会无声无息的回家来了，显然是没有得到他什么

好处。本来，一个女人上了男人的当，就该死；女人给当
给男人上，那更是淫妇；如果一个女人想给当给男人上而
失败了，反而上了人家的当，那是双料的淫恶，杀了她也
还污了刀。平日白公馆里，谁有了一点芝麻大的过失，大
家便炸了起来。逢到了真正耸人听闻的大逆不道，爷奶奶
们兴奋过度，反而吃吃艾艾，一时发不出话来。

——张爱玲《倾城之恋》

中国自古以来就有"男尊女卑"的文化传统，因此，社会对男
人的道德要求与对女人的道德要求是不一样的。男人可以三妻四
妾，女人则只能从一而终。近人辜鸿铭的"茶壶论"，可以典型地
反映中国人这种根深蒂固的思想观念。据说，有一位西方女士问晚
清名士辜鸿铭，为什么中国的男人能娶几个女子，而女子则不能嫁
几个男人呢？辜鸿铭这位中国封建社会与传统文化的卫道士不仅不
为中国人的这种陋习而感到羞愧，反而振振有词地回答说："男人
好比茶壶，女人好比茶杯。一个茶壶可以配四个茶杯，但没有一个
茶杯配四个茶壶。"结果，这在中国士林中被传为佳话。也就是说，
中国的男人都赞成辜鸿铭的说法，认为男人三妻四妾是合理的，女
人就应该从一而终。中国一般的男人都有这样的特权，那么中国男
人中的杰出代表人物——历朝历代的皇帝们，其特权就更不必说
了。一般的说法是，皇帝的女人是有定制的，即"三宫六院"。至
于具体数量多少，各朝各代有所不同，各个皇帝的爱好不同也有变
化。如唐人杜牧《阿房宫赋》说，秦始皇的女人多到"有三十六年
而不得见者"。清朝末期，广东落第书生洪秀全起事造反，美其名
曰"革命"。但是，这位革命者在攻占金陵（今江苏南京）后，却
大做特做起皇帝来，号称"天王"。据说，一次他问一个幕僚清朝
的皇帝有多少女人，幕僚回答说有"三宫六院"。革命者洪天王不
假思索地说，那我就来个"四宫八院"吧。可见，革命者对于娶妻
妾采取的也是穷凶极恶的态度，甚至比被革命者还要过分。但是，
奇怪的是，中国历史上难得一见地出个女皇帝武则天，却因思想开

放，多搞了几个男人（号为"面首"），千古以降大家都一致指责她，说她是十恶不赦的淫妇，而且历朝历代还编出了不少有关她淫荡故事的小说（如《如意君传》之类）。

可见，在中国这片古老的土地上，在中华文化的土壤中，道德规范是为女人制订的，男人是可以超越其外的。正因为如此，一旦某一个女人逾越了传统的道德规范，比方说在外面与人偷情之类，就会被社会指责，甚至家人也不能原谅她。上引张爱玲小说《倾城之恋》中的流苏，就因为她是个女人，主动追求爱情却又在情场上屡次失败，结果就被人看不起，甚至家人也认为她下贱。但是，作者在表达世人与流苏家人对流苏的看法时，没有直言"流苏是个不知珍重的下贱女人"，也没有用理性的语言讲道理："女人应该懂得珍重，表露感情要含蓄，与男方交往要矜持，切不可被男人的花言巧语所迷惑；如果头脑不清醒，被男人所骗，上了坏男人的当，那么她就是个该死的下贱女人；女人应该端庄持重，如果不知羞耻地去勾引男人，那她就是个淫妇了。如果一个女人色诱男人不成，反而被男人耍了，那她就是个下贱无比的女人了。"而是运用"层递"表达法，根据中国传统观念，将女人的下贱行为依次排比，从而强调说明了流苏不该主动追求范柳原，结果"黄鼠狼没打到，反惹一身骚"，既没得到爱情，也没得到钱财，枉被世人笑话一场。很明显，这样的表达给人留下的印象要远比直白本意深刻，比讲道理更令人易于接受。

5. 教育系学生没有谁可以给他们瞧不起了，只能瞧不起本系的先生：大学里什么科系最牛

　　苏小姐说不出话，唐小姐低下头，曹元朗料想方鸿渐认识的德文跟自己差不多，并且是中国文学系学生，更不会高明——因为在大学里，理科学生瞧不起文科学生，外国语文系学生瞧不起中国文学系学生，中国文学系学生瞧不起哲学系学生，哲学系学生瞧不起社会学系学生，社会学系学生瞧不起教育系学生，教育系学生没有谁可以给他们瞧不起了，只能瞧不起本系的先生。曹元朗顿时胆大说："我也知道这诗有来历，我不是早说古代民歌的作风么？可是方先生那种态度，完全违反文艺欣赏的精神。你们弄中国文学的，全有这个'考据癖'的坏习气。诗有出典，给识货人看了，愈觉得滋味浓厚，读着一首诗就联想到无数诗来烘云托月。方先生，你该念念爱利恶德的诗，你就知道现代西洋诗人的东西，也是句句有来历的，可是我们并不说他们抄袭。苏小姐，是不是？"

——钱钟书《围城》

上引这段文字，说的是这样一个情节："方鸿渐听说苏文纨病了，去苏家探望。接着，唐晓芙、曹元朗二人先后也来到苏家。曹元朗是个诗人，带来了他写的十四行诗《拼盘姘伴》之类的诗请苏小姐指教。苏小姐没有马上看，方鸿渐先看了，并虚意恭维了他几句，苏小姐便接口也夸奖了几句，曹元朗甚是得意。后来，苏小姐自己也忍不住，拿出一把雕花沉香骨的女用折扇，上有一首诗云：'难道我监禁你？还是你霸占我？你闯进我的心，关上门又扭上锁。丢了锁上的钥匙，是我，也许你自己。从此无法开门，永远，你关在我心里。'请大家欣赏。方鸿渐见诗后有'民国二十六年秋，为文纨小姐录旧作。王尔恺'的落款，以为是王尔恺录自己的旧作赠苏小姐，所以方鸿渐就直言说出了自己的看法，说此诗是偷来的，是抄袭自德国十五六世纪的民歌。苏小姐听了很不高兴，因为此诗是苏小姐自己作的。于是便有上述曹元朗为苏小姐护盘的一席大道理。"[1]

上述情节读来虽然有趣，但更有趣而又给人留下深刻印象的，恐怕还是其中这几句作者的议论文字："因为在大学里，理科学生瞧不起文科学生，外国语文系学生瞧不起中国文学系学生，中国文

---

[1] 吴礼权：《语言策略秀》（修订版），暨南大学出版社 2013 年版，第 114 页。

学系学生瞧不起哲学系学生，哲学系学生瞧不起社会学系学生，社会学系学生瞧不起教育系学生，教育系学生没有谁可以给他们瞧不起了，只能瞧不起本系的先生。"

那么，这段议论文字为什么会比上述两个男人斗嘴的故事情节更生动，给人留下的印象更深刻呢？

原来，是作者运用了"层递"表达法的缘故。这段文字的主要意思是说诗人曹元朗对方鸿渐这种毕业于中国文学系的人很是看不起，理由是中国文学系毕业的都是可有可无的人，对社会没什么用处，不像搞科学的理科生可以科学救国、实业兴国，也不像学外文的外语生可以放眼世界、学习西方先进理念，用以改造中国社会。中文系的学生如果说在中国社会有什么优势，那仅比更没用的哲学系、教育系学生好一点。但是，这层意思，作者并没有这样表述，而是运用了"层递"表达法，依据大学各系科在当时社会及学生心目中的地位，"逐一对比，逐层递降，强烈地凸显了曹元朗打心眼里瞧不起出身中文学科背景的方鸿渐之真切心理，且表现出深刻的讽刺意味，让读者真切地见到 20 世纪三四十年代中国社会以系科论人的偏见之深之普遍，从而深刻了解到那个时代中国社会的世俗人心的真实情形"①。读之不仅耐人寻味，促人反思，而且幽默诙谐，让人久久难以忘怀。如果作者不运用"层递"表达法，而是用简洁的语言直陈本意，说成"一个人的素质取决于他所学的专业，中文系在大学不是什么好科系，因此毕业于中文系的人的见识见解不会高明到哪里去"，那么小说的文字读来就了无生气了，要想给读者留下深刻的印象，恐怕不容易。

五、嘈嘈切切错杂弹，大珠小珠落玉盘：叠字的表达力

在语言表达中，强化接受印象，给接受者留下深刻印象，除了上述诸种表达法外，还有"叠字"表达法，其功效也是非常明

---

① 吴礼权：《语言策略秀》（修订版），暨南大学出版社 2013 年版，第 114 页。

显的。

所谓"叠字"表达法，是指"一种'将形、音、义完全相同的两个字紧密相连地用在一起'以企及某种特定语言效果"①的语言表达方式。以"叠字"表达法建构的文本，我们称之为"叠字"修辞文本。这种文本的建构，"在表达上多显匀称和谐或形象鲜明的效果；接受上则有使接受者加深印象、引发某种美感愉悦的效果"②。

正因为"叠字"表达法有较好的强化语义印象的效果，因此在许多需要强化语义印象或听觉印象的文本中都时有运用。

1. 青青河畔草，郁郁园中柳：荡子妇的寂寞孤独

> 青青河畔草，郁郁园中柳。
> 盈盈楼上女，皎皎当窗牖。
> 娥娥红粉妆，纤纤出素手。
> 昔为娼家女，今为荡子妇。
> 荡子行不归，空床难独守。
>
> ——汉·无名氏《古诗十九首·青青河畔草》

上引这首诗，相信读过中国古典诗歌的人都非常熟悉。它是描写一个风尘女子好不容易脱离欢场，从良过上了正常人的生活，但婚后又面临与夫君分离的痛苦。诗句通过女子从良前后的身份对比与今昔生活状态的对比，以及人与物（草、柳）的对比，将一个少妇独守空房的内心苦痛展露无遗。

这首诗之所以会有这样的表达效果，除了上面我们所说的对比烘托表达法的运用外，还有一个重要而明显的表达法运用，这便是"叠字"。著名学者马茂元先生曾就此诗运用"叠字"的特点有过详细分析，认为此诗的语言"并不惊奇，只是用了民歌中常用的叠

---

① 吴礼权：《现代汉语修辞学》（修订版），复旦大学出版社2012年版，第265页。
② 吴礼权：《现代汉语修辞学》（修订版），复旦大学出版社2012年版，第265页。

词，而且一连用了六个，但是贴切而又生动。青青与郁郁，同是形容植物的生机畅茂，但青青重在色调，郁郁兼重意态，且二者互易不得。柳丝堆烟，方有郁郁之感，河边草色，伸展而去，是难成郁郁之态的，而如仅以青青状柳，亦不足尽其意态。盈盈、皎皎，都是写美人的风姿，而盈盈重在体态，皎皎重在风采，由盈盈而皎皎，才有如同明月从云层中步出那般由隐绰到光鲜的感觉，试先后互易一下，必会感到轻重失当。娥娥与纤纤同是写其容色，而娥娥是大体的赞美，纤纤是细部的刻画，如互易，又必扦格不顺。六个叠字无一不切，由外围到中心，由总体到局部，由朦胧到清晰，烘托刻画了楼上女尽善尽美的形象，这里当然有一定的提炼选择，然而又全是依诗人远望或者悬想的过程逐次映现的。也许正是因为顺想象的层次自然展开，才更帮助了当时尚属草创的五言诗人词汇用得如此贴切，不见雕琢之痕，如凭空营构来位置辞藻，效果未必会如此好。这就是所谓‘秀才说家常话’”①。又指出："六个叠字的音调也富于自然美，变化美。青青是平声，郁郁是仄声，盈盈又是平声，浊音，皎皎则又是仄声，清音；娥娥，纤纤同为平声，而一浊一清，平仄与清浊之映衬错综，形成一片宫商，谐和动听。当时声律尚未发现，诗人只是依直觉发出了天籁之音，无怪乎钟嵘《诗品》要说‘蜂腰鹤膝，闾里已具’了。这种出于自然的调声，使全诗音节在流利起伏中仍有一种古朴的韵味，细辨之，自可见与后来律调的区别。六个叠词声、形两方面的结合，在叠词的单调中赋予了一种丰富的错落变化。这单调中的变化，正入神地传达出了女主人公孤独而耀目的形象，寂寞而烦扰的心声。"②

　　这种分析确实是说到了此诗的关键点上，可谓搔到了痒处。因为从修辞学的角度看，这种"叠字"的大量运用，不仅能在听觉上造就一种反复刺激的效果，强化接受者对诗歌所着力表达的语义的

---

　　① 吴小如、王运熙、章培恒等撰：《汉魏六朝诗鉴赏辞典》，上海辞书出版社 1992 年版，第 134～135 页。

　　② 吴小如、王运熙、章培恒等撰：《汉魏六朝诗鉴赏辞典》，上海辞书出版社 1992 年版，第 135 页。

印象，而且还有听觉上"大珠小珠落玉盘"的美感效果，从而让读者对文本的印象更深。

2. 叶叶红衣当酒船，细细流霞举：葛立方的情调雅韵

> 袅袅水芝红，脉脉蒹葭浦。渐渐西风淡淡烟，几点疏疏雨。
> 草草展杯觞，对此盈盈女。叶叶红衣当酒船，细细流霞举。
>
> ——宋·葛立方《卜算子》

上引这首诗，是写中国古代文人品酒赏荷的雅韵情调，读之颇令人生出无限向往之情。如果对比今日我们忙忙碌碌的现代生活，则难免要生出无限的感慨。

客观地说，这首词并没有反映什么感人至深的思想内容，也没有抒发什么让人感叹唏嘘的悲痛情感，只是生动地再现了中国古代文人的闲雅放达的生活情调与悠游自适的人生态度。但是，它却像一个精致的艺术品，读了让人感到赏心悦目，觉得有无限的审美情趣。

那么，这首小词为什么会有这种独特的表达力呢？这主要是与作者超常规地运用"叠字"表达法有关。

说到"叠字"，大家习惯上都首先想到南宋著名女词人李清照，特别是想到她的那首《声声慢》：

> 寻寻觅觅，冷冷清清，凄凄惨惨戚戚。乍暖还寒时候，最难将息。三杯两盏淡酒，怎敌他、晚来风急！雁过也，正伤心，却是旧时相识。
> 满地黄花堆积，憔悴损，如今有谁堪摘！守着窗儿，独自怎生得黑！梧桐更兼细雨，到黄昏、点点滴滴。这次第，怎一个愁字了得！

　　这首词是李清照的晚年之作。"此时她的丈夫赵明诚已离世，她一个女人流寓江南，就更倍感孤寂哀伤了，加之残秋时节，多愁善感的女词人，更是情何以堪?"① 全词"通过写残秋的景色作为衬托，倾诉出夫亡家破、饱经忧患和乱离生活的哀愁"②，读之确实有催人泪下、悲不自胜的力量。这首词之所以会有如此独特的感染力，"仔细寻究起来，除了词作内容本身的凄切感人之外，开首连下十四个叠音字，是关键所在。历代词论家叹赞此词，焦点也全聚于此"③。从修辞的角度来看，"全词凌空起势，将'寻'、'觅'、'冷'、'清'、'凄'、'惨'、'戚'七个单音节词异乎寻常地集结起来，重叠后连续铺排，使读者的视觉与听觉均受到极大的冲击"④。因为"由'寻'、'觅'二字复叠而成的'寻寻觅觅'，鲜明地显现出词人失去恩爱的丈夫后失落空虚的精神世界真况；由'冷'、'清'二词复叠而成的'冷冷清清'，形象地凸显出词人失去丈夫后家庭生活的极度冷清境况；由'凄'、'惨'、'戚'三个单音节词复叠而成的'凄凄惨惨戚戚'，强烈地凸显出词人'独在异乡为异客'、秋风萧瑟形影单的孤寂凄凉的晚景生活。加之全词又特意选择了仄韵体表达，遂使全词情调更显凄切悲凉，读之不能不使人唏嘘感伤"⑤，情不自禁地为词人的凄苦晚境掬一把同情的泪。

　　李清照的"叠字"表达法运用确实是到了出神入化的境界，令人敬佩。但是，在中国文学史上并非仅她一个人能臻至此境界。事实上，在南宋文坛上，与李清照同时期就有一位词人也能达到这种境界。不过，这人不是女人，而是男人，他叫葛立方。葛立方生活的时代与李清照相当，"卒于公元1164年，晚李清照九年离世"⑥。在中国文学史上，就地位高下与文学成就大小来看，虽然葛立方与

　　① 吴礼权:《语言策略秀》(修订版)，暨南大学出版社2013年版，第108页。
　　② 朱东润主编:《中国历代文学作品选》(中编第二册)，上海古籍出版社1980年版，第54页。
　　③ 吴礼权:《语言策略秀》(修订版)，暨南大学出版社2013年版，第108～109页。
　　④ 吴礼权:《现代汉语修辞学》(修订版)，复旦大学出版社2012年版，第270页。
　　⑤ 吴礼权:《语言策略秀》(修订版)，暨南大学出版社2013年版，第109页。
　　⑥ 吴礼权:《现代汉语修辞学》(修订版)，复旦大学出版社2012年版，第270页。

李清照不可相提并论，但是"在叠字运用方面则难分伯仲"①。这从上引葛立方的《卜算子》一词来看，便能看出端倪。对比李清照、葛立方二词人，我们可以发现，"李清照是在词的开头连用三句叠字，而葛立方则每句都用叠字，也是创出了先例"②。因此，有学者分析评论说："这首词使用叠字多而且好。全词共四十四字，其中叠字竟占了十八个，句句有叠字，连绵而下，相互映衬，无不自然妥帖。用来写荷花形象的，有'袅袅'、'脉脉'、'盈盈'，以至于'叶叶'（红衣）；写自然景象的，有'淅淅'（的风）、'淡淡'（的烟）、'疏疏'（的雨）；写词人动作情态的，有'草草'、'细细'。这些叠字在意境、气韵、情调等方面，都极为协调，确如周密所说的'妙手无痕'。这些叠字不仅生动传神地塑造了荷花的形象，表现了词人疏神达思、怡然自乐的生活情趣，而且形成了一种轻灵、和谐、安谧而又洒落的情调，形成了行云流水般的声韵美。这种情调和声韵美，与如'盈盈女'般的'袅袅'荷花，与文人雅士品酒赏荷的特定场景，都极为合拍，形式与内容达到了比较完美的统一。这种频繁而有规律地使用叠字，在诗中有《古诗十九首》为例，而在词中则略无俦匹，这不能不说是葛立方的创造。"③ 这种分析与评价是有道理的。如果说李清照的"叠字"文本是凄美的，给人的是感动、感伤、感慨的话，那么葛立方的"叠字"文本则是优美，给人的是快乐、快感、快慰。美有多种形态，因此，葛立方以"叠字"文本创造出优美，也同样是值得我们赞赏的。

3. 重重迭迭山，曲曲环环路：俞樾看九溪十八涧

重重迭迭山，曲曲环环路，丁丁东东泉，高高下下树。

——清·俞樾赞杭州九溪十八涧句

---

① 吴礼权：《现代汉语修辞学》（修订版），复旦大学出版社 2012 年版，第 271 页。
② 吴礼权：《现代汉语修辞学》（修订版），复旦大学出版社 2012 年版，第 271 页。
③ 周汝昌、缪钺、叶嘉莹等编：《唐宋词鉴赏辞典》，上海辞书出版社 1988 年版，第 1319 页。

到杭州，导游都会向游客推荐杭州的九溪十八涧。互联网上也有不少介绍杭州这一景点的文字，如杭州的一家网站，在推介杭州新景点"九溪烟树"时就有这样的文字介绍："九溪烟树，西湖新十景之一，泛指九溪十八涧一带。位于西湖西边群山中的鸡冠陇下，一端连接烟霞岭南，一端贯连钱塘江。九溪的主景是'水'。九溪的水发源于翁家山杨梅岭下，沿途汇合了青湾、宏法、唐家、小康、佛石、百丈、云栖、渚头、方家九坞之水，曲曲折折，忽隐忽现地流入钱塘江，称为九溪。'十八涧'并非实指，倍于'九'表示细流之多。清代著名学者俞樾称'九溪十八涧乃西湖最胜处'，并以'重重迭迭山，曲曲环环路，丁丁东东泉，高高下下树'来赞美九溪景色。九溪十八涧流泉淙淙，山色葱茏。当水气蒸腾、云雾迷蒙时，这里山岚缭绕，青黛似烟，所以新西湖十景称为'九溪烟树'。1986 年新辟建人工瀑布，碧流泻玉，满谷迷蒙，'烟树'之趣益发油然而生。"

这段文字介绍，虽然极尽夸说铺排之能事，但所描写的"九溪十八涧"之美给人的感觉仍然很模糊，不能给人留下深刻的印象。倒是其中引到的晚清学者俞樾对"九溪十八涧"所作概括的四句诗，给人留下的印象更深，一读便让人油然生出一睹烟溪之景、一闻泉水之声的情感冲动。

那么，俞樾这二十字的诗句何以有如此的表达力呢？

这全赖"叠字"表达法的巧妙运用。我们知道，在古代汉语中，"重"和"迭"都是可以独立表意的单音节词。在现代汉语中，由于双音节化的发展趋势，一般将"重"和"迭"复迭起来成为一个双音节词"重迭"。但是，"重"和"迭"若用在句中特别是诗词中，仍然是可独立表意的单音节词。因此，诗人这里将"重重迭迭"复迭到了一起，仍是典型的"叠字"表达。这种表达由于将本是同义的"重"和"迭"各自进行了复迭，并将各自复迭后的叠字形式进行了二度复迭，这样就使语义作了四次重复，从而强烈地渲染了"九溪十八涧"周围山峰之多的主旨。诗的第二句"曲曲环环路"，用的也是"叠字"表达法。"曲"与"环"，都是表示"弯曲"之义，在古代汉语中都是各自独立表意的单音节词。这里诗人将这两个同义的单音节词各自重迭并堆砌一起，也是为了强化语义印象，意在突出"九溪十八涧"周边道路之崎岖的情状。诗的第三句"丁丁东东泉"，则是运用了"摹声"与"叠字"双重表达法。"丁东"本是摹拟泉水从高处滴下发出的声音，是拟声词（或称"象声词"）。这里诗人将"丁东"拆开，让"丁"与"东"二字各自复迭后再进行重组，这也是"叠字"的一种形式。这种摹声式的叠字，意在强化所渲染的泉水滴而不断的声音效果，因此读来别有一种如闻其声的接受效果。诗的第四句"高高下下树"，仍是"叠字"表达法。"高"与"下"在古代汉语与现代汉语中都是独立成词、独立表意的单音节词。诗人将"高"与"下"二词进行了各自复迭，客观上起到了强调"高"与"下"的表意效果。而将各自复迭后的两个词再进行复迭重组，产生了新的复迭形式"高高下下"，以此强化突出了"九溪十八涧"周围树木茂盛、高下错落的层次感，这是从表达上看。如果从接受上看，这种高密度的"叠字"表达，四组八对叠字的运用，仿佛心理学上的多重相似刺激物，让接受者不断受到感官和听觉刺激，从而自然加深对诗人所建构文本的印象，"对九溪十八涧周围之山、之路、之树、之泉水声有如临其境、如闻其声之感，从而于文本解读接受中获取到一种独特的审美享受"①。

4. 时而淋淋漓漓，时而淅淅沥沥：余光中梦中的季雨

> 惊蛰一过，春寒加剧。先是料料峭峭，继而雨季开始，时而淋淋漓漓，时而淅淅沥沥，天潮潮地湿湿，即使在梦里，也似乎有把伞撑着。
>
> ——余光中《听听那冷雨》

---

① 吴礼权：《传情达意：修辞的策略》（修订版），暨南大学出版社 2014 年版，第78 页。

　　下雨乃是自然现象，但是，人对雨却有不同的情感态度。"好雨知时节，当春乃发生"（杜甫《春夜喜雨》），会让人有一种喜悦之情。若是"久旱逢甘霖"，则就更要大喜过望了。至于"寒雨连江夜入吴，平明送客楚山孤"（王昌龄《芙蓉楼送辛渐》）、"夜来风雨声，花落知多少"（孟浩然《春晓》）、"清明时节雨纷纷，路上行人欲断魂"（杜牧《清明》）、"夜阑卧听风吹雨，铁马冰河入梦来"（陆游《十一月四日风雨大作》）、"山河破碎风飘絮，身世浮沉雨打萍"（文天祥《过伶仃洋》）等情境下的雨，则就会让人顿起感伤之情了。当然，这些都是从实用主义角度来观雨的。若是诗人视之，雨恐怕就没有好坏之分而只有诗意不诗意的问题了。如"青箬笠，绿蓑衣，斜风细雨不须归"（张志和《渔歌子》）、"沾衣欲湿杏花雨，吹面不寒杨柳风"（志南和尚《绝句》）、"渭城朝雨浥轻尘，客舍青青柳色新"（王维《送元二使安西》）、"空山新雨后，天气晚来秋"（王维《山居秋暝》）、"南朝四百八十寺，多少楼台烟雨中"（杜牧《江南春》）、"七八个星天外，两三点雨山前"（辛弃疾《西江月》）、"水光潋滟晴方好，山色空蒙雨亦奇"（苏轼《饮湖上初晴后雨》），诸如此类的雨，就下得非常富有诗意。因此，在历代诗人笔下都是反复吟咏的，在千古读者口中更是反复流传。

　　中国古代诗人善于写雨，留下不少写雨的绝妙好辞。现代诗人虽然写雨的诗句少了，但写雨的散文则不少。其中，写雨写得令人难忘者亦有之。如上引余光中先生的散文，就是写雨的名篇。众所周知，余光中先生是著名的诗人。但是，《听听那冷雨》却不是写雨的诗，而是写雨的散文。虽是散文，但却写出了诗的味道。因此，在他笔下的台湾季雨是那样富有魅力。仅我们上引的一段文字来看，一读便让人难忘。

　　那么，这段文字何来如此独特的表达力呢？

　　仔细分析，我们不难发现，这段文字最显眼的特点便是高密度地运用"叠字"，短短五十余字的篇幅，就用了八个叠字。但是，作者所用的"叠字"表达法则不同于一般，而是有所创新。我们知道，"叠字"表达法一般都是将可以独立的单音节词通过复迭的形式来表现的。但是，作者这里的八个叠字，除了"潮"、"湿"两个可以独立表意的单音节词外，其余都是不能独立表意的联绵词。"先是料料峭峭"一句中的"料料峭峭"，是通过迭韵联绵词"料峭"的分拆重叠而实现的；"时而淋淋漓漓，时而渐渐沥沥"二句中的"淋淋漓漓"、"渐渐沥沥"，是通过双声联绵词"淋漓"和迭韵联绵词"渐沥"的分拆重叠而实现的。这种"叠字"表达模式，在形式上新颖有创意，在表意上则有强化语义的效果。前句通过"料料峭峭"的复迭形式"强调突出了台湾惊蛰过后一段时间内春寒加剧的情形，读之令人印象深刻，情不自禁地瑟瑟战栗起来"，后句通过"淋淋漓漓"、"渐渐沥沥"的复迭形式，"生动形象地再现了台湾春季季雨时而大时而小，下个不停，下得没完没了的雨季图景，让人读之如临其境，如沐其雨，感同身受"。而末一句"天潮潮地湿湿"，则是通过两个单音节词"潮"、"湿"的分别重叠使用，"强烈凸显了台湾季雨时间之长、空气之潮湿的程度，读之令人深刻体认到作者对台湾季雨的无奈难耐之情"[①]。由此可见，"叠字"表达策略超常规的运用，确是余光中先生写台湾季雨而使人难忘的一种重要因素。

5. 那是一条荒路，散散淡淡地：周同宾的寂寞心境

> 那是一条荒路，散散淡淡地，撒在山野的寂寥中。路上，有疏疏密密的老草，有重重叠叠的黄叶。这才是真正的游人的路。赶大集似的前呼后拥，摩肩接踵，绝无风景可赏。
>
> ——周同宾《拜访达摩》

众所周知，旅游大体可以分为两大类：一是自然景物的观赏，也就是我们平常所说的"游山玩水"，追求的是视觉享受；二是人文景观的观赏，包括历史文物、古代建筑的游览与品鉴，追求的是

---

① 吴礼权：《语言策略秀》（修订版），暨南大学出版社 2013 年版，第 110 页。

心灵的洗礼与精神的享受。大抵说来，前者对于旅游者来说，基本上是没有什么要求的，只要有一双明亮的眼睛，就足可以饱览风光。如果有赏心悦目的美感，也就达到了其追求的境界。后者对于旅游者来说，则需要有文化上高低不等的要求。比方说，参观一处历史遗迹，一个没有文化的人，或是对此历史遗迹完全没有了解的人，面对残垣断壁，不仅引发不出兴趣，还会感到非常失望。相反，如果是一个有文化的人，或是对此历史遗迹有所了解的人，面对残垣断壁，他会立即思接千载，遐思万千，顿时涌出无限的感慨。从旅游的质量来看，肯定是后一种情况值得称道，算得上是真正的人文深度之旅，是心灵的飨宴。因为它有审美享受，有精神上的熏陶。然而，事实上绝大多数旅游者是不追求也难以追求这种境界的。他们的所谓旅游，只是一种"到此一游"的活动任务而已，这正如一首描写团体旅游的民谣所说："上车睡觉，下车撒尿，到了景点拍照，回家一问什么也不知道。"

上引一段文字，作者谈的正是这个问题，感叹国人不懂旅游之真谛。读之让人"心有戚戚焉"，情不自禁地为国人的旅游质量而摇头叹息。

那么，上引这段文字，为何有这等独特的表达力呢？这主要与作者运用了"叠字"表达法有关。

上引文字中，"那是一条荒路，散散淡淡地，撒在山野的寂寥中。路上，有疏疏密密的老草，有重重叠叠的黄叶"，是一个运用了"叠字"表达法的文本。"散散淡淡"，是"写通往嵩山达摩洞的路径之不明显，凸显拜访达摩的路径上向来少人，无法踩出明显路径的情状"[1]；"疏疏密密"，是"写路上老草之疏密不匀"[2]；"重重叠叠"，是"写路上黄叶堆积之厚度，都是意在凸显达摩洞已不是嵩山的重要景点，以致通往达摩洞的路径已被荒置多年无人修整的现状"[3]。由于采用了同字相叠的形式予以呈现，因此"在表达上都

① 吴礼权：《现代汉语修辞学》（修订版），复旦大学出版社2012年版，第266页。
② 吴礼权：《现代汉语修辞学》（修订版），复旦大学出版社2012年版，第266页。
③ 吴礼权：《现代汉语修辞学》（修订版），复旦大学出版社2012年版，第266页。

具形象鲜明的效果"①；在接受上，"由于三组六对叠音字的运用，使接受者在文本解读接受中受到较大、较深的视听觉刺激，由此自然加深了对文本的印象和对文本意旨的理解，深刻体认到现代社会大众的人文精神状态；同时对通往达摩洞的路径状况亦有如临其境、如睹其状之感，从而于文本解读接受中获取到一种独特的审美享受"②。可见，"叠字"表达法的运用对于提升文本的审美价值确实有着明显的效果。

① 吴礼权：《现代汉语修辞学》（修订版），复旦大学出版社 2012 年版，第 266 页。
② 吴礼权：《现代汉语修辞学》（修订版），复旦大学出版社 2012 年版，第266～267 页。

参考文献

1. （春秋）左丘明：《左传·襄公二十五年》。

2. （三国·魏）曹丕：《典论·论文》。

3. 辞海编辑委员会编：《辞海》（缩印本），上海辞书出版社1990年版。

4. 中国社会科学院语言研究所词典编辑室编：《现代汉语词典》（第六版），商务印书馆2012年版。

5. 吴小如、王运熙、章培恒等撰：《汉魏六朝诗鉴赏辞典》，上海辞书出版社1992年版。

6. 萧涤非等撰：《唐诗鉴赏辞典》，上海辞书出版社1983年版。

7. 缪钺等撰：《宋诗鉴赏辞典》，上海辞书出版社1987年版。

8. 周汝昌、缪钺、叶嘉莹等编：《唐宋词鉴赏辞典》，上海辞书出版社1988年版。

9. 林语堂著，郝志东等译：《中国人》，浙江人民出版社1988年版。

10. 陈望道：《修辞学发凡》，上海教育出版社1997年版。

11. 朱光潜：《朱光潜美学文集》（第一卷），上海文艺出版社1982年版。

12. 朱东润主编：《中国历代文学作品选》（上编第二册），上海古籍出版社1979年版。

13. 朱东润主编：《中国历代文学作品选》（中编第一册），上海古籍出版社1980年版。

14. 朱东润主编：《中国历代文学作品选》（中编第二册），上海古籍出版社1980年版。

15. 李泽厚：《中国古代思想史论》，人民出版社 1986 年版。

16. 蒋孔阳：《美学新论》，人民文学出版社 1993 年版。

17. 邱明正：《审美心理学》，复旦大学出版社 1993 年版。

18. 倪宝元：《修辞》，浙江人民出版社 1980 年版。

19. 谭永祥：《汉语修辞美学》，北京语言学院出版社 1992 年版。

20. 沈谦：《林语堂与萧伯纳——看文人的妙语生花》，中国友谊出版公司 1999 年版。

21. 沈谦：《修辞学》，台湾空中大学印行 1996 年版。

22. 沈谦：《〈文心雕龙〉与现代修辞学》，台湾益智书局 1990 年版。

23. 李定坤：《汉英辞格对比与翻译》，华中师范大学出版社 1994 年版。

24. 童山东、吴礼权：《阐释修辞论》，首都师范大学出版社 1998 年版。

25. 吴礼权：《现代汉语修辞学》（修订版），复旦大学出版社 2012 年版。

26. 吴礼权：《修辞心理学》（修订版），暨南大学出版社 2013 年版。

27. 吴礼权：《言语交际与人际沟通》，暨南大学出版社 2013 年版。

28. 吴礼权：《语言策略秀》（修订版），暨南大学出版社 2013 年版。

29. 吴礼权：《口若悬河：演讲的技巧》（修订版），暨南大学出版社 2014 年版。

30. 吴礼权：《能说会道：说话的艺术》（修订版），暨南大学出版社 2014 年版。

31. 吴礼权：《唇枪舌剑：言辩的智慧》（修订版），暨南大学出版社 2014 年版。

32. 吴礼权：《传情达意：修辞的策略》（修订版），暨南大出版社 2014 年版。

33. 吴礼权：《委婉修辞研究》，山东文艺出版社 2008 年版。

34. 吴礼权：《中国言情小说史》，台湾商务印书馆 1995 年版。

35. 吴礼权：《远水孤云：说客苏秦》（简体版），云南人民出版社 2011 年版。

36. 吴礼权：《冷月飘风：策士张仪》（简体版），云南人民出版社 2011 年版。

37. 刘德岑：《刘子翚〈汴京纪事〉诗笺注（上）》，《西南师大学报》（人文社科版）1983 年第 4 期。

38. 吴礼权：《南北朝时代列锦修辞格的转型与发展》，《楚雄师范学院学报》2009 年第 8 期。

39. 吴礼权：《从〈全唐诗〉的考察看盛唐"列锦"辞格的发展演变状况》，《阜阳师范学院学报》（社会科学版）2010 年第 1 期。

40. 吴礼权：《从〈全唐诗〉所存录五代诗的考察看"列锦"辞格发展演进之状况》，《湖南科技大学学报》（社会科学版）2010 年第 1 期。

41. 吴礼权：《从〈全唐诗〉所录唐及五代词的考察看"列锦"辞格发展演进之状况》，《楚雄师范学院学报》2010 年第 1 期。

后 记

这套名曰"语言力"的学术随笔丛书，第一辑四本，今日终于全稿杀青了。这既让我大大松了一口气，也让我心中有些惴惴不安。

之所以会觉得大大松了一口气，是因为自从 2009 年接受了台湾商务印书馆写作这套学术随笔丛书的约稿任务后，一直觉得时间紧迫，怕难以在约定的时间内完成任务。大凡在大学里工作的，都知道做教授并不是清闲的差事，既要指导博士生、硕士生，又要给本科生上基础课、专业选修课，同时还得完成相关科研任务。至于发表学术论文、出版学术专著，那是做教授的"题中应有之义"。完成既定的教学与科研任务，如果不振作精神，非常努力、非常勤奋，已经不易了，更遑论再分出精力写作学术随笔了。2011 年 8 月，这套丛书的第一本《表达力》经过近三年的艰苦努力，才脱稿出版。但另外两本——《说服力》与《感染力》，则一直难以完成。为了兑现当初向台湾商务印书馆李俊男先生许下的诺言，最近几年我算是最大限度地透支了并不充沛的精力与有限的睡眠时间。多少次，我想放弃这套丛书的写作；但是，多少次又自己说服自己重新鼓起勇气。因为我向来重然诺，重视朋友情谊，凡是我答应的事，不管多苦多难，我也要强迫自己完成，兑现诺言。我的性格是宁可为难自己，绝不为难朋友。如今，我终于克服重重困难完成了任务，自然有一种卸下重负的轻松之感。所以，才说今天我大大松了一口气。

之所以会有一种惴惴不安的心理，那是因为怕这套丛书出版面世后不能让读者诸君满意。如果让读者诸君破费了，却又不能让大家有所收获，那我心里会不安的。承蒙广大读者的不弃与热情鼓励，在此之前我所出版的几十种书，无论是学术著作，还是学术随笔，都有多次印刷与再版的机会。也就是说，有不少读者买过我的书、读过我的书，对我予以了热情的支持与鼓励。今年我将届"知天命"之年，如果现在所写的这套学术随笔达不到"庾信文章老更成，凌云健笔意纵横"（杜甫《戏为六绝句》）的境界，甚至还不及年少轻狂时所写的，那就太对不起读者诸君了，当然也是对不起我自己的良心。正因为如此，写完了这套丛书，搁笔轻松了一会之后，我心里又惴惴不安起来。

其实，我有一百个理由不再写学术随笔了。但是，人性总有一些弱点，往往经不起诱惑。因为以前所写的学术随笔都被广大读者认同，有些畅销二十余年还势头不减，所以就经不起出版界朋友的恭维，有时还不免有些得意并飘飘然起来。于是，有了一次就有了第二次，答应了这个朋友，就会答应另一个朋友，以致活儿越接越多，人也越搞越疲惫，心理压力也越来越大。其实，这一切追根溯源，都是年少轻狂时惹的祸。1989 年 5 月，当时我正要从复旦大学中文系硕士研究生毕业，听人说复旦历史系顾晓鸣教授正在主编一套"中国的智慧"丛书。那时，真是"初生牛犊不怕虎"，也可以说是"年少轻狂不要脸"，竟然千方百计打听消息，跑到顾晓鸣教授府上，毛遂自荐，要求也写一本。当时应约写稿的都是教授或年轻成名的才俊，我一个"愣头青"的学生竟然也想挤进去，现在想来还觉得是不知天高地厚。顾晓鸣教授那时非常有名，没想到竟然答应了。于是，我便写出了一本名曰"游说·侍对·讽谏·排调：言辩的智慧"的小书，有十五六万字，由浙江人民出版社于 1991 年出版。又是没想到，这本书竟然大获成功，一印再印，前后发行了十几万册。不久，版权就被引进了台湾，由台湾国际村文库书店出版，成为台湾书市上的畅销书。更没想到的是，2009 年 2 月至 6 月，我在台湾东吴大学担任客座教授时，课余逛台北书店，竟然发现将近二十年前出版的这本小书还在热卖，而且有新潮社、台原出版社等四个版本。这是第一次写学术随笔的经历。第二次经历，则是被动的。2000 年 11 月，国家广播电影电视总局、中国广播电视学会、主持人节目研究委员会在上海举办了一次"全国广播电视节目主持人充电班"，我应邀给学员们作了一次题为"语言表达策略与语言接受心理"的讲座。没想到，讲座还挺受这些在电视上口若悬河的节目主持人的喜欢。课后，他们纷纷要我的讲稿。因为讲稿写得很匆忙，也不完整，很多东西都是讲课时即兴发挥的，所以我就不愿将讲稿复印给他们，只是说等整理成书后送给大家。其实，当时只不过是敷衍，根本没考虑真要将讲稿修改出版面世。但是，后来又是凑巧，2001 年 9 月，上海文化出版社社长郝铭鉴先生计划出一套语言类丛书，名曰"今日说话"，邀约了包括我与易中天等四位学者各写一本。这样，我便鼓起勇气，真的将演讲稿修改成了一本书，名曰"妙语生花：语言策略秀"，于 2002 年 9 月出版。由于装帧与插图都非常有创意，这本小书很快就赢得了读者的好评，不久 7 000 册就售罄，后来还加印了几次，成了当时的畅销读物。我在复旦大学上"修辞学研究"课时，学生在桌底下偷看这本小书。被我发现后，她们大方地秀给我看，说这本书写得比我上课讲的内容好。由于销售情况一直较好，2008 年，上海文化出版社又让我修订出版了增订本，虽然内容增加了三分之一，让读者破费不少，但还是颇受欢迎。第三次也是被动的，而且是以丛书的形式来写。2003 年夏，吉林教育出版社想组织一套语言方面的丛书，看到我的《妙语生花：语言策略秀》一直在热卖，所以就找到我，让我一人写一套丛书。因为之前跟吉林教育出版社有长期的学术著作出版合作友谊关系，责任编辑张景良先生是我的老友，于是当时也就出于盛情难却的心情，慨然答应了。经过艰苦的努力，终于完成了任务。2004 年 1 月，"中华语言魅力"丛书一套三本就出版面世，分别是《传情达意：修辞的策略》、《能说会道：表达的艺术》、《口若悬河：演讲的技巧》。这三本学术随笔同样获得了意想不到的成功，出版之后不断获奖，有吉林省政府奖、吉林省长白山优秀图书一等奖、吉林省首届"新华杯"读书节读者最喜爱的十种吉版图书奖和吉林省新闻出版奖的图书精品奖。大概是因为受读者欢迎，所以就有点"酒香外溢"的效果，从 2009 年开始，台湾商务印书馆、香港商务印书馆两大顶级出版社就陆续与我接洽这套学术随笔丛书以及之前的《妙语生花：语言策略秀》的版权问题。但是，由于当时我与吉林教育出版社、上海文化出版社的版权合同期未到，当时的版权交易并不顺利，这就拖了下来。2012 年，我在上海文化出版社出版的《妙语生花：语言策略秀》合同期满，香港商务印书馆如愿获得了这本书的版权，在香港出版发行了此书的繁体版，更名为"中文活用技巧：妙语生花"。出版半年后，香港商务印书馆会计科跟我结算版税收入，仅半年就销售了 1 000 多册。在香港这种弹丸之地，这实在不是一个很小的数目了。2012 年 11 月 11 日《文汇报》第 8 版"笔会"刊载香港作家联会会长彦火的文章《莫言的书在港台》，文中介绍说，2012 年获得诺贝尔文学奖的莫言，其小说在 20 世纪 80 年代引进香港后，直到他获奖之前的几十年时间，才卖出 300 多本而已。可见，香港的图书市场是多么小。我的这本小书进入香港书市能有如此成绩，实在让我受宠若惊，也深受鼓舞。之后，我又将几本版权期限将到的学术随笔授权给了香港商务印书馆，现在正在编辑出版之中。2014 年，我与吉林教育出版社的出版合同也期满了，香港商务印书馆又获得了"中华语言魅力"这套丛书的版权，目前已经出版了其中一种的繁体版《演讲的技巧》，也是甫一上市就受追捧，《澳门日报》上还有书评赞扬。至于台湾商务印书馆，虽然没能获得我的这些学术随笔的版权，但它是我的老主顾，我的八部学术著作都是在那里出版的。所以，台湾商务印书馆的编辑自有办法。2009 年我在台湾东吴大学做客座教授时，当时的主编李俊男先生在引进"中华语言魅力"丛书未果的情况下，约请我另写三本，并给我命了题，分别是"表达力"、"说服力"和"感染力"。我完成东吴大学客座教授任期回到大陆后，在他的督促下，2011 年《表达力》完成并出版，在台湾相当受欢迎，多次加印。但是，由于精力实在有限，剩下的《说服力》、《感染力》二书则一直未能及时完成。2012 年，上海的一家出版社希望我能为其写一套类似的学术随笔丛书，我顺口说到了原本答应台湾商务印书馆的"语言力"丛书。结果，相关编辑就追着我要这套丛书。这样，我才将先前答应台湾商务印书馆但实际已经搁置的《说服力》、《感染力》二稿重新写起来，并计划将《表达力》一书的简体版权从台湾赎回来。这样，一来可以兑现当初应允台湾商务印书馆李俊男先生的诺言，二来可以完成那家出版社编辑的约稿任务。

暨南大学出版社人文社科分社社长杜小陆先生，是我多年的莫逆之交，他早就跟我约定，要将我所有书的版权一并囊括到暨南大学出版社旗下。2013年暨南大学出版社开始推出我的著作集，第一辑共23本已经陆续推出了其中的11本。在此过程中，小陆三天两头打电话给我，既谈出版、校对等事务，也谈我著作第二辑的入选书目问题。一次，他问我目前在做什么，我顺口说了正在写作中的《说服力》《感染力》二稿。小陆对此表现了极大的兴趣，说："怎么只写两本呢？写三本就成一套丛书了。"我告诉他，这是台湾商务印书馆约的一套丛书，第一本《表达力》已经出版，而且加印了几次，在台湾卖得很好。他问这一套丛书的简体版权是否可以给暨南大学出版社，我告诉他简体版权已经答应给上海的一家出版社了。他问有没有签约。我说没有，只是跟编辑朋友的口头协议。之后，小陆多次打电话来，对这三本书稿念念不忘，并且给我取好了丛书名"语言力"，又谈了他如何做好这套丛书的设想。我听了非常动心，觉得小陆真有出版人的眼光与智慧。但是，说到最后，我还是没有答应他的要求。因为我与上海那家出版社的编辑是多年好友，《说服力》《感染力》二稿如果不是她再三催促，我就不会下决心继续写完。现在既然快写完了，这套丛书的简体版权就应该归她。虽然版权归属当初我们只是口头约定，没有形成书面合同，但出于道义与践行诺言的考虑，我仍准备将此套丛书给她。小陆真是有韧性，之后，他还是三天两头打电话过来，每次都提到这套丛书。中国有句老话叫作"世事难料"。没过几个月，当我将《说服力》《感染力》二稿写完并修改好时，情况发生了戏剧性的变化。上海的那家出版社出现了很大的人事变动，原来负责选题的领导不在岗位了，约稿的编辑与新任负责人不能达成默契，无法兑现今年出书的诺言。我了解了情况后，立即试探着跟她商量，是否可以撤回我们原来的约定，因为暨南大学出版社坚持要出版这套丛书，并且能够满足我的要求，答应在今年最短的时间内出书。为了安抚她，我答应再报一个选题计划给他们，如果出版社能通过，我再践前约，以弥补前次约定不能兑现之遗憾，也算是对得起朋友了。经过努力，双方达成谅解，这样，暨南大学出版社再次获得我的一套丛书的出版权。

而今，经过近三年的努力，《说服力》、《感染力》二书写出来了，《表达力》的简体版权也已经赎回了。这样，我就既满足了杜小陆先生的要求，也兑现了当初应允台湾商务印书馆主编李俊男先生的诺言，已经写出的《说服力》、《感染力》二书繁体版权归台湾商务印书馆，他所约定的一套丛书算是齐全了。在写作《说服力》、《感染力》二书时，我顺便对已经出版的《表达力》一书进行了修订，使三本书中的相关内容有所呼应，形成一个体系。这样，原版《表达力》中的相当一部分内容被删除或并入《说服力》、《感染力》二书中，修订版《表达力》则另增了新内容、新语料。在此，特别予以说明。

另外，还要说明的是，书稿定稿交到暨南大学出版社后，没几天小陆打电话过来，说已经在编排了。又过了几天，小陆说在编排过程中发现《表达力》内容特别多，字数是《说服力》、《感染力》二书的总和。于是，小陆又打电话来讨论，问我是否可以将《表达力》一书拆分为两本，这样就可以将"语言力"丛书由三本变成四本。我喜欢心理分析，知道小陆潜意识中有一个想法，就是想将"语言力"丛书与之前刚由他策划出版并且正在热销的"中文表达技巧"丛书四本匹配。我仔细分析了《表达力》一书的内容，觉得确实可以再拆分。拆分变成两本后，就可以在字数、规模上与《说服力》、《感染力》二书匹配了。这样，我便在小陆的"策划"下，对《表达力》一书的内容进行了拆分，并作了必要的章节调整与文字修改，变成《表达力》与《突破力》二书。

正当我庆幸"语言力"丛书终于完成，可以好好休息一下时，没过多久，小陆又来电话说，这套丛书好像还是没有写完，问我是否索性将它写全了。我想了几天，觉得有道理。于是，经过几次电话讨论，最终确定"语言力"丛书再加写四本，分别是《说明力》、《辩驳力》、《沟通力》、《理解力》。这样，我刚松下的一口气，又得提起来了。任务尚未完成，只得继续努力。

最后，衷心感谢台湾商务印书馆多年来对我一以贯之的热情支持，感谢李俊男先生当年给我的命题作文。同时，也感谢暨南大学出版社领导和人文社科分社社长杜小陆先生对我一以贯之的支持，感谢他们对我这套小书如此有信心。当然，也要感谢上海那家出版社的朋友，如果没有她当初的约稿与督促，这套"语言力"丛书就不会诞生。如果没有压力，《说服力》、《感染力》二书就不会完稿；而没有这二书的完稿，这套丛书就不能出版发行。

说到这里，我突然想起两个汉语成语，即"一箭双雕"、"一石二鸟"。这套"语言力"丛书，到底算是猛禽类的"雕"，还是麻雀类的"鸟"，则是要由读者诸君判断的。不过，就我个人而言，现在总算一举完成了两件任务。所以，也还算是很安慰的。如果这套小书面世后能让读者满意，那我就更加感到安慰了。

吴礼权
2015 年 8 月 25 日于复旦大学

吴礼权主要学术论著一览

一、主要学术著作

1.《游说·侍对·讽谏·排调：言辩的智慧》（专著），浙江人民出版社，1991 年 10 月版。

2.《中国历代语言学家评传》（合著），复旦大学出版社，1992 年 1 月版。

3.《世界百科名著大辞典·语言卷》（合著），山东教育出版社，1992 年 11 月版。

4.《中国智慧大观·修辞卷》（专著），浙江人民出版社，1993 年 8 月版。

5.《言辩的智慧》（繁体版，专著），台湾国际村文库书店，1993 年 8 月版。

6.《中国笔记小说史》（繁体版，专著），台湾商务印书馆，1993 年 8 月版。

7.《中国言情小说史》（专著），台湾商务印书馆，1995 年 3 月版。

8.《中国修辞哲学史》（专著），台湾商务印书馆，1995 年 8 月版。

9.《中国语言哲学史》（专著），台湾商务印书馆，1997 年 1 月版。

10.《中国笔记小说史》（简体版，专著），（北京）商务印书馆，1997 年 8 月版。

11.《公关语言学》（合著），北京工业大学出版社，1998 年 3 月版。

12.《中国现代修辞学通论》（专著），台湾商务印书馆，1998

年 7 月版。

13.《阐释修辞论》（合著，并列第一作者），首都师范大学出版社，1998 年 7 月版。

14.《中国修辞学通史·当代卷》（合著，第一作者），吉林教育出版社，1998 年 9 月版。

——获第三届陈望道修辞学奖二等奖（最高奖），2000 年 3 月；第十二届"中国图书奖"，2000 年 11 月。

15.《修辞心理学》（专著），云南人民出版社，2002 年 1 月版。

——获复旦大学 2003 年度"微阁中国语言学科奖教金"著作二等奖，2003 年 9 月。

16.《妙语生花：语言策略秀》（专著），上海文化出版社，2002 年 9 月版。

17.《修辞的策略》（专著），吉林教育出版社，2004 年 1 月版。

——获 2005 年吉林省长白山优秀图书一等奖（吉林省政府奖）；吉林省首届"新华杯"读书节读者最喜爱的十种吉版图书，2006 年 12 月；吉林省新闻出版奖图书精品奖，2007 年 1 月。

18.《表达的艺术》（专著），吉林教育出版社，2004 年 1 月版。

——获 2005 年吉林省长白山优秀图书一等奖（吉林省政府奖）；吉林省首届"新华杯"读书节读者最喜爱的十种吉版图书，2006 年 12 月；吉林省新闻出版奖图书精品奖，2007 年 1 月。

19.《演讲的技巧》（专著），吉林教育出版社，2004 年 1 月版。

——获 2005 年吉林省长白山优秀图书一等奖（吉林省政府奖）；吉林省首届"新华杯"读书节读者最喜爱的十种吉版图书，2006 年 12 月；吉林省新闻出版奖图书精品奖，2007 年 1 月。

20.《中国历代语言学家》（合著），上海文化出版社，2004 年 2 月版。

21.《大学修辞学》（合著），福建人民出版社，2004 年 10 月版。

22.《假如我是楚霸王：评点项羽》（专著），台湾远流出版公司，2005 年 6 月版。

23.《古典小说篇章结构修辞史》（专著），台湾商务印书馆，2005 年 12 月版。

24.《现代汉语修辞学》（专著），复旦大学出版社，2006 年 11 月版。

25.《语言学理论的深化与超越》（主编），云南人民出版社，2007 年 1 月版。

26.《20 世纪的中国修辞学》（合著），中国人民大学出版社，2007 年 12 月版。

——获上海市第十届哲学社会科学优秀成果奖（2008—2009）著作三等奖。

27.《中国修辞史》（副主编，下卷第一作者），吉林教育出版社，2007 年 4 月版。

——获 2007 年国家新闻出版总署"第一届中国出版政府奖图书奖提名奖"；2008 年上海市第九届哲学社会科学优秀成果著作类二等奖；2010 年全国"高等学校科学研究优秀成果奖（人文社会科学）"一等奖。

28.《委婉修辞研究》（专著），山东文艺出版社，2008 年 4 月版。

29.《语言策略秀》（增订本）（专著），上海文化出版社，2008 年 6 月版。

30.《名句经典》（专著），吉林教育出版社，2008 年 6 月版。

——获第二届吉林省新闻出版奖精品奖，2010 年 1 月。

31.《中国经典名句小辞典》（专著），吉林教育出版社，2008 年 8 月版。

32.《中国经典名句鉴赏辞典》（专著），吉林教育出版社，2009 年 7 月版。

33.《表达力》（专著），台湾商务印书馆，2011 年 8 月版。

34.《清末民初笔记小说史》（专著），台湾商务印书馆，2011 年 8 月版。

35.《现代汉语修辞学》（修订版）（专著），复旦大学出版社，2012 年 6 月版。

36.《中文活用技巧：妙语生花》（专著），香港商务印书馆，2012 年 3 月版。

37.《远水孤云：说客苏秦》（长篇历史小说），简体版，云南人民出版社，2011 年 9 月版；繁体版，台湾商务印书馆，2012 年 6 月版；简体版，暨南大学出版社，2014 年 4 月版。

38.《冷月飘风：策士张仪》（长篇历史小说），简体版，云南人民出版社，2011 年 11 月版；繁体版，台湾商务印书馆，2012 年 6 月版；简体版，暨南大学出版社，2014 年 4 月版。

39.《镜花水月：游士孔子》（长篇历史小说），繁体版，台湾商务印书馆，2013 年 11 月版；简体版，暨南大学出版社，2014 年 4 月版。

40.《易水悲风：刺客荆轲》（长篇历史小说），繁体版，台湾商务印书馆，2013 年 11 月版；简体版，暨南大学出版社，2014 年 4 月版。

二、主要学术论文

1.《试论孙炎的语言学成就》，核心期刊《古籍研究》1987 年第 4 期。

2.《试论汉语委婉修辞格的历史文化背景》，核心期刊《修辞学习》1987 年第 6 期。

3.《中国现代史上的广东语言学家》（合作），《岭南文史》1988 年第 1 期。

4.《试论古汉语修辞中的层次性》，《淮北煤炭师范学院学报》1988 年第 4 期。

5.《"乡思"呼唤着"月夜箫声"——香港诗人杨贾郎〈乡思〉〈月夜箫声〉赏析》，《语文月刊》1988 年第 5 期。

6.《中国哲学思想在汉语辞格形成中的投影》,《营口师专学报》1989 年第 1 期。

7.《试论吴方言数词的修辞色彩》,《语文论文集》,上海百家出版社,1989 年 10 月版。

8.《试论黄遵宪的诗歌创作与成就》,《岭南文史》1990 年第 2 期。

9.《〈经传释词〉在汉语语法学上的地位》(合作),核心期刊《复旦学报》1991 年第 1 期;中国人民大学《语言文字学》1991 年第 1 期转载。

10.《〈西湖二集〉:一部值得研究的小说》,核心期刊《明清小说研究》1991 年第 2 期。

11.《情·鬼·侠小说与中国大众文化心理》,核心期刊《上海文论》1991 年第 4 期。

——获"第一届全国青年优秀社会科学成果奖"优秀论文奖(中国社会科学院),1994 年 11 月。

12.《点化名句的艺术效果》,《学语文》1992 年第 4 期。

13.《情真意绵绵,绮思响"雨巷"——谈戴望舒〈雨巷〉一诗的修辞特色》,核心期刊《修辞学习》1992 年第 5 期。

14.《回顾·反思·展望——复旦大学组织全国部分青年学者关于中国修辞学研究的过去现状及未来的讨论综述》,《鞍山师范学院学报》1993 年第 4 期。

15.《语言美学发轫》,综合类核心期刊《复旦学报》1993 年第 5 期。

16.《汉语外来词音译艺术初探》,核心期刊《修辞学习》1993 年第 5 期。

17.《论〈文则〉在中国修辞学史上的地位》,《鞍山师范学院学报》1994 年第 2 期。

18.《汉语外来词音译的特点及其文化心态探究》,综合类核心期刊《复旦学报》1994 年第 3 期。

19.《旧学商量加邃密,新知培养转深沉——评王希杰新著

〈修辞学新论〉》，核心期刊《修辞学习》1994 年第 3 期。

20. 《试论赋的修辞特点》，核心期刊《修辞学习》1995 年第 1 期。

21. 《先秦时代中国修辞哲学论略》，核心期刊《上海文化》1995 年第 2 期。

22. 《试论汉语委婉修辞手法的范围》，《南昌大学学报》1995 年第 3 期。

23. 《关于中国修辞学发展的历史分期问题》，核心期刊《修辞学习》1995 年第 3 期；中国人民大学《语言文字学》1995 年第 10 期转载。

24. 《王引之〈经传释词〉的学术价值》，核心期刊《古籍整理研究学刊》1995 年第 4 期；中国人民大学《语言文字学》1996 年第 4 期转载。

25. 《修辞结构的层次性与修辞解构的层次性》，《延边大学学报》1995 年第 4 期；中国人民大学《语言文字学》1996 年第 4 期转载。

26. 《两汉时代中国修辞哲学论略》，综合类核心期刊《江淮论坛》1995 年第 5 期；中国人民大学《语言文字学》1996 年第 2 期转载。

27. 《〈经传释词〉对汉语语法学的贡献》，《中西学术》（第 1 辑），学林出版社，1995 年 6 月版。

28. 《创意造言的艺术：苏轼与刘攽的排调语篇解构》，台湾《国文天地》1995 年第 11 卷第 6 期（总第 126 期）。

29. 《旧瓶装新酒：一种值得深究的语言现象》，香港《词库建设通讯》1995 年第 4 期（总第 6 期）。

30. 《改革开放与汉语的发展变化学术研讨会综述》，1995 年 11 月《上海社联年鉴》。

31. 《〈经传释词〉之"因声求义"初探》，核心期刊《古籍研究》1996 年第 1 期。

——获 1998 年上海市（1996—1997 年度）哲学社会科学优秀

成果奖三等奖。

32.《谐译：汉语外来词音译的一种独特型态》,《长春大学学报》1996 年第 1 期。

33.《英雄侠义小说与中国人的阿 Q 精神》,台湾《国文天地》1996 年第 11 卷第 8 期（总第 128 期）。

34.《论修辞的三个层级》,《云梦学刊》1996 年第 1 期。

35.《音义密合：汉语外来词音译的民族文化心态凸现》,《西安外国语学院学报》1996 年第 2 期。

36.《咏月嘲风的绝妙好辞——晏子外交语篇的文本解构》,核心期刊《修辞学习》1996 年第 2 期。

37.《论汉语外来词音译的几种独特型态》,《雁北师范学院学报》1996 年第 4 期。

38.《触景生情的语言机趣——陶縠与钱俶外交语言解构》,台湾《国文天地》1996 年第 12 卷第 6 期（总第 138 期）。

39.《〈语助〉与汉语虚词研究》,《平原大学学报》1996 年第4 期。

40.《关于〈声类〉的性质与价值》,核心期刊《古籍整理研究学刊》1996 年第 6 期。

41.《论夸张的次范畴分类》,核心期刊《修辞学习》1996 年第 6 期。

42.《新世纪中国修辞学的发展和我们的历史使命》,综合类核心期刊《复旦学报》1997 年第 1 期。

43.《论委婉修辞生成与发展的历史文化缘由》,核心期刊《河北大学学报》1997 年第 1 期。

44.《清代语言学繁荣发展原因之探讨》,《云梦学刊》1997 年第 1 期；中国人民大学《语言文字学》1997 年第 8 期转载。

45.《论中国修辞学研究今后所应依循的三个基本方向》,核心期刊《修辞学习》1997 年第 2 期；中国人民大学《语言文字学》1997 年第 6 期转载。

46.《80 年代以来中国修辞学理论问题争鸣述评》,《黄河学刊》1997 年第 2 期。

47. 《论委婉修辞的表现形式与表达效应》，核心期刊《湘潭大学学报》1997 年第 3 期。

48. 《中国修辞哲学论略》，核心期刊《云南师范大学学报》1997 年第 4 期。

49. 《论夸张表达的独特效应与夸张建构的心理机制》，核心期刊《扬州大学学报》1997 年第 4 期。

50. 《训诂学居先兴起原因之探讨》，《语文论丛》（第 5 辑），上海教育出版社，1997 年 6 月版。

51. 《语言美学的建构与修辞学研究的深化》（第一作者，与宗廷虎教授合作），核心期刊《修辞学习》1997 年第 5 期。

52. 《"夫人"运用的失范》，核心期刊《语文建设》1997 年第 6 期。

53. 《论〈马氏文通〉在中国语言学史上的地位》，《江苏教育学院学报》1998 年第 1 期。

54. 《论委婉修辞生成的心理机制》，核心期刊《修辞学习》1998 年第 2 期。

55. 《论孔子的修辞哲学思想》，《雁北师范学院学报》1998 年第 3 期。

56. 《"水浒"现象与历史变迁》，《人民政协报》1998 年 4 月 27 日第 3 版《学术家园》。

57. 《二十世纪中国现代修辞学发展的省思》，核心期刊《社会科学》（上海）1998 年第 5 期。

58. 《修辞心理学论略》，综合类核心期刊《复旦学报》1998 年第 5 期；中国人民大学《心理学》1998 年第 11 期转载。

59. 《中国现代修辞学研究走向语言美学建构的历史嬗变进程》，核心期刊《云南师范大学学报》1998 年第 6 期。

60. 《二十世纪的汉语修辞学》（与宗廷虎教授合作），北京大学百年校庆丛书《二十世纪的中国语言学》，北京大学出版社，1998 年 6 月版。

61.《关于中国修辞学发展的历史分期及各个时期研究成就的估价问题》，《郑子瑜〈中国修辞学史稿〉问世十周年纪念论文集》（宗廷虎教授主编），中国社会出版社，1998年2月版。

62.《潘金莲形象的意义》，台湾《古今艺文》1998年第25卷第1期。

63.《进一步沟通海峡两岸的修辞学研究》，核心期刊《修辞学习》1998年第4期。

64.《吴方言数词的独特语用效应》，《修辞学研究》（第8集），南海出版公司，1998年6月版。

65.《中国风格学源流研究的理论与实践意义》，核心期刊《湘潭大学学报》1998年第6期。

66.《语言理论新框架的建构与21世纪中国语言学的发展》，云南省一级学术期刊《学术探索》1999年第1期。

67.《修辞学转向与现代语言学理论》，核心期刊《修辞学习》1999年第2期。

68.《论夸张》，《第一届中国修辞学学术研讨会论文集》，台湾师范大学，1999年6月版。

69.《论修辞文本建构的基本原则》，核心期刊《扬州大学学报》1999年第2期。

70.《平淡情事艺术化的修辞策略》，《徐州师范大学学报》1999年第2期。

71.《修辞主体论》，《锦州师范学院学报》1999年第2期。

72.《方言研究：透视地域文化的重要途径》，云南省一级学术期刊《学术探索》1999年第3期。

73.《〈请读我唇〉三人谈》（与宗廷虎教授、陈光磊教授合作），核心期刊《语文建设》1999年增刊。

74.《看文人妙笔生花，让生命得到舒畅——评沈谦教授〈林语堂与萧伯纳〉》，台湾《中国语文》1999年第4期（总第508期）。

75.《修辞学研究新增长点的培植与催化》（与宗廷虎教授合作），核心期刊《修辞学习》1999年第4期。

76.《借代修辞文本建构的心理机制》，全国人文和社会科学核心期刊《云南师范大学学报》1999 年第 6 期；《高等学校文科学报文摘》2000 年第 2 期选摘。

77.《论中国现代修辞学发展嬗变之历程（上）》，日本京都外国语大学《研究论丛》第 54 号（1999 年）。

78.《〈金瓶梅〉的语言艺术》，《经典丛话·金瓶梅说》，江西教育出版社，1999 年 1 月版。

79.《中国古典言情小说模式与中国传统文化心理》，台湾《国文天地》2000 年第 1 期（总第 181 期）。

80.《论中国现代修辞学发展嬗变之历程（下）》，日本京都外国语大学《研究论丛》第 55 号（2000 年）。

81.《评黎运汉著〈汉语风格学〉》（与宗廷虎教授合作），《文汇读书周报》2000 年 12 月 9 日第 2 版。

82.《论比拟修辞文本的表达与接受心理》，《深圳教育学院学报》2000 年第 2 期。

83.《照花前后镜，花面交相映——论中国文学中的双关修辞模式》，台湾《国文天地》2000 年第 4 期（总第 184 期）。

84.《委婉修辞的语用学阐释》，《语文论丛》（第 6 辑），上海世纪出版集团·上海教育出版社，2000 年 9 月版。

85.《修辞学研究的深化与修辞学教材的改革创新》，核心期刊《修辞学习》2001 年第 1 期。

86.《比喻修辞文本的心理分析》，《平顶山师专学报》2001 年第 3 期。

87.《论精细修辞文本的心理机制》，《锦州师范学院学报》2001 年第 3 期。

88.《异语修辞文本论析》，核心期刊《修辞学习》2001 年第 4 期。

89.《语言的艺术：艺术语言学的建构》，核心期刊《云南师范大学学报》2001 年第 5 期。

90.《论旁逸修辞文本的建构》，《湘潭师范学院学报》2001 年第 5 期。

91.《论拈连修辞文本》，《湖北师范学院学报》2001 年第 4 期。

92.《论结尾的修辞策略》，《江苏教育学院学报》2002 年第 1 期。

93.《顶真式衔接：段落衔接的一种新模式》，核心期刊《修辞学习》2002 年第 2 期。

94.《论顶真修辞文本的类别系统与顶真修辞文本的表达接受效果》，《平顶山师专学报》2002 年第 4 期。

95.《论锻句与修辞》，《锦州师范学院学报》2002 年第 5 期。

96.《吞吐之间，蓄意无穷——留白的表达策略》，台湾《国文天地》2002 年第 18 卷第 3 期（总第 207 期）。

97.《关于建立言语学的思考》（合作），核心期刊《长江学术》（第 3 辑），长江文艺出版社，2002 年 11 月版。

98.《论事务语体的修辞特征及其修辞基本原则》，《平顶山师专学报》2003 年第 1 期。

99.《从统计分析看"简约"与"繁丰"的修辞特征及其风格建构的原则》，核心期刊《修辞学习》2003 年第 2 期。

100.《与时俱进：语言学由理论研究走向应用研究的意义》，《楚雄师范学院学报》2003 年第 2 期。

101.《基于计算分析的法律语体修辞特征研究》，核心期刊《云南师范大学学报》2003 年第 6 期。

102.《论学习修辞学的意义》，《平顶山师专学报》2004 年第 1 期。

103.《论起首的修辞策略》，核心期刊《湖南科技大学学报》2004 年第 2 期。

104.《论口语体的基本修辞特征和修辞基本原则》，《语文论丛》（第 8 辑），上海世纪出版集团·上海教育出版社，2004 年 1 月版。

105.《平淡风格与绚烂风格的计算统计研究》，核心期刊《云南师范大学学报》2004 年第 2 期。

106.《韵文体刚健风格与柔婉风格的计算研究》,《湖北师范学院学报》2004 年第 3 期。

107.《庄重风格与幽默风格的计算统计研究》,《渤海大学学报》2004 年第 5 期。

108.《中国修辞学：走出历史偏见和现实困惑》,核心期刊《福建师范大学学报》2004 年第 6 期。

109.《从〈汉语修辞学〉修订本与原本的比较看王希杰教授修辞学的演进》,《修辞学新视野》,中国文联出版社,2004 年 12 月版。

110.《从计算分析看文艺语体的修辞特征及其修辞基本原则》,《修辞学论文集》(第七集),新华出版社,2005 年 5 月版。

111.《评谭学纯、朱玲〈修辞研究：走出技巧论〉》,核心期刊《福建师范大学学报》2005 年第 2 期。

112.《关于建立言语学的思考》(合作),《言语与言语学研究》,崇文书局,2005 年 8 月版。

113.《话本小说"正话"结构形式及其历史演进的修辞学研究》,《语言研究集刊》(第二辑),上海辞书出版社,2005 年 8 月版。

114.《话本小说"篇首"的结构形式及其历史演进》,核心期刊《云南师范大学学报》2005 年第 4 期。

115.《话本小说"题目"的形式及其历史演进》,《平顶山学院学报》2005 年第 6 期。

116.《话本小说"头回"的结构形式及其历史演进的修辞学研究》,综合类核心期刊《复旦学报》2006 年第 2 期;中国人民大学《中国古代、近代文学研究》2006 年第 7 期全文转载。

117.《论修辞学与语法学、逻辑学及语用学的关系》,《平顶山学院学报》2006 年第 4 期。

118.《汉语外来词音译的四种特殊类型》,《词汇学理论与应用》(三),商务印书馆,2006 年 3 月版。

119. 《由汉语词汇的实证统计分析看林语堂从中西文化对比的角度对中国人思维特点所作的论断》，《跨越与前进——从林语堂研究看文化的相融与相涵国际学术研讨会论文集》，台湾东吴大学，2006 年 10 月版。

120. 《八股文篇章结构形式的渊源》，日本京都外国语大学《研究论丛》，2006 年（平成十八年七月）第 67 期。

121. 《评朱玲〈文学文体建构论〉》，核心期刊《福建师范大学学报》2007 年第 1 期。

122. 《修辞学的科学认知观与中国现代修辞学的发展》，载《继往开来的语言学发展之路：2007 学术论坛论文集》，语文出版社，2008 年 1 月版。

123. 《八股文"收结文"之"煞尾虚词"类型及其历史演进》，载《修辞学论文集》（第十一集），中国社会科学出版社，2008 年 4 月版。

124. 《比喻造词与中国人的思维特点》，综合类核心期刊《复旦学报》（社科版）2008 年第 2 期；《高等学校文科学术文摘》2008 年第 3 期转摘。

125. 《〈史记〉史传体篇章结构修辞模式对传奇小说的影响》，核心期刊《福建师范大学学报》2008 年第 1 期。

126. 《"用典"的定义及其修辞学研究》，核心期刊《武汉大学学报》（人文科学版）2008 年第 1 期。

127. 《段落衔接的修辞策略》，《平顶山学院学报》2008 年第 4 期。

128. 《南北朝时代列锦辞格的转型与发展》，《楚雄师范学院学报》（月刊）2009 年第 8 期。

129. 《从〈全唐诗〉所存录五代诗的考察看"列锦"辞格发展演进之状况》，核心期刊《湖南科技大学学报》（社科版）2010 年第 1 期。

130. 《学术史研究与学科本体研究的延展与深化》，《外国语言文学》（季刊）2010 年第 1 期。

131.《从〈全唐诗〉的考察看盛唐"列锦"辞格的发展演变状况》,《阜阳师范学院学报》(社科版)2010年第1期。

132.《从〈全唐诗〉所录唐及五代词的考察看"列锦"辞格的发展演进之状况》,《楚雄师范学院学报》(月刊)2010年第1期。

133.《不迷其所同而不失其所异——论黎锦熙先生的汉语修辞学研究》(第一作者),核心期刊《北京师范大学学报》(社科版)2010年第5期。

134.《"列锦"修辞格的源头考索》,核心期刊《长江学术》2010年第4期。

135.《修辞学与汉语史研究》,核心期刊《福建师范大学学报》(哲学社会科学版)2010年第4期。

136.《"列锦"辞格在初唐的发展演进》,《平顶山学院学报》2010年第3期。

137.《还原海峡两岸现代汉语词汇差异的真实面貌》,《楚雄师范学院学报》(月刊)2011年第1期。

138.《艺术语言的创造与语言发展变化的活力动力》,《楚雄师范学院学报》(月刊)2011年第5期。

139.《网络词汇成活率问题的一点思考》(第一作者),核心期刊《江苏大学学报》(社会科学版)2011年第3期。

140.《名词铺排与唐诗创作》,《蜕变与开新——古典文学国际学术研讨会论文集》,台湾东吴大学,2011年7月版。

141.《海峡两岸词汇"同义异序"现象的理据分析兼及"熊猫"与"猫熊"成词的修辞与逻辑理据》,载郑锦全、曾金金主编《二十一世纪初叶两岸四地汉语变迁》,台湾新学林出版社,2011年12月版。

142.《晚唐时代"列锦"辞格的发展演进状况考察》,《平顶山学院学报》2012年第1期。

143.《关于中国修辞学研究走向的几点思考》,《北华大学学报》(社会科学版)2012年第1期。

144.《海峡两岸现代汉语词汇"同义异序"、"同义异构"现象透析》，综合类核心期刊《复旦学报》（社科版）2012 年第 2 期。

145.《王力先生对汉语修辞格的研究》，核心期刊《北京大学学报》（哲社版）2012 年第 4 期。

146.《由〈全唐诗〉的考察看中唐"列锦"辞格发展演进之状况》，核心期刊《湖南科技大学学报》（社科版）2012 年第 4 期。